1950年12月赵忠尧先生全家合影

1956年赵忠尧先生全家合影

1982 年赵忠尧先生 80 岁生日

1992 年赵忠尧先生 90 岁生日

1996年赵忠尧先生在北京医院

1923年1月1日南高理科甲子级会成立（前排左一为赵忠尧先生）

1923年冬与南京高师同学合影（后排中间为赵忠尧先生）

1926年初夏清华大学科学馆门前留影（二排右二为赵忠尧先生）

1929年在美国加州理工学院师生合影（二排右四为赵忠尧先生）

1935年清华大学物理系部分师生在大礼堂前留影（前排左三为赵忠尧先生）

1946年赵忠尧先生（前排左一）以观察员身份参观美国在太平洋比基尼岛上试爆第一颗原子弹，在"潘敏娜号"驱逐舰上留影

1950年11月15日赵忠尧先生（右二）回到祖国

1951年近代物理所全体员工合影（前排左五为赵忠尧先生）

1955年赵忠尧先生（左一）参加政府代表团与苏联谈判

1956年赵忠尧先生（左）与钱三强先生（中）、何泽慧先生（右）在列宁格勒参观"阿芙乐尔"舰

1958年赵忠尧先生在中国科大上课

赵忠尧先生（右）主持讨论教学工作

1963年中国科大近代物理系首届本科生毕业照（二排左起第15位为赵忠尧先生）

1976 年在成都与老朋友们合影（前排右二为赵忠尧先生）

1978 年李政道先生访问中国科大研究生院
（前排左起：严济慈先生、李政道先生、钱三强先生、赵忠尧先生）

赵忠尧先生（左一）与严济慈先生（左二）、李政道先生（右二）、张文裕先生（右一）合影

1979年参加第一次中美高能物理会谈（前排右四为赵忠尧先生）

1979年北京友谊宾馆科学会堂，赵忠尧（前排左六）、李政道粒子物理论坛茶歇合影

1980年"高能物理培训班"（俗称"丁训班"）师生合影（前排右三为赵忠尧先生）

1981年北京友谊宾馆核物理国际讲习班教员合影（前排右四为赵忠尧先生）

赵忠尧先生（右）与王淦昌先生（左）、唐孝威先生（后中）合影

1992年李政道先生（右）向赵忠尧先生（左）祝贺90寿辰

1992年杨振宁先生（左）向赵忠尧先生（右）祝贺90寿辰

赵忠尧先生（右）与丁肇中先生（中）、叶铭汉先生（左）合影

赵忠尧先生（右）与袁家骝先生（中）、吴健雄先生（左）合影

1992年中国科大58、59届毕业生贺赵忠尧先生90寿辰合影

2002年中国科大举办纪念赵忠尧先生诞辰一百周年大会

2008年中国科大郭传杰书记与高能所陈和生院士为赵忠尧先生塑像揭幕

中国科大赵忠尧奖学金签字仪式

科学先驱、国之脊梁——赵忠尧先生

赵政国 主编

科学出版社

北京

内 容 简 介

本书主要收录了中国杰出的核物理先驱、伟大的物理学家赵忠尧先生的生平、历史照片与代表作，整理并收录了中国科学技术大学隆重纪念赵忠尧先生诞辰120周年学术研讨会各位专家学者的讲话、报告致辞与主题报告，以此缅怀他对科学进步、祖国科学事业的发展与人才培养所做的卓越贡献，学习和弘扬他刚毅坚卓、科教报国、敢为人先的精神品质，激励我们一代代年轻的科学人为科教强国勇攀科学高峰，奋斗拼搏，矢志不渝。

本书既是纪念赵忠尧先生之作，也是一部珍贵的史料，可作为科研机构与高等院校开展弘扬科学家精神教育的参考资料，也可作为青少年学生励志与爱国主义教育的读本。

图书在版编目(CIP)数据

科学先驱、国之脊梁：赵忠尧先生/赵政国主编. —北京：科学出版社，2024.3

ISBN 978-7-03-077820-8

Ⅰ. ①科⋯ Ⅱ. ①赵⋯ Ⅲ. ①赵忠尧–生平事迹 Ⅳ. ①K826.11

中国国家版本馆CIP数据核字(2024)第021762号

责任编辑：蒋 芳 / 责任校对：郝璐璐
责任印制：张 伟 / 封面设计：许 瑞

科学出版社 出版
北京东黄城根北街16号
邮政编码：100717
http://www.sciencep.com

北京汇瑞嘉合文化发展有限公司印刷
科学出版社发行 各地新华书店经销

*

2024年3月第 一 版　开本：787×1092　1/16
2024年3月第一次印刷　印张：15
字数：360 000

定价：169.00元
(如有印装质量问题，我社负责调换)

编 委 会

主　编：赵政国

副主编：陈向军　陈宇翱　韩　良　张一飞

成　员：汪晓莲　刘建北　彭海平　唐泽波

秘　书：董　娟　朱柳仿　薛韦一　聂诗琦

序　言

赵忠尧先生是我国著名物理学家，我国原子核物理、中子物理、加速器和宇宙线研究的先驱者和奠基人之一。赵忠尧先生 1902 年出生于浙江省诸暨县（现诸暨市）。他早年赴美留学，在加州理工学院师从诺贝尔奖获得者密立根（R. A. Millikan）教授，发现了硬 γ 射线通过重元素时的反常吸收及伴随的特殊辐射，这是人类历史上第一次观测到反物质粒子的产生和湮灭现象。1931 年回国后，他先后在清华大学、云南大学、西南联大和中央大学任教。为促进国内核物理学科发展，1946 年他再次赴美，在麻省理工学院、加州理工学院等开展核物理和宇宙线方面的研究。新中国成立后，他克服重重困难毅然回国，投身新中国的建设。

回国后，赵忠尧先生参与中国科学院近代物理研究所的创建，建成了我国最早的 70 万电子伏和 200 万电子伏高气压型质子静电加速器，并先后担任中国科学院物理研究所副所长、原子能研究所副所长和高能物理研究所副所长，为我国原子能事业的发展和核物理、高能物理等领域的人才培养做出了巨大贡献。1958 年，赵忠尧先生参与创建中国科学技术大学，担任原子核物理和原子核工程系（后更名为近代物理系）首任系主任。他下大力气抓课程体系、师资队伍和实验室建设，并亲自讲授"原子核反应"课程。自从教以来，赵忠尧先生培养了包括多位"两弹一星"功勋科学家在内的一批又一批杰出人才。

2020 年 9 月 11 日，习近平总书记在科学家座谈会上发表重要讲话，希望广大科技工作者不忘初心、牢记使命，秉持国家利益和人民利益至上，继承和发扬老一辈科学家胸怀祖国、服务人民的优秀品质，弘扬"两弹一星"精神，主动肩负起历史重任，把自己的科学追求融入建设社会主义现代化国家的伟大事业中去。赵忠尧先生一生热爱祖国、热爱人民，潜心研究、严谨治学，甘为人梯、无私奉献，开创了我国核物理研究之先河，正是老一辈科学家的杰出代表。

在《我的回忆》一文中，赵忠尧先生写道："回想自己一生，经历过许多坎坷，唯一希望的就是祖国繁荣昌盛，科学发达。我们已经尽了自己的力量，但国家尚未摆脱贫穷与落后，尚需当今与后世无私的有为青年再接再厉，继续努力。"这种高尚品德与家国情怀，激励着一代又一代科技工作者继承和发扬科教报国的优良传统，为强国建设、民族复兴前赴后继、砥砺前行。

2022 年 6 月 27 日是赵忠尧先生诞辰 120 周年，中国科学技术大学举办了纪念赵忠尧先生诞辰 120 周年学术研讨会。著名物理学家、诺贝尔奖获得者李政道先生和丁肇中先生分别表达了对赵忠尧先生的纪念，缅怀赵忠尧先生对中国物理事业所作出的巨大贡献。中国科大整理收录专家学者在学术研讨会上的讲话、致辞和主题报告，以及赵忠尧先生的生平、历史照片和代表作，集结成书，以此缅怀赵忠尧先生对促进我国科学进步、科学事业发展与科技人才培养所做出的卓越贡献，激励新时代青年科技工作者继承他矢志报国、服务人民的高尚情怀和优秀品质，让科教报国使命的薪火代代相传。

中国科学院院长　侯建国

2023.11.20

目 录

序言
1 科大情怀 ·· 1
   1.1 包信和院士致辞 ··· 1
   1.2 潘建伟院士致辞 ··· 3
   1.3 舒歌群书记致辞 ··· 5
2 诺奖得主 ·· 7
   2.1 在赵忠尧先生诞辰120周年纪念大会上的发言 李政道院士 ············· 7
   2.2 赵忠尧，电子对产生和湮灭 杨振宁院士、李炳安教授 ·················· 8
   2.3 赵忠尧院士的工作改变了我的实验 丁肇中院士 ························· 14
3 子女纪念 ·· 29
   3.1 科学家赵忠尧的曲折回国路 赵维志 ······································· 29
   3.2 无私是德，有为是才 赵维勤 ·· 33
4 学界同行 ·· 35
   4.1 张杰院士致辞 ··· 35
   4.2 谢心澄院士致辞 ·· 42
   4.3 沈保根院士致辞 ·· 43
   4.4 张肇西院士致辞 ·· 44
   4.5 杨红义研究员致辞 ··· 46
   4.6 罗小安研究员致辞 ··· 47
   4.7 马新文研究员致辞 ··· 48
   4.8 周磊教授致辞 ··· 49
   4.9 王伯根教授致辞 ·· 49
   4.10 王亚愚教授致辞 ··· 50
   4.11 林海青院士致辞 ··· 51
   4.12 高原宁院士致辞 ··· 52
   4.13 张焕乔院士致辞 ··· 53
5 百世之师 ·· 55
   5.1 中国核科学的奠基人和教育家——赵忠尧先生 郑志鹏研究员 ········· 55
   5.2 深切怀念赵忠尧先生 何多慧院士 ·· 68
   5.3 回忆赵老师的教益 赵启正先生、张肇西院士、郑志鹏研究员 ········· 70
   5.4 难忘为正电子发现做出巨大贡献的赵忠尧老师 郑阳恒教授 ··········· 71

5.5 青年教师代表发言 周小蓉教授 ⋯⋯⋯⋯⋯⋯⋯⋯⋯⋯⋯⋯⋯⋯⋯⋯ 72
5.6 学生代表发言 董靖宇 ⋯⋯⋯⋯⋯⋯⋯⋯⋯⋯⋯⋯⋯⋯⋯⋯⋯⋯⋯⋯ 73

6 传承发展 ⋯⋯⋯⋯⋯⋯⋯⋯⋯⋯⋯⋯⋯⋯⋯⋯⋯⋯⋯⋯⋯⋯⋯⋯⋯⋯⋯⋯⋯ 74
6.1 正电子与正负电子对撞机 赵政国院士 ⋯⋯⋯⋯⋯⋯⋯⋯⋯⋯⋯⋯ 74
6.2 正电子与反物质 叶邦角教授 ⋯⋯⋯⋯⋯⋯⋯⋯⋯⋯⋯⋯⋯⋯⋯⋯ 90
6.3 空间探测暗物质粒子 常进院士 ⋯⋯⋯⋯⋯⋯⋯⋯⋯⋯⋯⋯⋯⋯⋯ 108
6.4 高能重离子碰撞中反物质研究与 CP 问题 马余刚院士 ⋯⋯⋯⋯⋯ 124
6.5 强流高功率离子加速器大科学装置及其发展 赵红卫院士 ⋯⋯⋯ 154

7 代表作品 ⋯⋯⋯⋯⋯⋯⋯⋯⋯⋯⋯⋯⋯⋯⋯⋯⋯⋯⋯⋯⋯⋯⋯⋯⋯⋯⋯⋯ 172
7.1 Scattering of hard γ-rays, The Physical Review 36（1930）1519 ⋯⋯ 172
7.2 The abnormal absorption of heavy elements for hard γ-rays, Proc. Roy. Soc. A135（1932）206 ⋯⋯⋯⋯⋯⋯⋯⋯⋯⋯⋯⋯⋯⋯⋯⋯⋯⋯⋯⋯⋯ 176
7.3 我的回忆 ⋯⋯⋯⋯⋯⋯⋯⋯⋯⋯⋯⋯⋯⋯⋯⋯⋯⋯⋯⋯⋯⋯⋯⋯ 184

附录一 赵忠尧先生生平 ⋯⋯⋯⋯⋯⋯⋯⋯⋯⋯⋯⋯⋯⋯⋯⋯⋯⋯⋯⋯⋯ 194
附录二 赵忠尧先生论文列表 ⋯⋯⋯⋯⋯⋯⋯⋯⋯⋯⋯⋯⋯⋯⋯⋯⋯⋯⋯ 196
附录三 赵忠尧先生年谱（1902—1998）⋯⋯⋯⋯⋯⋯⋯⋯⋯⋯⋯⋯⋯⋯⋯ 198
附录四 纪念活动主要出席人员 ⋯⋯⋯⋯⋯⋯⋯⋯⋯⋯⋯⋯⋯⋯⋯⋯⋯⋯ 200
附录五 新闻稿 ⋯⋯⋯⋯⋯⋯⋯⋯⋯⋯⋯⋯⋯⋯⋯⋯⋯⋯⋯⋯⋯⋯⋯⋯⋯ 203
后记 ⋯⋯⋯⋯⋯⋯⋯⋯⋯⋯⋯⋯⋯⋯⋯⋯⋯⋯⋯⋯⋯⋯⋯⋯⋯⋯⋯⋯⋯⋯ 214

1 科大情怀

1.1 包信和院士致辞

包信和，中国科学技术大学教授，中国科学院院士，中国科学技术大学校长。

尊敬的各位院士、各位领导、各位专家、赵忠尧先生的亲属、老师们、同学们：

大家上午好！

今天是中国核物理研究的开拓者、伟大的物理学家赵忠尧先生诞辰120周年，我校在这里组织这次活动，大家聚集一堂，以线上、线下的方式共同缅怀和纪念赵忠尧先生。在此，请允许我代表中国科学技术大学全体师生员工向出席活动的各位院士、嘉宾表示热忱的欢迎，向李政道先生、丁肇中先生表示衷心的感谢，向赵忠尧先生的亲属表示崇高的敬意，向长期以来关心和支持中国科大发展的海内外朋友表示衷心的感谢。

赵忠尧先生是著名的物理学家，历史上第一次成功地观测到反物质现象，是我国原子核物理、中子物理、加速器和宇宙线研究的先驱和奠基人，也是中国科大"原子核物理和原子核工程系"，也就是后来的"近代物理系"的首任系主任，是科大人心中永远的丰碑。今天我们在此纪念赵忠尧先生，缅怀他对科学所做的杰出贡献，学习和弘扬他的刚毅坚卓、科教报国、敢为人先的精神品质。

赵忠尧先生是科学的孤勇者，1937年，日军侵入北平，他从北平步行至长沙，为日后中国的原子能技术，甚至原子弹的研制起到至关重要的奠基作用。1950年，赵忠尧先生冲破重重困难毅然回国，历经千辛万苦带回了一批当时国内尚无条件制备的加速器器件，主持建造了中国第一台和第二台质子静电加速器，并在这两台加速器上开始了中国的核反应实验，将中国的核物理研究能力提升到世界水平。如今这第一台加速器的原件成为我校校史馆的镇馆之宝。1958年，中国科大在党和国家领导人的关心和支持下应运而生，从诞生之日起就肩负着为国家培养"两弹一星"人才的重任，被誉为"我国教育界和科学史上的重大事件"。最早设立的13个系，与物理直接相关的有7个系，其中原子核物理和原子核工程系、技术物理系及物理教研室是现在中国科大物理学院的主体源头。赵忠尧先生负责筹建的就是原子核物理和原子核工程系，他精心挑选师资，建设课程体系，编制教学大纲和专业教材，亲自登台讲授"原子核反应"课程，悉心培养了我国几代科技人才。其中许多人成为我国核物理研究和北京正负电子对撞机、合肥国家同步辐射实验室等国家重大科学工程的开拓者和重要骨干。赵忠尧先生为我国的核物理和高能物理发展，培养原子能事业方面中国自己的人才，贡献了毕生心血。

如今的中国科大物理学科人才济济、成绩斐然，在教育部全国第四轮高校学科评估中，物理学、天文学被评为A+学科，并入选国家"双一流"建设学科；中国科大的2项国家自然科学奖一等奖、1项国家科技进步奖一等奖都产出于物理学科。近代物理系发展势头强劲，粒子物理与原子核物理学科方向的带头人赵政国院士受聘首任"赵忠尧讲席"教授，带领团队成功研制"悟空号"暗物质粒子探测卫星载荷BGO量能器，荣获"中国科学院'十二五'突出贡献团队"，团队目前正在开展下一代高亮度正负电子对撞机项目——超级陶粲装置研制。

从"嫦娥"揽月到"墨子"升空，从"天问"探火到"奋斗者"号遨游万米深海，面向国家重大需求，中国科大主导、参与了多项"大国重器"研究，原创性科技成果不断涌现。十八大以来，我们全面贯彻落实习近平总书记关于中国科大发展的系列重要指示精神，潜心立德树人，执着攻关创新，立足国家重大需求，瞄准科技前沿和关键领域，坚持"四个面向"，努力打造高质量创新人才高地和原始创新策源地。

老师们、同学们，赵忠尧先生的精神润物细无声地滋养着一代代科大人，希望大家以老一辈科学家为榜样，勇担使命、擎旗奋进，把红旗插上科学的高峰，努力将中国科大率先建成中国特色、科大风格的世界一流大学，为建设世界科技强国贡献科大力量。

最后，再次感谢线上、线下参加本次纪念活动和学术研讨会的各位院士、各位专家、各位嘉宾。希望大家一如既往地支持和关心中国科大。祝福大家身体健康、工作顺利。

谢谢大家！

1.2 潘建伟院士致辞

潘建伟，中国科学技术大学教授，中国科学院院士，中国科学技术大学常务副校长。

尊敬的赵忠尧先生的各位家人、各位嘉宾、各位同事、各位同学，大家上午好！

非常荣幸能够作为近代物理系曾经的学生、现在的老师代表，在这个纪念大会上发言。今天我们相聚一堂，隆重纪念赵忠尧先生诞辰120周年，共同怀念我们敬爱的先辈和师长。举办这个活动在当前的形势下显得特别有意义。

我们中国科大是1958年党和国家为"两弹一星"培养人才而创办的新型大学。从建校起，服务国家战略需求就融入了科大的血液。当时的科大汇集了包括赵忠尧先生在内的一批科学大师，他们当中的多数从海外留学归来并投身于新中国的建设，紧紧围绕国家急需的新兴科技领域，创造性地把前沿科学与高新技术相结合，培养新兴交叉学科的尖端人才。当时我们近代物理系最早的名字就叫作原子核物理和原子核工程系。赵先生最初开展的是核物理和宇宙射线方面的研究，也是当时华人科学家里最早实地观摩过原子弹爆炸的人，深知核武器对国家安全的重要性。考虑到国家需要，他毅然把大量的精力投入到制造原子弹的核心设备——加速器的建设中。赵先生几经磨难，在新中国成立之后，甚至在途经日本横滨时身陷囹圄，突破重重阻力回到祖国，并亲自指导学生做实验，为我国核物理的发展起到了重要作用。

鲜为人知的是，在赵先生担任近代物理系首任系主任的同时，李友林老师是当时的总支书记、副主任。红军飞夺泸定桥的事迹家喻户晓，但今日的科大师生或许并不了解，李友林老师就是当时飞夺泸定桥的22名勇士之一。李老师不仅对学生关爱有加，而且向下一代学生传递着艰苦奋斗的精神，影响着一代又一代的学子。可以说，在赵先生和李老师等先辈的带领下，我们近代物理系血液里面一直有着、也一直践行着"红专并进"的校训精神，不怕苦累、迎难而上，坚持以服务国家重大战略需求为己任。

我很荣幸自己也是赵先生的浙江老乡，我也是在老一辈科大科学家的感召之下，来到科大的。1987年我来到了合肥，到近代物理系学习，虽然与赵先生并没有直接接触，但一直为他的事迹和精神所感动，也为自己成为近代物理系的一员而倍感自豪。1996年，我留学奥地利攻读博士学位，我那天正好到老师的办公室，我的导师就问我，你将来的规划是什么？你的梦想是什么？我当时的回答是："在中国建一个世界一流的量子物理实验室。"从那时起，我也就跟追随科大、追随赵先生这些先辈的愿望一样，自己也是一直为这个美好的梦想而努力。

如同赵先生在他所写的《我的回忆》中讲到的："回想自己的一生，经历过许多坎坷，唯一的希望就是祖国繁荣昌盛，科学发达。我们已经尽了自己的力量，但国家尚未摆脱贫穷与落后，尚需当今与后世无私的有为青年再接再厉，继续努力。"科教报国始终根植于我们科大年轻一代的灵魂和血液，我学成后很快回到中国科大开始组建实验室，至今已二十多个年头。赵先生的这段话后来被放在我们实验室进门正面的墙上，实验室的同事和学生每天进实验室的时候都会看到，激励着我们将科教报国的使命薪火相传下去。赵先生的经历让我有三个感受。第一，科大的未来就是要服务于国家的重大战略，"红专并进"一直就是我们的根基所在。第二，为了能够服务于国家战略，我们一定要敢于创新。赵先生当年回国的这种精神，一直在科大的学子当中延续着。刚才包校长讲到，像"悟空号""墨子号"这些科学卫星是由近代物理系的同事们研制出来的。第三，赵先生1955年当选了中国科学院的首批院士（当时是学部委员），首批233个院士里面，172位院士年轻时候就有出国长期留学的经历，所以为了能够科教报国，我们一定还要保持国际合作，学习国际先进的科学技术，才能达成为国家科技创新目标的最终目的。这是我的三点感受。

赵忠尧先生等老一辈科学家，不畏艰辛、自力更生，为我们树立了光辉的榜样。在当前的形势下，构建科技创新体系化能力，将发展主动权牢牢掌握在自己手中，是我辈科技工作者义不容辞的责任。我盼望和所有科大人、所有近代物理系的同仁和同学一起，牢记总书记 "潜心立德树人，执着攻关创新"的嘱托，在将来的岁月里坚守科教报国的初心，这就是纪念赵忠尧先生最好的方式，也是对科大未来最美好的祝福！

谢谢大家！

1.3 舒歌群书记致辞

舒歌群，中国科学技术大学教授，中国科学技术大学党委书记。

各位来宾、老师们、同学们，大家上午好！

今天，我们隆重纪念中国核物理学的开拓者、近代物理学的先驱者——赵忠尧先生诞辰120周年。刚才，包信和校长、李政道先生、丁肇中先生、赵维勤女士以及各位院士、嘉宾、兄弟科研院所和高校代表先后致辞，从不同视角全方位展现了赵忠尧先生作为科学事业拓荒者和提携后学领路人的伟大功绩和光辉人生。赵先生矢志报国、服务人民的高尚情怀和优秀品质，是我们宝贵的精神财富，值得一代代科大人传承赓续、发扬光大。

作为中国科大创校元勋之一，赵忠尧先生主持筹建了原子核物理和原子核工程系，也就是现在的近代物理系，并担任首任系主任，为中国科大物理学科发展乃至新中国物理人才培养做出了开创性、奠基性的贡献。

庄子云："指穷于为薪，火传也，不知其尽也。"老一辈科大人拼搏一生、辛劳一生，心中都是对祖国繁荣富强的殷殷期望，赵忠尧先生曾在自传中写道："回想自己的一生，经历过许多坎坷，唯一希望的就是祖国繁荣昌盛，科学发达。我们已经尽了自己的力量，但国家尚未摆脱贫穷与落后，尚需当今与后世无私的有为青年再接再厉，继续努力。"我们新时代的科技工作者与先辈们相比，生活、工作的条件更加优渥了，也更有责任和义务将自己的科学追求融入全面建设社会主义现代化国家的伟大事业当中。

中国科大是我们党为"两弹一星"事业而创办的一所红色大学，赵忠尧先生和老一辈科学家共同铸就了我们科教报国、追求卓越的精神底色。2016年习近平总书记考察中国科大时，勉励我们要勇于创新、敢于超越、力争一流，在人才培养和科学创新领域取得更加骄人的成绩，为国家现代化建设做出更大的贡献。

步入新时代，中国科大将进一步传承、弘扬赵忠尧先生胸怀祖国、服务人民的爱国精神，扎实推进"传承老科学家精神、弘扬新时代科学家精神在行动"专项工作，深入总结包括赵先生在内的老一辈科学家们科教报国、无私奉献的先进事迹。通过举办专题展览、拍摄微电影等形式，以生动的形式、丰富的载体、身旁的榜样激励全校师生为实现中华民族伟大复兴的中国梦不懈奋斗。传承弘扬赵先生勇攀高峰、敢为人先的创新精神，心怀"国之大者"，坚持"四个面向"，不断健全卓越科技创新体系，在基础性、战略性工作上下功夫，加快提升基础研究和原始创新能力。目前，以中国科大为依托单位的下一代高亮度正负电子对撞机项目——超级陶粲装置正在有序推进之中，预期将在国际粒子物理研究领域发挥不可替代的作用。

传承弘扬赵先生甘为人梯、奖掖后学的育人精神，围绕立德树人根本任务，坚持"五育"并举，深入实施一流本科质量提升计划行动纲领，扎实推进研究生教育德创领军人才培养计划，潜心打造高质量人才培养体系，引导广大教职员工成为赵忠尧先生一般的大先生，做学生为学、为事、为人的示范，促进学生成长为全面发展的人。

我国科技事业取得的历史性成就，是一代又一代矢志报国的科学家们前赴后继、接续奋斗的结果。习近平总书记指出："科学成就离不开精神支撑。科学家精神是科技工作者在长期科学实践中积累的宝贵精神财富。"新中国成立以来，广大科技工作者在祖国大地上树立起一座座科技创新的丰碑，也铸就了独特的精神气质。我们新时代的科技工作者，要在党和国家最需要的时候挺身而出，在科学研究的道路上攻坚克难。

作为落实中国科学院以老科学家命名科技攻关突击队相关工作的具体举措，学校经研究决定，在近代物理系粒子物理与原子核物理专业成立赵忠尧核与粒子物理科技攻关突击队，传承以赵忠尧先生为代表的老一辈科学家精神，激励我校师生在高能粒子物理等基础前沿领域的科研任务攻关中发挥排头兵作用，希望物理学院，尤其是高能粒子物理团队能在先生开拓和指引的道路上砥砺奋进、开拓进取，以实际行动和优异成绩迎接党的二十大胜利召开。

谢谢大家！

2 诺奖得主

2.1 在赵忠尧先生诞辰 120 周年纪念大会上的发言 李政道院士[①]

李政道，哥伦比亚大学教授，诺贝尔物理学奖获得者，中国科学院外籍院士。

今天中国科学技术大学隆重举办"纪念赵忠尧先生诞辰 120 周年学术研讨会"，我很高兴参会发言，和大家一起共同缅怀赵老师为近代物理学的发展、为新中国科技教育事业所做出的卓越贡献，更想念他一生为人正直、忠于科学、潜心研究、朴素无华、实实在在的科学家精神。

赵忠尧老师是中国核物理的开拓者，也是中国近代物理学的先驱者之一。1929 年，他在美国加州理工学院从事研究工作，观察到硬 γ 射线在铅中引起的一种特殊辐射，实际上这正是由正负电子湮没产生的 γ 射线，所发现的 γ 的能量恰好是电子的静止质量（0.5 MeV）。赵老师的这一实验是对正电子质量最早的测量！从实验所测量的 γ 能量证明了这是正负电子对的湮灭辐射，也是正电子存在的强有力的证明。这是人类在历史上第一次观测到直接由反物质产生和湮没所造成的现象的物理实验。

赵老师的实验，对与他同时在加州理工学院攻读博士学位的同学安德森有很大启发。

[①] 李政道之子李中清（香港科技大学教授）代讲。

两年多后，安德森在威尔逊云雾室中观测到宇宙线中的反物质——正电子的径迹，他的实验正是在赵老师实验的启发下完成的，为此安德森教授获得了诺贝尔物理学奖。二十多年前，瑞典皇家学会的 Ekspong 教授告诉我，当时瑞典皇家学会曾郑重考虑过授予赵老师诺贝尔奖。不幸，有一位在德国工作的物理学家在文献上报告她的结果和赵老师的观察不同，提出了疑问。当然，赵老师的实验和观察是完全准确的，错误的是提出疑问的科学家。可是在（20 世纪）30 年代初，瑞典皇家学会以谨慎为主，没有授予赵老师诺贝尔奖，Ekspong 教授和我都觉得赵老师完全应该得诺贝尔物理学奖。赵老师本来应该是第一个获诺贝尔物理学奖的中国人，只是由于当时别人的错误把赵老师的光荣湮没了。

半个多世纪后的今天，赵老师在 30 年代所做的这一重要发现，赵老师的科学功绩，已经被越来越多的物理学家认可，核物理学的发展不会忘记它的开拓者。

赵老师当之无愧是中国原子核物理、中子物理、加速器和宇宙线研究的先驱者和奠基人之一。1950 年，赵老师冲破重重困难回国，历经千辛万苦带回了一批当时国内尚无条件制备的加速器器材，主持建造了中国第一台和第二台质子静电加速器，并在这两台加速器上开始了中国的核反应实验，将中国核物理研究的能力提升到世界水平。赵老师为发展祖国核物理和高能物理研究事业、为培养祖国原子能事业和核物理及高能物理的实验研究人才奉献了自己的毕生精力。

赵老师不但在核物理研究上有很大的成就，而且为祖国培养了一大批人才。凡是从 20 世纪 30 年代到 20 世纪末在国内成长的物理学家，都是经过赵老师的培养，受过赵老师的教育和启发的，赵老师也是我的物理学的启蒙老师之一。所以从三强先生等祖国老一辈物理学家到铭汉、光亚和我这一代物理学家都称呼他"赵老师"，可见，赵老师是名副其实的"桃李满天下"。

1958 年中国科学技术大学成立，赵老师根据中国核科学人才的需要，创办了中国科技大学的第一系——原子核物理和原子核工程系，即现在的近代物理系。他亲任首届系主任，一任二十年，为中国原子核物理、中子物理、加速器和宇宙线研究培养了无数优秀人才。

赵老师在自己的回忆文章中说："回想自己的一生，经历过许多坎坷，唯一的希望就是祖国繁荣昌盛，科学发达。我们已经尽了自己的力量，但国家尚未摆脱贫穷与落后，尚需当今与后世无私的有为青年再接再厉，继续努力。"

赵忠尧老师的科学功绩、科学精神和崇高品格永存！谢谢大家！

2.2 赵忠尧，电子对产生和湮灭 杨振宁院士、李炳安教授[①]

杨振宁，清华大学教授，诺贝尔物理学奖获得者，中国科学院院士，美国国家科学

[①] 本文原刊于《现代物理知识》10 卷 6 期（1998）29-33 页，为继尧译自《现代物理国际通讯 A》，第 4 卷 17 期，4325-4335 页。

院外籍院士。

李炳安，美国肯塔基大学教授。

一、简介

作为 20 世纪物理学发展的里程碑，关于电子无穷海的狄拉克理论现在已被普遍认为是粒子物理基础的不可分割的一部分。然而它曾有过一段难以被人们接受的时期。是 1932 年正电子的发现，以及随后对于电子对产生和湮灭过程的理解，最终扭转了对它不信任的潮流。

事实上，在比 1932 年更早几年的时候，电子对产生和湮灭的过程已从实验上被发现了，但未能从理论上得到理解，这些早期发现的报道在如下文章中：

(a) 在 1930 年 5 月，由三组物理学家分别独立发表的文章。这三组物理学家是英国剑桥的塔伦特，柏林-达赫莱姆的梅特纳和赫布菲尔德，以及帕萨丹那的赵忠尧。这些文章都叙述了发现 ThC″ 2.65 MeV γ 射线被重元素"反常吸收"的实验现象。

(b) 赵先生在 1930 年底发表的关于他的另一个实验的文章。在这个实验中，他发现了 ThC″γ 射线在铅上的"附加散射线"。

现在回顾来看，文章（a）是代表着首次观察到电子对产生的过程。而文章（b）是首次观察到电子对湮灭的过程。在随后的两年，即 1931—1932 年，反常吸收和附加散射线吸引着理论物理学家极大的注意，并激发着重要的进一步的实验研究。为了评估赵先生的文章的作用，我们在这里引述 C. D. 安德森在 1983 年的一篇文章里写的一段文字：

"我在加州理工学院做研究生论文的工作是用威尔逊云室研究 X 射线在各种不同气体里产生的光电子的空间分布。在我做这项工作的 1927—1930 年间，赵忠尧博士就在我隔壁的屋子里工作。他是用验电器测量 ThC″ 产生的 γ 射线的吸收和散射。他的发现引起我很大的兴趣。当时人们普遍相信，来自 ThC″ 的 2.6 MeV 的'高能'γ 射线的吸收，绝大多数应是按照克莱因-仁科公式表达的康普顿碰撞。但赵博士的结果清楚地表明，这种吸收和散射显著地大于克莱因-仁科公式的计算。由于验电器很难给出细致的信息，所以他的实验不可能对上述反常效应做出深入的解释。我建议的实验是利用工作在磁场中的云雾室来研究 ThC″γ 射线与物质的作用，即观察插入云雾室中的薄铅板上产生的次级电子，来测量它们的能量分布。从而研究和了解在赵先生的实验结果中还反映着哪些更深刻的意义。"

另外，哈雅卡华在一篇文章里引述了他与奥恰里尼在 1980 年的谈话，其中说：

"奥恰里尼高度评价赵先生的成就，并说明赵先生关于 ThC″γ 射线反常吸收的工作是如何激发了他们远在英国进行的有关研究。"

看来在 80 年代的今天，安德森和奥恰里尼都强调，早在 30 年代赵先生的工作确实激发了他们所完成的革命性的研究。这一研究转而导致物理学家对量子电动力学的理解。而他们并没有提及当时与之相关的赵先生的竞争者的工作。

在本文中，我们追溯 1930 年发现反常吸收和附加散射线的历史。研究赵先生在其中做出的实质贡献，以及他的工作对于以后布莱克特和奥恰里尼关于电子对湮灭的假设具有多么重要的意义。

二、背景

在物理学中许多重要的事情发生在1930年前后，这是一个极其活跃、激动人心，而又令人迷惑的时期。

在这些迷惑与不解之中，很大一个问题是电子和质子究竟是否是核的组成。由于在当时仅有这两种已知的基本粒子(不包括光子)，因此人们自然地假定核是由它们构成的。然而这一假定面临着许多严重困难。另一个谜团来自β衰变谱似为连续的观察结果。而这一点甚至曾使玻尔和其他人以为在β衰变中能量是不守恒的。

而在理论的范畴中，狄拉克方程和空穴理论也还苦于缺少一种本质的要素，而遭到大多数权威物理学家的反对。当然任何人都不能不承认狄拉克解释电子自旋和磁矩的辉煌成就。它出自于完全的独创性和简捷的数学方法。但是负电子海仍被普遍认定是有缺欠的。泡利曾说：

"任何有这种缺欠的理论只能与偶然的验证相一致。"

针对这种背景，从实验上研究像康普顿散射这样的涉及电子的散射过程并验证理论计算是很有意义的。当时有三个不同的公式描述康普顿散射：

（a）康普顿公式：

康普顿修改 J. J. 汤姆逊的经典理论来计算波长位移和反冲效应。他得到如下的截面公式：

$$\sigma = \frac{8\pi}{3} \frac{e^4}{m^2 c^4} \frac{1}{1+2\alpha} \tag{1}$$

其中$\alpha = h\nu/mc^2$，这不同于汤姆逊的结果。康普顿的理论还在另一方面不同于 J. J. 汤姆逊的经典理论：对于硬γ射线，出射波集中于向前的方向。从量子理论的观点来看，正如康普顿自己所指出的那样，他的公式在理论上是不正确的。

（b）狄拉克和高登公式：

狄拉克和高登从量子力学出发，使用不同方法推出了相同的公式：

$$\sigma = \frac{2\pi e^4}{m^2 c^4} \frac{1+\alpha}{\alpha^2} \left[\frac{2(1+\alpha)}{1+2\alpha} - \frac{1}{\alpha} \ln(1+2\alpha) \right] \tag{2}$$

这里没有考虑自旋。

（c）克莱因-仁科公式：

$$\sigma = \frac{2\pi e^4}{m^2 c^4} \left\{ \frac{1+\alpha}{\alpha^2} \left[\frac{2(1+\alpha)}{1+2\alpha} - \frac{1}{\alpha} \ln(1+2\alpha) \right] + \frac{1}{2\alpha} \ln(1+2\alpha) - \frac{1+3\alpha}{(1+2\alpha)^2} \right\} \tag{3}$$

这公式是把狄拉克相对论波函数移植到经典辐射理论推导出来的。在狄拉克空穴理论之后，狄拉克和华勒表述出，在空穴理论中一个正确的二阶微扰计算正好给出和克莱因-仁科公式相同的结果。

公式（1）（2）（3）在低能界内相同，而在高能即硬 γ 射线区域则变得不同。所以在 1929—1930 年间，为了检验和区别这些理论，帕萨丹那的赵、英国剑桥的塔伦特和柏林-达赫莱姆的梅特纳和赫布菲尔德做了上述三个测量硬 γ 射线吸收系数的实验。

三、反常吸收

赵忠尧，1902 年生于中国浙江省，1925 年毕业于东南大学化学系后，担任清华大学叶企孙先生的助教。1927 年夏，赵先生来到美国加州理工学院成为 R.A. 密立根的一名研究生。密立根叫赵先生测量硬 γ 射线在不同物质中的吸收系数以检验克莱因-仁科公式（3）。据赵先生本人在 1986 年回忆说，密立根最初曾经是倾向于相信公式（2）而不是克莱因-仁科公式（3）会与宇宙线数据一致。

1929 年将近年底的时候赵先生完成了实验。他发现对于轻元素来说，实验结果符合克莱因-仁科公式，而对于重元素例如铅，实验测得的吸收系数值大于公式给定值。密立根起初不相信赵先生的结果，因而赵先生的文章被拖延了数月没有拿出去发表。幸而鲍文教授知道赵先生的实验细节，他使密立根确信赵先生的实验是可靠的，并建议尽快将其文章送出去发表。该文送稿的日期为 1930 年 5 月 15 日。在此之前二周，1930 年 4 月 29 日，赵先生的结果宣读于美国国家科学院。

塔伦特和梅特纳和赫布菲尔德也独立地获得与赵先生相同的主要结果，但在细节上有些不同：

（a）在塔伦特的实验中，吸收系数对介质原子序数的依赖是不规则的。而在梅特纳和赫布菲尔德的实验结果中，更有一个"跳跃"，这些都导致疑义，而与此相反的是，赵先生的结果非常平滑，是完全可信，不容置疑的。

（b）所用的探测器很不相同。据赵先生在 1986 年所说，他用的探测器是 25 个大气压下的气压电离室和真空静电计，它们是更为可靠的仪器。

所有这三个实验发现的硬 γ 射线在重元素上的附加吸收，被称为"反常吸收"或曰"梅特纳-赫布菲尔德效应"。后一种说法源于梅特纳和赫布菲尔德的朋友。所有这三篇发表的文章也都推测反常吸收是由于某种未知的核效应引起的。

四、"附加散射线"

为了更多地了解辐射在物质上的吸收机制，在紧接着第一个实验之后，赵先生开始进行又一个新的实验来研究散射辐射的强度和角分布。这是一个困难的实验。原因在于散射辐射比背景更弱，实验结果发表于 1930 年。在这以后一年，其他实验组才开始致力于研究散射辐射。这些后来的工作做得不漂亮且没有结果。它们引起更多的争议，分散了理论家的注意，因而很不幸地减小了赵先生的实验结果的影响力，我们将在后面第六节里重述这些要点。

赵先生在第二个实验中发现：

（a）伴随反常吸收，存在着一种硬散射之外的附加散射辐射。

（b）这种附加散射辐射实质是各向同性的。

（c）测得这种附加散射辐射的波长为 22X.U.即相当于 0.5 MeV 的光量子。

赵先生得出的所有上述结论都是非常惊人地恰好正确。他实际上已经发现了电子对湮灭！在过程 $e^+e^- \to \gamma\gamma$（4）中，每个光子带走约 0.5 MeV 的能量，而这正是赵先生所发现的。然而在当时，以及直到那以后很久都没有人理解其理论上的意义。这一点我们将在下一节讨论。

五、解释

从 1930 年中直到 1933 年初，在两年半的时间里，有三个课题摆在物理学界面前，按照后来的理解，它们包含量子电动力学（QED）的所有方面：

反常吸收

附加散射线

狄拉克电子论

关于狄拉克理论的深入讨论包括奥本海默、泰姆和狄拉克对于湮灭过程（4）截面的计算，但是这些作者中没有一个人把这一过程和赵先生的附加散射辐射联系起来。（其原因很可能是在于当时核物理处于非常混淆的状态。于是很自然地赵先生的结果和反常吸收这两种陌生的现象都被认为是核现象了。）

在这一时期我们找不到任何关于附加散射辐射的理论文章。（从下面的第六节可以看出，到 1933 年，用电子对的湮灭和产生来表述的最终解释是如何地基于附加散射辐射而不是反常散射。）

对于反常吸收，当时有很多理论讨论。奥本海默试图构想其来源于光电效应，但这将导致结论说 QED 是错误的。在当时这是一个很流行的题目。海德堡和卡蒙则推测这是由于某些核过程引起的。

这些理论工作都未能获得重大的进展。直到安德森于 1932 年 9 月发现了正电子。几个月以后，布莱克特和奥恰里尼用绝妙的触发云室又得到了更多的正电子。这时候，关于正电子穿过物质时的性质这样一个问题才被提出来了。它将布莱克特和奥恰里尼引导到狄拉克早些时候关于湮灭过程（4）的计算，以及得出这样一个推论：赵先生的附加散射线其实是湮灭过程的结果。

布莱克特和奥恰里尼还推测正电子产生于对生成的过程，但他们没有得出在重核库仑场中 QED 对生成过程的正确概念。而就在数月之后，奥本海默和普拉赛特按照狄拉克理论即 QED 产生和发展了这一概念。他们发现这个结果与早时关于反常吸收的实验发现相一致。而且安德森在云室中也观察到了光子生成的电子对。

1933 年之后，随着所有上述问题的澄清，QED 进入了在所有应用方面都取得巨大成功的鼎盛时期。唯一留下来令人不安的事情只是发散问题了。

六、赵先生的决定性数值 0.5 MeV

布莱克特和奥恰里尼的文章具有重大的影响,这不仅因为他们报道了许多新发现的正电子事例,而且因为他们解释出反常吸收和附加散射线是分别由对生成和对湮灭引起的,这就导致了物理学家关于狄拉克理论正确性的观念上的大翻身。关于这一点,在文章中最为关键的段落是:

"也许 γ 射线被重核的反常吸收*是与正电子的形成及其在再次辐射中的消失相联系的。在事实上,实验发现这种再次发射的辐射具有与预期湮灭谱相同量级的能量。(A)"

"格雷和塔伦特,'Proc. Roy.Soc'A 卷 136,第 662 页(1932)。

梅特纳和赫布菲尔德,'Naturwiss.'第 19 卷第 775 页(1931)。

赵忠尧,'Phys.Rev.''物理评论'第 36 卷第 1519 页(1931)(B)。"

段落(A)是伟大的物理。注脚(B)是疏忽的历史。特别是这个注脚对赵忠尧太不公平了。它包含两个印刷上或者是粗心造成的错误。

(i)赵先生在物理评论上的文章发表于 1930 年而不是 1931 年。它领先于其他两篇文章 1 或 2 年。

(ii)尽管文内的星号是打在"反常吸收"之上,但所有这三篇引述的文章都是关于附加散射线,而不是关于反常吸收的。

更重要的是,布莱克特和奥恰里尼的论据其实是在于赵先生一个人的文章,正如我们现在所要表明的,这一事实是被这样一个不加分辨的注脚给弄模糊了。

布莱克特和奥恰里尼是在他们名为"正电子的假设性质"的文章里的某一节中推出上面引述的伟大设想(A)。这一节开始提出为什么正电子"至今逃避观察",然后说:"显然它们作为自由粒子,只有有限的寿命。因为它们在正常条件下不表现出与物质的结合……似乎……它们好像是与负电子发生反应形成 2 个或更多的量子然后消失的。"

他们继续说到这种消失机制是由狄拉克电子论直接给定的,而且他们曾和狄拉克谈过。后者曾把自己那篇 1930 年的关于给出湮灭截面的文章给他们看。

布莱克特和奥恰里尼然后结论说,狄拉克理论这样估计正电子的寿命:"以在云雾室观察正电子而言,它的寿命是足够长了。但要解释为什么用其他方法发现不了它,又只能说它的寿命还太短"。接下来他们又说到,尽管如此,要观察到这一湮灭过程,还是有可能的。因为它引发一个峰位在于 0.5 MeV 的光量子谱,然后就是引文(A)。

这整个一系列推论反映着宏大的物理思想。它们也表明布莱克特和奥恰里尼的立论焦点是在于湮灭过程,这一过程是以其引发一个"附加散射线"而被确认的。而这种确认的能力又集中在于这样一个事实,即湮灭辐射谱峰值为 0.5 MeV(见上文)。这一点与引文(A)所说"实验上已经发现"的内容是一致的。由此可见,实验证明附加散射线的能量为大约 0.5 MeV,这是他们立论的决定性根据。

由于某种原因,布莱克特和奥恰里尼没有提及,在他们上面的引述(B)所提及的三篇文章里(这三篇文章都是关于附加散射线的),只有赵先生的文章给出了正确的决定性的数值 0.5 MeV。梅特纳和赫布菲尔德 1931 年的文章比赵先生晚了一年，而且根本没有找到附加射线。格雷和塔伦特 1932 年的文章比赵先生晚了两年，在大约 0.47 MeV 处找到了附加散射线，可又同时找到一个大约 0.92 MeV 的分量。这是十分令人混淆的。而且甚至直到后来在他们 1934 年的文章中还仍然存在。

人们也许会想到这样的问题，为什么布莱克特和奥恰里尼的文章对 1930 年的三篇关于反常吸收的文章完全不加引述（这些文章曾比附加散射线引起更多的注意。因为它是较早的发现，而且是基于难度较小的实验，见第五节）。对这个问题的回答是布莱克特和奥恰里尼立论的焦点不在此，而在于湮灭过程。进一步说，布莱克特和奥恰里尼并没有像在库仑场的情况那样钉住对生成的机制。这一工作是后来由奥本海默和普拉赛特从理论上进行的。

综观对生成和对湮灭的发现历史，我们深深地被赵先生的实验所感触。这些实验探索到了重要的问题。赵先生的竞争者们在反常吸收和附加散射线这两个实验中都曾陷入失误，这一事实又证实了这些实验是很难做的。它们具有简洁的经典色彩，具有经得住时间考验的可靠性。不幸的是由于布莱克特和奥恰里尼在文章中疏忽的引证，以及由于其他实验造成的混淆和争议，赵先生的文章没有获得其本应充分获得的评价。

2.3 赵忠尧院士的工作改变了我的实验 丁肇中院士

丁肇中（Samuel C. C. Ting），美国麻省理工学院物理系教授，诺贝尔物理学奖获得者，美国艺术和科学院院士，中国科学院外籍院士。

中国科大校友们好，赵政国院士，感谢你们请我参加赵忠尧院士诞辰 120 周年学术研讨会。赵忠尧院士于 1958 年筹建中国科大近代物理系并兼任系主任。过去 40 年，我和中国科大有很多的合作，包括很多的科学家参加我的工作，他们对我的实验做出了很重要的贡献。

赵忠尧院士是最早（1930 年）**观测到反物质的存在的人**。1930 年，这一重要成果以"硬 γ 射线的散射"为题目发表在美国《物理评论》杂志上。这是因为，γ 射线在通过重金属铅后产生正负电子对——电子是物质，正电子是反物质。正负电子产生和湮灭的时候，光通过铅之后，产生正负电子对。另外一个电子和铅里面另外一个原子湮灭变成光。它的很重要的一个结论就是，γ 射线通过重金属铅后产生额外的散射光。

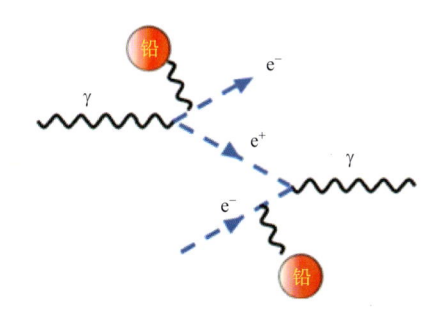

赵忠尧院士的发现——光可以变成正负电子对，启发了我一系列的实验。

1. 测量电子半径

第一个实验是测量电子半径（1965 年）。

1948 年，根据量子电动力学，费曼（Feynman）、施温格（Schwinger）和朝永振一郎（Tomonaga）提出理论：电子是没有体积的。这个理论被当时所有的实验所证明，他们因此获诺贝尔奖。但是，到了 1964 年，哈佛大学和康奈尔大学著名的教授们和多年专门从事这个实验的专家们，用若干年的时间做了两个不同的实验，得到相反的结果——量子电动力学是错误，电子是有体积的，电子的半径是 $10^{-(13\sim14)}$ cm。他们的结果受到物理学界的认可和重视。1965 年哈佛大学测量电子半径的实验，是用美国 MIT 和哈佛电子加速器产生的 60 亿电子伏的同步辐射光来产生正负电子对。这是当年实验的结果。

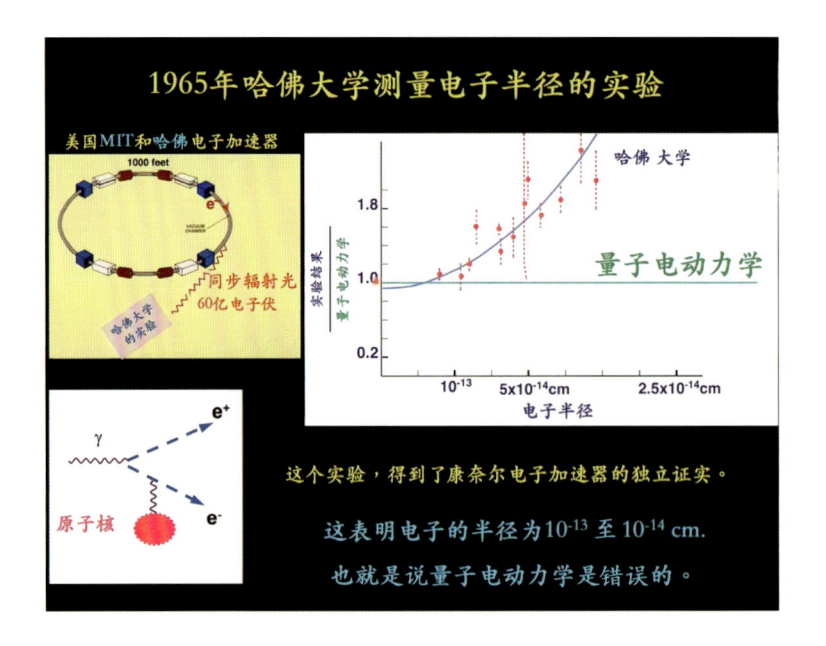

实验结果和量子电动力学预测的比值等于 1 的话，说明量子电动力学是对的。他们的结果超于量子力学的计算，这就表示在 10^{-13} cm 以后，就可以测到电子的半径。这个实验得到康奈尔电子加速器的独立证实。这就表明电子的半径在 10^{-13} 到 10^{-14} cm 之间，也就是说量子电动力学是错误。

1967 年，我在德国 DESY 测量正负电子实验，这个实验根据赵忠尧院士光产生正负电子对的实验。每秒入射 1000 亿个光子，能量为 60 亿电子伏。这是磁铁，这些仪器测量动量，这些仪器测量速度，这些仪器测量电子能量。

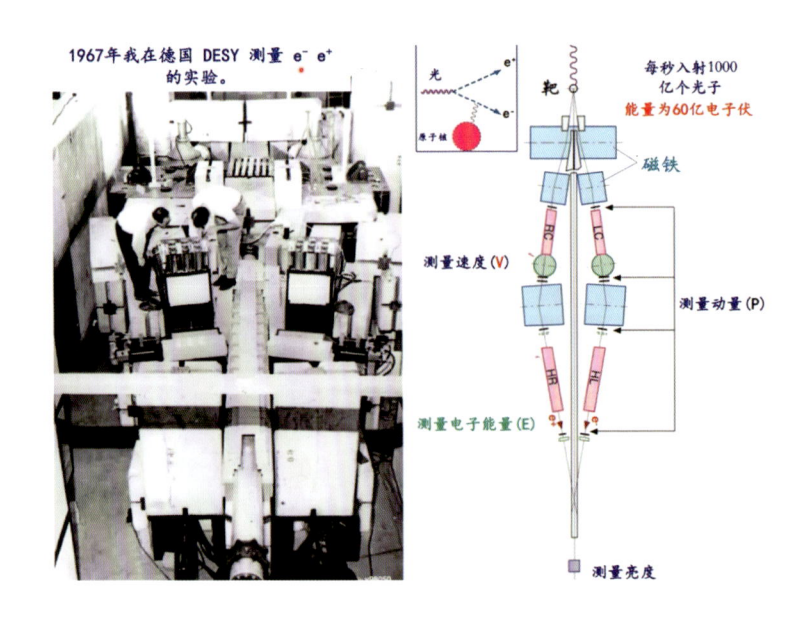

8 个月后，我的实验证明量子电动力学是正确的：电子是没有体积的，它的半径小于 10^{-14} cm。实验的结果和理论预言完全一致。

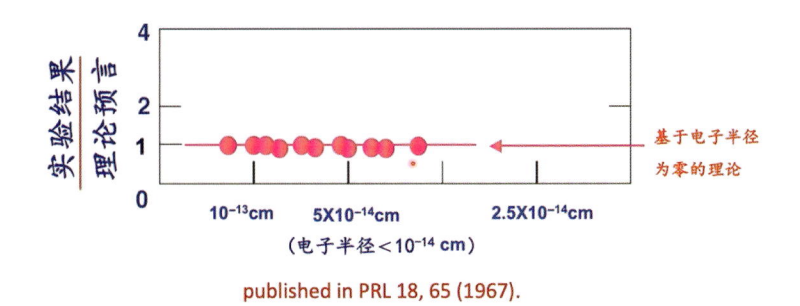

published in PRL 18, 65 (1967).

2. 光子和重光子系列实验

第二个实验是光子和重光子（重光子就是有质量的光子）的系列实验。

光子和重光子有相同的量子数。光子质量等于 0。重光子有 $\rho \to \pi\pi$ 共振态，有 $\omega \to \pi\pi\pi$ 共振态，有 $\phi \to K^+K^-$ 共振态。它们的质量都在 10 亿电子伏左右。

光子和重光子有相同的量子数，不同之处在于光子的质量为 0，因为能量 $E=mc^2$。在高能情况之下，光子和重光子应该可以互相转化。所以我就做了一系列重光子 ρ 和 ω 衰减干涉的实验。重光子 ρ 是 $\pi\pi$ 共振态，ω 是 $\pi\pi\pi$ 共振态，因此重光子 ρ 和 ω 衰减不会发生干涉。可是 ρ 和 ω 都能变成光子，光子可以衰变成正负电子对。因此 ρ 和 ω 衰减应该产生 e^+e^- 衰变干涉。

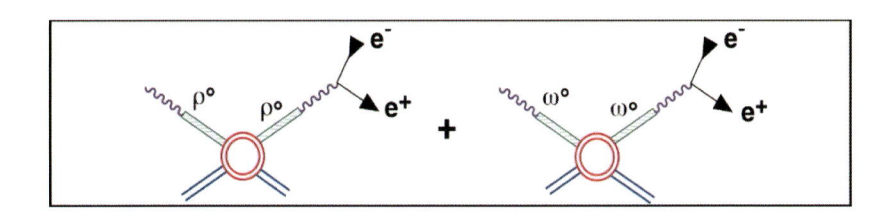

这是一个非常困难的实验，e^+e^- 和 $\pi\pi$ 的分辨率必须达到一亿分之一以上，所以以前的实验都没有找到过。后来我设计了一个新的探测器，发现重光子 ρ 和 ω 之间是可以互相转化。这是我们正负电子的数据。这个数据和 $\rho+\omega \to e^+e^-$ 互相转化的预测是完全符合的，而不符合 $\rho \to e^+e^-$——无相互转化时的预测。

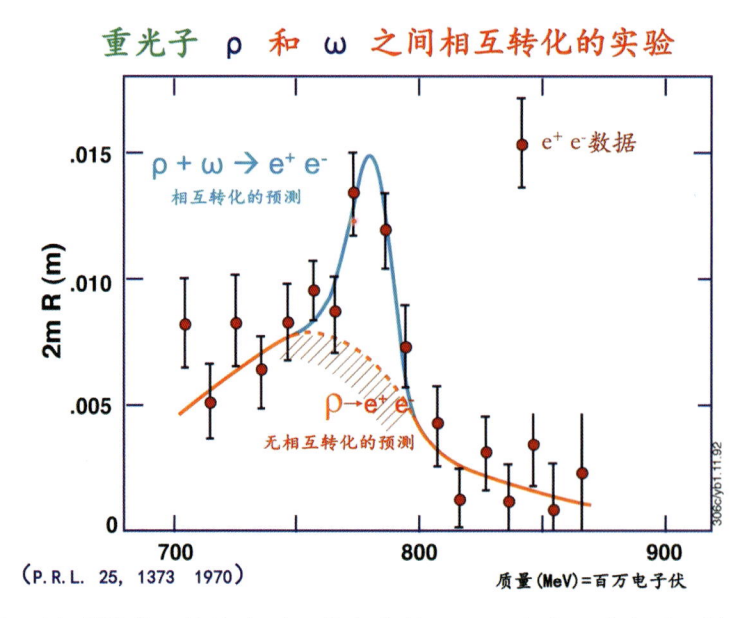

重光子 ρ 和 ω 之间相互转化的实验

同时我们观察到传统理论认为不可能存在的 ω→ππ 衰变。重光子 ρ 是 ππ 共振态，ω 是 πππ 共振态，因此重光子 ρ 和 ω 衰减不会发生干涉。可是 ω 会变成光子，光子再变成 ρ，ρ 变成 ππ，因此 ω→ππ 衰变是应该存在。

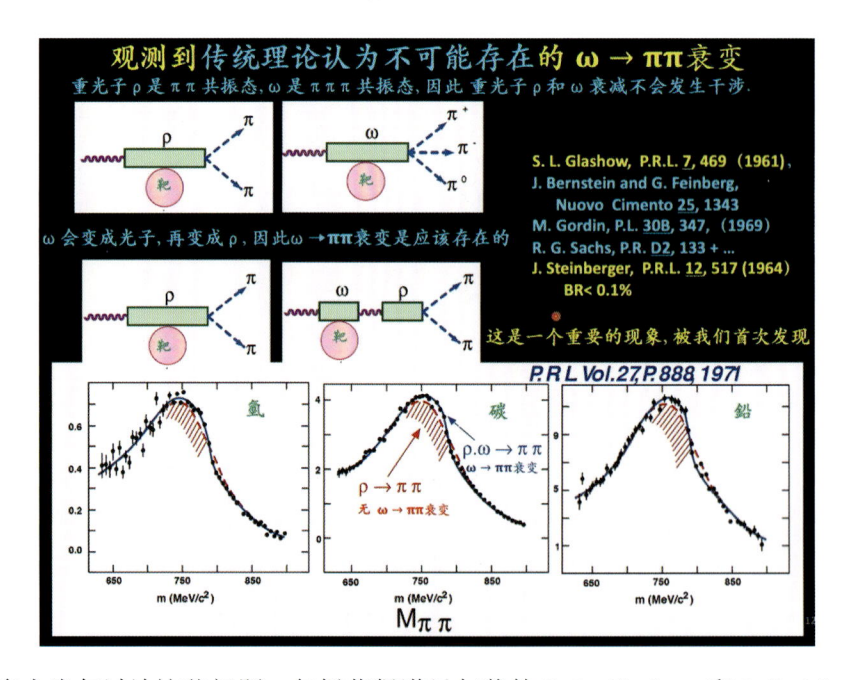

很多人当年讨论这些问题，包括获得诺贝尔奖的 S. L. Glashow 和 J. Steinberger。这是一个重要的现象，以前很多人找，都没有发现过，结果我们发现，用氢靶、用碳靶、用铅靶，所得到的结果都是符合 ρ, ω→ππ，就是 ω→ππ 衰变。只有 ρ→ππ 衰变是不符合我们实验数据的。

3. J 粒子实验

第三个实验。我们知道光子和重光子性质相同，它们之间可以互相转化。我的问题是：为什么所有的重光子质量都和质子的质量相近（10 亿电子伏）。为了寻找更重的重光子，我们决定到质子加速器上做一个最精密的探测器。在美国布鲁克海文（Brookhaven）国家实验室进行 J 粒子实验。J 粒子实验的设计要求是，从 100 亿个已知粒子中找到一个新粒子衰变成 e^+e^-。从 100 亿找一个，因此必须每秒钟输入 100 亿高能量的质子到探测器上。这么多的质子输入到探测器上所产生的放射线会彻底破坏探测器，对工作人员也是非常危险的。

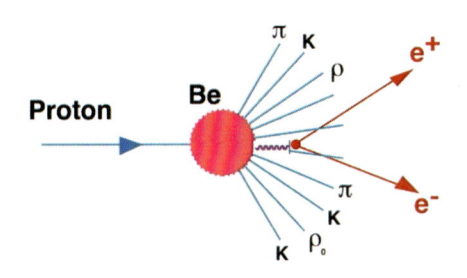

因此必须发现全新的、非常精确的、在非常强的放射线下能正常工作的全部仪器，这是当年的实验的屏蔽设计。

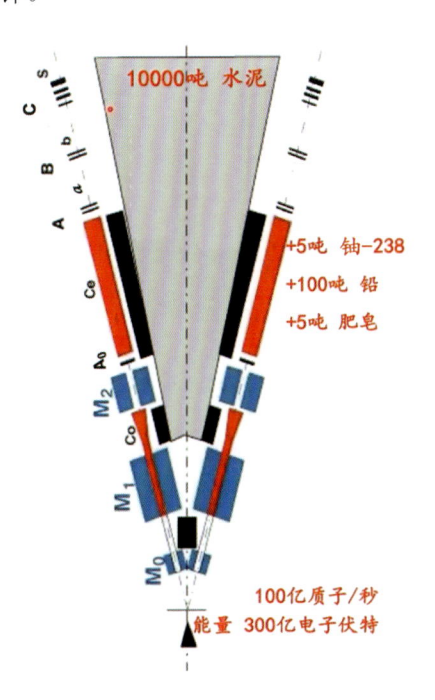

实验使用了 1 万吨的水泥、5 吨的铀、100 吨的铅和 5 吨的肥皂。输入是每秒钟 100 亿质子，能量达 300 亿电子伏。这是当年的 J 粒子磁谱仪。

J粒子磁谱仪

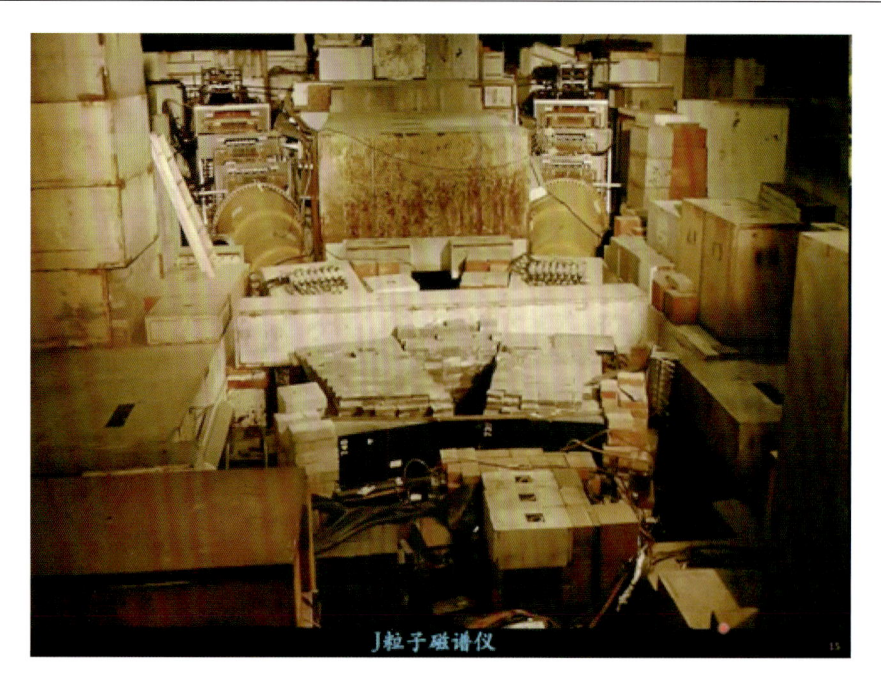

在J粒子实验中，研发了很多的新仪器，包括特别精密的多丝正比室，常年展于美国华盛顿的国家科技馆。

1974 年，我们发现了 J 粒子，它具有奇异的特性：它的寿命比已知的粒子长 1 万倍。新粒子发现后，很快，同样寿命的类似的粒子也都被发现。它的重要性，类似于我们发现一个偏僻村子里面所有的人都是 100 岁左右。这就表示这个村子里的人和普通人是完全不一样的。

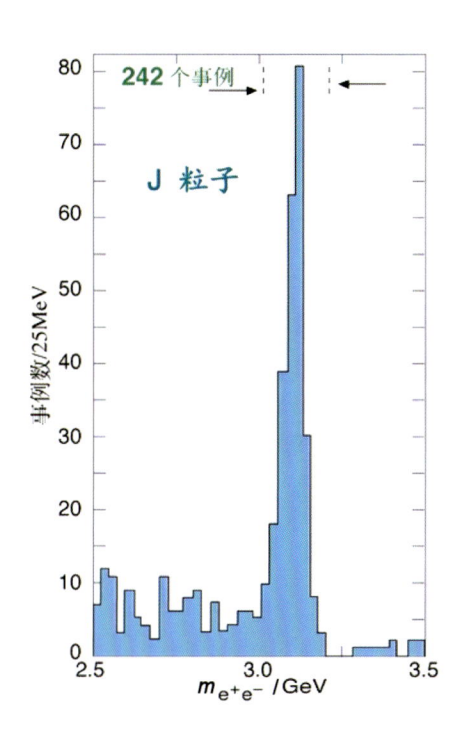

这种新粒子的发现，证明宇宙中有新的物质存在，它们由新的夸克组成，我们把它命名为 J 粒子。J 粒子的发现，改变了物理界长期认为"世界上只有三种夸克"的观念，改变了我们对物质基本结构的认识。继 J 粒子发现之后，新的粒子又继续被找到。现在我们知道，至少存在 6 种不同的夸克。

4. 发现胶子

再继续以前光变成正负电子而做一个实验，第四个实验：发现胶子的实验。这是在 20 世纪 70 年代，德国 PETRA 的 300 亿电子伏对撞机上所做的。正电子、负电子对撞以后，到底有什么现象？1977 年 8 月，邓小平建议每年派 10 位科学家参加我的工作。从那时候到现在，有许多中国科学家参加我的团队，并且做出了世界公认的贡献。下图是 1978 年第一批中国科学家，包括高能所的唐孝威院士、郑志鹏所长、中国科大的许咨宗教授和杨保忠教授等，到德国正负电子对撞机上的 Mark-J 工作。

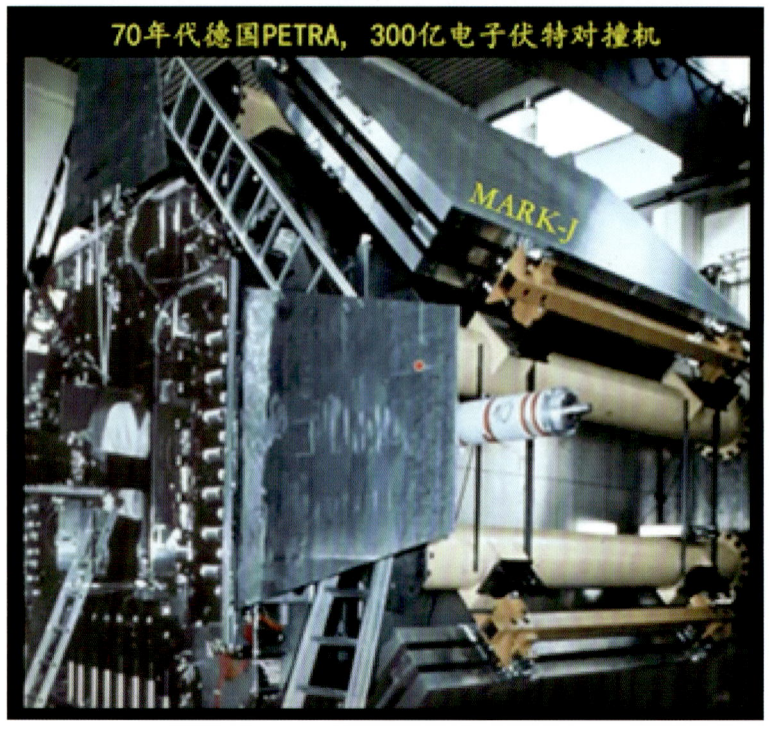

上图是 20 世纪 70 年代德国 PETRA 实验，用 300 亿电子伏的对撞机来做的。

1979 年，赵忠尧院士及科学院领导访问 Mark-J 实验，下方照片中有赵忠尧院士（前排右三），以及杨保忠、郑志鹏、唐孝威、陈和生、许咨宗。

中国科大和我合作的重要贡献之一就是发现胶子。宇宙中有三种力。一种是引力，引力的来源、传输，我们并不了解。电弱力，由光、Z^0、$W^{\pm}$子传输。强力在原子核里把夸克绑在一起，由胶子传输，这是一个比较重要的发现。

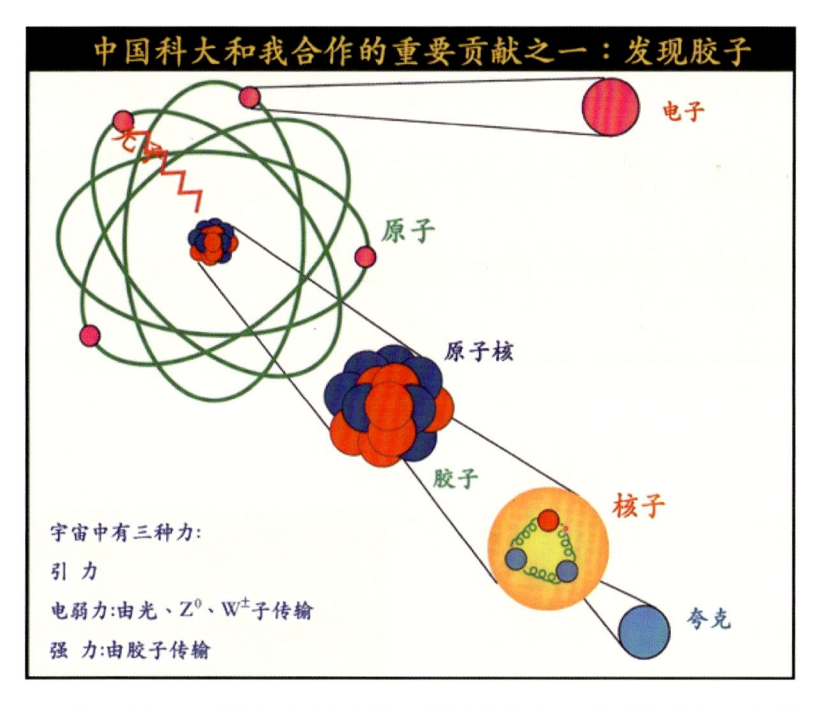

这是1979年9月2日美国《纽约时报》报道我们发现胶子的消息。这中间有一段特别提到，27名中国科学家参加了这次实验。在有关核与粒子物理实验的国际合作研究史上，这是中国第一次的一个大贡献。

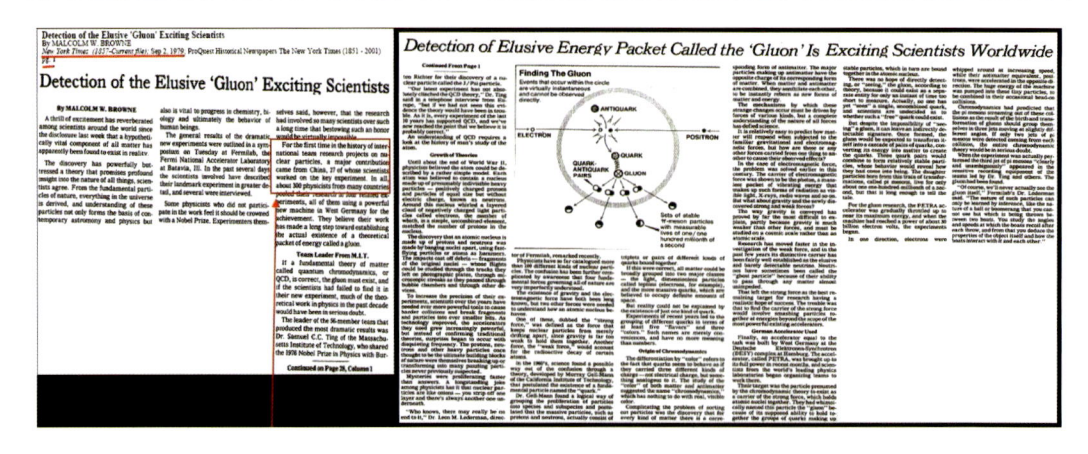

当年的《人民日报》也报道了发现胶子的事情。

5. 欧洲核子中心的 L3 实验

继续以前光变成正负电子的实验，我的第五个实验是在欧洲核子中心的 L3 实验，是用 1000 亿电子伏的正电子和 1000 亿电子伏的电子相撞。对撞时温度是太阳表面温度的 4000 亿倍，也是宇宙诞生最初（1000 亿亿分之一秒时）的温度。这是首次美国、苏联、中国、欧洲等 19 个国家和 600 名科学家共同参加的大型国际合作，中国科大在里面作了很重要的贡献。这是 L3 实验，磁铁重 1 万吨，探测器中有 300 吨铀，都是在苏联做的。中国的主要贡献包括精密仪器：上海的硅酸盐所研发的 BGO 晶体。BGO 是透明的，其密度和钢相同。当时世界年产量只有 4 公斤，而我们需要 12 吨。现在他们（指硅酸盐所）的晶体产品已被广泛应用于工业及医学领域。

12吨BGO晶体

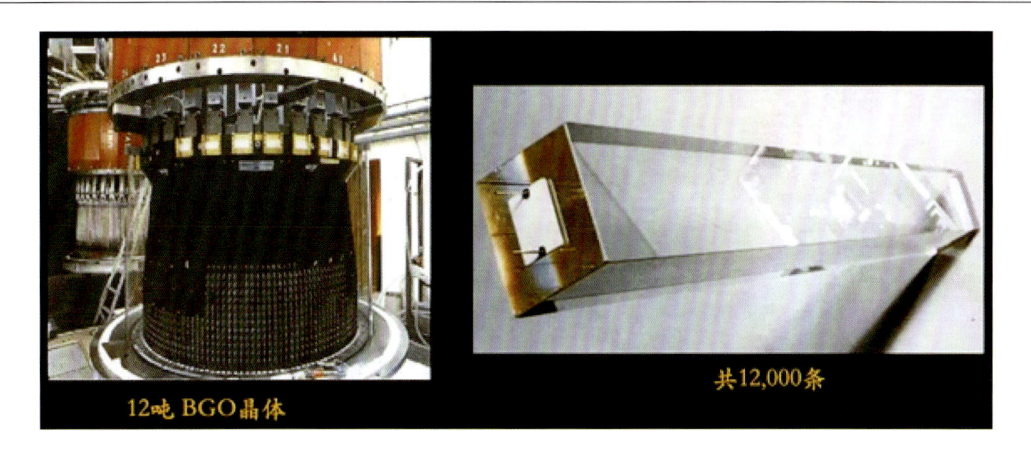

共12,000条

在数据分析中，中国科大的韩荣典、马文淦、陈宏芳、宫竹芳、周冰、钱剑明、戴铁生等和中国科学院高能所的陈和生、王贻芳、陈刚、陈国明等，都做过非常重要的贡献。这是王贻芳院士和蔡旭东博士在L3的仪器上。

王贻芳 院士 和 蔡旭东 博士 在 L3 上

高能所的郑志鹏所长也积极支持L3实验。

高能所 郑志鹏 所长积极支持L3实验

L3 实验总共发表了 300 篇文章，有 300 人获得博士学位。实验的结果，这 300 篇文章可以用 4 句话表达出来。第一，宇宙中只有 3 种不同的电子和 6 种不同的夸克。第二，电子是没有体积的，电子的半径小于 10^{-17} cm。第三，夸克也是没有体积的，夸克的半径小于 10^{-17} cm。第四，不幸的是，所有的结果都与电弱理论符合。当一个实验和理论符合的时候，你学到的东西很少，当实验推翻了理论以后，才是更重要的。

6. 阿尔法磁谱仪 AMS

1930 年，赵忠尧院士首次发现反物质（正电子），我的第六个实验是：国际空间站上的阿尔法磁谱仪 AMS，这个实验自 1994 年持续到 2030 年。目标之一，是寻找宇宙中高能量正电子的来源。这是陈和生院士和 NASA AMS 总工程师 Ken Bollweg。

陈和生 院士 和 NASA AMS 总工程师 Ken Bollweg

根据现在我们的了解，宇宙中正电子来源有三种。第一，宇宙线和星际物质相碰，宇宙线碰撞产生的正电子。第二，新的天体源——比方说脉冲星，脉冲星可以产生正电子。脉冲星不能产生反质子，因为反质子的重量特别大。第三，暗物质和暗物质相碰，可以产生正电子。所以，有三种正电子来源。

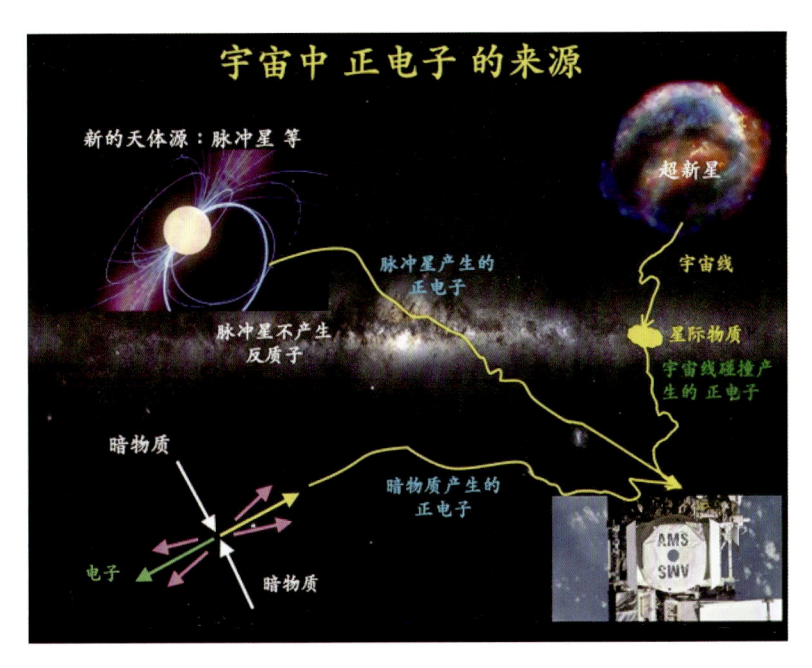

我们发现，宇宙中正电子有两种起源：低能量正电子来自宇宙线碰撞，因为它产生的数量和宇宙线碰撞的预测是相同的。这是 10 年来收集的 340 万正电子，从很低的能量到 1 万亿电子伏。高能量的正负电子来自脉冲星或暗物质。

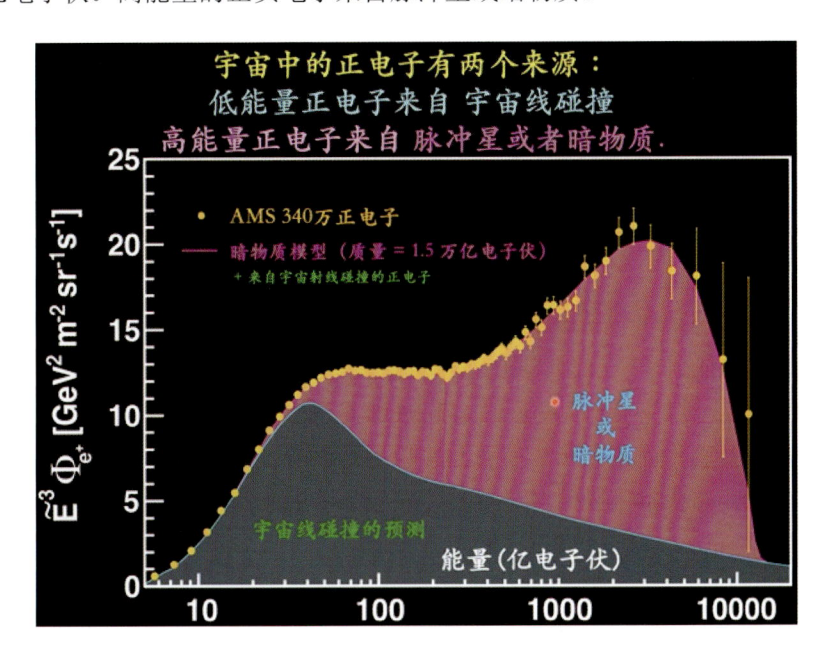

可是，反质子和正电子有相同的能量分布。刚才我已经说过了，反质子是不可能由脉冲星产生的，所以我们探测的反质子的能谱和正电子的能谱完全一样，就表示正电子能谱不是由脉冲星产生。收集数据非常大，包括 80 万个反质子、340 万个正电子。

宇宙是最广阔的实验室，而我们对宇宙的认识很有限。未来 10 年，AMS 将继续收集数据，将改变我们对宇宙的认识。

中国人常说："千里之行，始于足下。"赵忠尧院士的工作改变了我的实验。今天特别谢谢赵政国院士和中国科大的领导给我一个机会，介绍赵忠尧院士工作对我的工作的重要性。

谢谢大家！

3 子女纪念

3.1 科学家赵忠尧的曲折回国路 赵维志[①]

赵维志，赵忠尧先生长女。

正当父亲去世一周年纪念前后，发生了以美国为首的北约用导弹袭击我国驻南斯拉夫大使馆的严重事件。美国又发表了诬称中国科学家"窃取美国核机密"的所谓报告。前一起事件美国政府解释为"误炸"；后一事件又拿不出任何证据。这使我想起近半个世纪以前，我父亲因所谓"核机密"问题，在从美回国途中，被美方无理扣押、搜查，监禁在日本达47天之久，最后也是企图用"误会"二字来掩盖其罪恶行径的。

父亲赵忠尧是我国著名核物理学家，中国科学院院士，我国核物理研究的开拓者和奠基人之一，为新中国原子能事业做出过重大的贡献。他早年曾赴美留学，1927年，25岁的他就在美国加州理工学院师从诺贝尔奖获得者密立根教授，1930年获得博士学位，并首次发现伴随着硬γ射线在重元素物质中的反常吸收，还存在着一种特殊辐射，这是一项具有诺贝尔奖水平的重大成果。但因若干客观原因，未能获奖，其研究成果在国际物理学界却是有定论的。诺贝尔奖获得者丁肇中教授1979年在汉堡向各国科学家介绍我父亲："这位是物理学界前辈赵忠尧教授，他就是正负电子产生和湮没的最早发现者，没有他的发现就没有现在的正负电子对撞机。"曾是父亲学生的诺贝尔奖获得者杨振宁先生与李炳安先生也在1989年著文详述父亲在这一方面的重要贡献。虽然父亲一生只埋头于自己的研究工作，外界很少了解和知道他，但是他在我国核物理学界的地位和作用却是公认的。

30年代初，父亲转到欧洲，在德国、英国进行访问研究。在剑桥大学曾向原子核物理大师卢瑟福求教，不久回到中国，先后在清华大学、云南大学、西南联大和中央大学任教，主持创办了中国第一个核物理实验室，培养了中国第一批原子能专业人才。抗日战争期间，我正10岁左右，清楚地记得他与母亲带着我和弟妹，在昆明和重庆等地极其简陋的条件下，辛勤地从事着他的教学和研究工作。他在中央大学任物理系主任时，我们全家五口住在重庆沙坪坝石门村。学校在松林坡，有一条拦腰环山路通向学校大门，我还依稀记得大门旁有过一幅讽刺漫画：上写有"庆祝政治协商会议闭幕"等字样，周围则画了好几只老鼠把它啃得破破烂烂，印象很深。后来我才知道，抗日战争胜利后，国民党召开了欺骗人民的政治协商会议，在1946年2月10日又制造了著名的"校场口

[①] 本文原刊于《纵横》2000年第1期23-25页。

事件"。许多爱国群众和郭沫若、李公朴等民主人士都遭到国民党特务的殴打,我父亲等专家学者对此十分愤慨。

1946年春,美国将在太平洋比基尼岛进行原子弹试验,中央研究院推荐父亲作为中国科学家代表前往参观。在他出国以前,中央研究院总干事萨本栋教授对他说:"为了发展我们自己的核物理事业,还要麻烦赵兄在美采购一批必要的研究器材。你此行要办的事情,一定会遇到不少困难和风险,只能请你见机行事,一切都拜托你了!"萨交给父亲区区几万美元的经费,并答应到时再汇一些钱去,父亲义不容辞地接受了这一重任。

1946年5月父亲启程,6月底在比基尼岛参观了原子弹试验,接着到美国加州理工学院,访问回旋加速器发明者劳伦斯教授,劳伦斯本来答应安排父亲在他的辐射实验室工作。美国原子能委员会却清除他所管辖的核物理实验室的外籍科学家。父亲转而找到麻省理工学院,那里也有他的熟人与朋友,他一面利用机会在实验室进行研究工作,与同事完成了几项当时具有核反应前沿研究水平的工作,如"混合宇宙线族射"等文,发表在《物理评论》上;一面着手购买质子静电加速器,可是手中的经费有限,只有12万美元,而购置一台整机要40万美元以上。父亲便下决心自己设计研制一台规模小些的加速器,设计完后便联系部件加工,以及采购一些必要的关键部件,以便化整为零,分箱装运,回国后再重新组装起来。这样既大大节省了开支,又避免了美国海关对整机出口的刁难与阻挠。与此同时,他还要购买和搜集有关的书刊资料。身上的钱花光了,只好以"换工"方式帮助别人进行研究工作,以维持个人生活开支。父亲身体一直瘦弱,一人在外要办这么多事,要不断外出选购器材,跑加工订货,还要包装入箱分批托运,其工作量与劳动强度都很大。生活的紧张和劳累更是可想而知。但为了祖国的科研事业,他从来没有犹豫,更无怨言。

当时母亲带着我和弟妹,住在南京中央大学宿舍,靠中央大学发给父亲的70%工资维持生活,勤劳节俭的母亲还接了一些绣花活计,以补贴家用。父亲在美停留期间,正是中国发生巨变的年代。

全国解放不久,我到原为中央大学的南京大学就读,并且加入了新民主主义青年团。当时组织上对我说:"你父亲赵忠尧先生是新中国建设的有用人才,我们希望他早日回来参加祖国的建设事业。"我给父亲的信中也说:"妈妈和我们殷切地等待着您的归来,祖国和人民需要您,共产党和人民政府将热切地欢迎您。"已经知道国内情况的父亲,其实早就做好了回国准备。他抓紧完成了在美国的工作,于1950年3月正式办理回国的手续。美国移民局不断进行阻挠和刁难,直到5个月后的8月份,父亲才拿到经过香港回国的"过境许可证"。与此同时,他把几年来陆续购买到的各种器材设备,一一打包装箱分批向国内托运。在托运中又受到美检察机关的连续盘查刁难。父亲到处奔走,设法转移到别的国际运输公司另行托运。经过他一再努力,受气又受累,终于使问题逐一解决。各种器材设备陆续办好手续,分别起运。这才使父亲开始感到了轻松,不料更大的问题还在后面。

1950年8月底,我们终于得到了消息,父亲已从美国洛杉矶登上了"威尔逊总统号"远洋客轮,启程回国了。父亲怀着一颗火热的报效祖国的赤子之心,带着一份献给新中国的厚礼，万里奔波就要回到祖国的怀抱了。父亲随身携带的行李物品，在上船前受到美国方面的严格检查，一批科学书刊被没收。父亲据理力争，说这都是公开出版物，并无任何机密。但检查者仍然咬定其中会有"机密"，并说你们如需要这些书刊，可以在美国看，就是不能带走。好在父亲对此已有准备，有些资料数据已摘入笔记本，有的更已牢记头脑中。这是任何检查机关也查抄不走的，他还是暗自庆幸地上了船。

按照规定的行程，父亲乘坐的海轮于当年9月抵达上海。但是当这艘海轮抵达上海时，在下船的100多名回国学子中却少了3个人，这就是我的父亲和同行的罗、沈两位青年学者。据同行者说，这艘船原定在日本横滨港停泊几个小时，旅客们都准备在船靠岸后，就便上去观光休息一下。哪知正当海轮驶近港口时，船上却宣布：奉有关方面的紧急通知，这船不得在日本停靠，大家感到十分扫兴。就在这时，有一条快艇从岸边飞速驶来。父亲预感到会有什么意外的事，并且很有可能是冲着自己来的。他连忙暗自将带在身边的一包科研记录本，交给了同行的可靠同胞收藏好。资料刚脱手，从快艇上就跳下几个带有"MP"标志的美国宪兵，很快查找到父亲和罗、沈二人。美军不容分辩地说："请你们3人马上跟我们上岸去，有重要事情要办理。"嘴上说是"请"，实际上是押上了快艇。3人的随身行李也被查出一起带走了。他们离船不久，这艘海轮就奉命继续驶往中国，我父亲等就被留在了日本。我们最初得知的情况就是这些。

后来我们又得到了一张父亲用铅笔写的便条，这显然是在紧急情况下仓促写成的，上面只有几个字："在日本有事，暂不能回国。"

获知这些意外信息的母亲，急得直哭，七岁的妹妹维勤和四岁的弟弟维仁也跟着哭成一团，我也不知道到底发生了什么事。我一边掉泪一边劝慰母亲安抚弟妹。这时过来安慰母亲的邻居阿姨，看了父亲写的字条，就把我拉到一边，悄悄地对我说："这张字条没头没尾的，也没有查询和联系地址，而且是用铅笔写的，你爸怕是出了大事了，你千万别对你妈说，不然她会更加着急的。"我听了心里不由更加紧张，铅笔写的，又无发信地址，是从哪儿来的字条呢？父亲被扣留在日本，可能被关进监狱了，我越想越担心，却又不能说出来。当时的国际形势和中美两国关系，更加重了我们的忧虑。

父亲离开美国时，朝鲜战争已进行了几个月。中美两国关系正处于极其紧张的敌对阶段。对于父亲这样一位核物理专家，美国政府当然不愿放回中国，一直企图留难可又无计可施，只好在他已回国途中有意挑起事端。后来得知，由于同样的原因，当时在美国的中国科学家钱学森教授也被美国无理拘留了。

父亲等是1950年9月12日被驻日美军扣留的，当天就被送到东京的中野美军监狱。罪名就是所谓与核机密有关的"间谍嫌疑"，不久转往主要关押日本战犯的巢鸭监狱。父亲等随身携带的全部个人衣物，特别是书籍、笔记本和信件等等，一件不漏地受到查验。声称其中有许多是"违反美国出口法，应予以扣留"。美国人把他们查抄的物件都一一编上了号码，直到父亲后来回到国内，我见到他大到旅行箱和大衣，小到肥皂盒和钢笔等，都有着从几号到几千几百号的标记。

被驻日美军扣押的父亲和罗、沈二位，都被迫换下所有衣服，穿上了印有"P"字样的囚服,且被隔离。父亲所在牢房是18号,另二位被关在19号和40号牢房内。囚室里一边一张木板硬床,上面有一条麻袋片似的旧毯子,两床中间放了个"方便"用的马桶。与我父亲关在一间牢房的日本人其实是一个小偷,他是个受过东方礼仪教育的穷人,父亲对他表示了友善态度,并且把牢饭中日本口味的生鱼片,全部送给他。由于他们同居一室又朝夕相处,父亲就趁此机会向他学习日文。关押期间向日本小偷学日文,成了父亲的一个额外收获,可见父亲是怎样利用一切机会,不断刻苦学习和充实自己。

就在父亲被扣押后,驻日美军仔细检查了他的每一件被抄物品,有的竟由驻日美军兼侵朝"联合国军"总司令麦克阿瑟将军亲自审看。有一天父亲受审时,一个美军执法人员对他说:"我们的麦帅(即麦克阿瑟)看了你女儿写给你的信,十分生气!"父亲回国后向我说起此事后,妈妈怪我闯了祸,父亲却在一旁笑而不语。他很明白事件的错综复杂,远非一封信的结果。我没吭声但在想:可能是因为我在信中写了打败美帝野心狼等话的原因。真棒!我就是要气气你这个侵略头子麦克阿瑟。

父亲被关时的日子是很不好过的。他一被扣押就严正抗议美国对他的无理拘禁,指责他们是侵犯人权和违反国际公约,要求从速处理此事,要求公开审查并请律师为自己辩护。但抓押他们的驻日美军却答复道:"我们执行的是来自华盛顿的命令,在东京无权处理你们的问题。"这使父亲明白,他们3人被扣留,正是美国政府反华反共的反动政策所决定的,作为一名中国科学家,他必须维护自己的民族尊严,坚持自己的正确立场。

美国对于顽强不屈的中国学者,施加了种种软硬兼施的可耻手段。有一天,他们3人被押到一间空屋里,一一面对墙壁站着,父亲听见美国宪兵在他们背后拉枪栓和子弹上膛的声音,心想这下完了。旋又认为美国佬不敢也不会就这样处置他们,仍然无所畏惧地挺立着。这使妄图威吓他们的美国兵悻悻地收起了把戏。与美国串通一气的台湾当局,这时也派来了他们的驻日代表,假惺惺地对父亲等3人来"探监慰问"。那个国民党代表装出十分关心的样子对我父亲说:"美国当局对你们这个案子看得很重,你们硬顶下去没有好处。但是只要你们愿意回美国去,或者改去台湾,事情就好办多了。我们可以马上为你们进行疏通。"父亲的老朋友、时任台湾大学校长的傅斯年,也自台北发来急电:"望兄来台共事,以防不测。"对于美国和台湾当局的一切威胁利诱,父亲一律干脆地回答道:"我们决不去台湾,更不会去美国,坚持要求回到中国大陆去!"

三位中国科学家被美军扣留在日本的消息传出后,立刻在国内外引起强烈反应。《人民日报》以大字标题报道了此事。中国政府和各人民团体,特别是我国科技界知名人士,纷纷抗议美国的无理行为。中央人民政府政务院总理兼外交部部长周恩来,为此发表了严正声明,强烈抗议美国无理扣押我归国科学家赵忠尧等3人。吴有训等189名科学家,联合发出致美国政府的抗议书。国际舆论对此也深表关注和同情。世界科学组织对美国丑行"深表遗憾"。迫于新中国和国际上的正义力量,美国当局不得不于1950年10月28日,将3位科学家放出,一再表示所以发生此事,仅仅是由于"误会"。父亲等3人被监禁、扣押、拘留47天后,又被送到台湾驻日代表机关。在国民党特务分子的严密监视下，台湾代表反复劝说他们别回大陆，最好到台湾去，并以优厚待遇相诱。可我父亲和罗、沈二位回归大陆之心已不可动摇。但是好事多磨，他们途经香港时再次遇到麻烦，港英当局说他们的过境证有问题，又把3人扣留了几天。由于父亲等人已成了众所关注的新闻人物，他们后面更有着新中国政府和亿万人民为坚强后盾。香港方面已无法再公开留难，才不得不予以放行。他们离开日本后又辗转了一个月，直到11月28日才踏上了祖国大陆的土地。

美联社于11月28日从香港发出消息称："中国原子能权威赵忠尧教授昨自日本（他在那里被美国占领军扣留）抵达香港。他因据说与钱学森教授案件有关而被询问。钱教授在9月初因企图把喷气机材料送往北京，而在洛杉矶被捕。赵氏今日在美国警察保护下通过香港边境。"

历经艰险归来的3位中国科学家，在广州、上海和南京等地，受到了人民政府和各界同胞的热烈欢迎。我和南京大学物理系师生代表去南京下关车站，参加了欢迎仪式。父亲回到南大后，我们又去鸡鸣寺路1号原中国科学院礼堂，参加了隆重的欢迎大会。

父亲刚回到家，就让母亲找出了他出国前常穿的中式大褂，脱下了西装，重新穿上了旧棉袍。还兴致勃勃地和我们在鸡鸣寺照了一张"全家福"照片。

到南京20多天后，父亲应中央人民政府和中国科学院之邀到北京出席了于1950年12月23日召开的在京科技界联合集会。中央人民政府政务院副总理兼中国科学院院长郭沫若和李四光、竺可桢、陶孟和、吴有训、裴文中、钱三强等科技界著名人士，再次欢迎并宴请了我父亲。此后父亲就被留在中国科学院，参与创建近代物理研究所的工作。我们全家也住进了位于地安门的新房子。母亲郑毓英也一如既往、默默无闻地做好父亲的后勤，担负起全部家务劳动和孩子的教育任务。

父亲作为新建的物理所领导人之一，用他从国外设法带回的科研器材设备和资料，以他的学识和勤奋，开创并促进了新中国的核物理事业。在党和政府的支持及同行们的合作下，他于1955年和1958年先后建成了我国的70万电子伏及250万电子伏的质子静电加速器；同时带头参与创建了多处原子能研究基地。1958年主持中国科技大学近代物理系的建立，为培养新一代原子核物理工作者做出了他应有的贡献。1973年父亲担任新建的高能物理研究所副所长。1992年他还亲赴台湾，会见了在台的老朋友吴大猷教授等，促进了海峡两岸的学术交流。1995年，已93岁高龄的父亲，获得了"何梁何利科学与技术进步奖"。他将全部奖金捐献出来，作为扶植新一代科学工作者的"赵忠尧奖学金"。

1998年5月28日，父亲安然去世。尽管和许多科学界人士一样，外界人大都不知道他们的名字。但是他们的业绩和奉献却是永存的。我作为他的女儿，一直为有这样的父亲而感到幸福和自豪。

3.2 无私是德，有为是才 赵维勤

赵维勤，赵忠尧先生次女，中国科学院高能物理研究员。在"赵忠尧诞辰120周年

纪念大会"上，她代表亲属发言。

我衷心地感谢母校为我父亲诞生120周年举行的纪念会，感谢许多老师、同学为此付出的辛勤劳动。这是对老一辈科学家一生奋斗的肯定和纪念，是对晚辈和青年一代的勉励和鞭策。

父亲为祖国科学事业而奋斗的一生是坎坷的，甚至是传奇性的。他的信念始终执着而纯真。在他90岁高龄时，写了一篇不长的自传文章，题目是"我的回忆"。每当我重读他写的回忆，都禁不住心潮起伏。他的回忆，就像他本人一样朴实无华。我诚心诚意地把这篇不长的回忆推荐给大家。他的品格，他的爱国之心，他的音容笑貌将永远铭刻在我们心中。

当回顾一生走过的道路时，他写道："我想，一个人能做出多少事情，很大程度上是时代决定的。唯一可以自慰的是，六十多年来，我一直在为祖国兢兢业业地工作，说老实话，做老实事，没有谋取私利，没有虚度光阴。"我想，能在晚年问心无愧地说这样的话的人并不多。我们后辈只能以此为榜样努力去工作。

他在回忆文章中对青年人寄予无限的希望，他说："我们已经尽了自己的力量，但国家尚未摆脱贫穷与落后，尚需当今与后世无私的有为青年再接再厉，继续努力。"无私是德，有为是才。父亲寄予希望的无私的有为青年，就是德才兼备的科学事业的接班人。让我们一同沿着老一辈的足迹，像父亲说的那样，为祖国兢兢业业地工作，说老实话，做老实事，不谋取私利，不虚度光阴，以此告慰老一辈科学家的在天之灵。

4 学界同行

4.1 张杰院士致辞

张杰，中国科学院院士，中国物理学会第十二届理事会理事长。

老师们、同学们、各位嘉宾、各位朋友，大家上午好！

我们今天在这里纪念中国物理学界一位有才华有贤德的人，他是中国核物理研究的先驱，也是中国物理学事业的开拓者；他是中国物理学会的发起者，同时也是一位赤诚的爱国者。我们纪念这位贤者，向他看齐，学习他追求真理的科学精神和忠于祖国的高尚品格。这也是我今天发言的主题"思贤思齐，再接再厉"，前半句取自《论语·里仁》篇，后半句则是赵忠尧先生对中国物理学界后来者的希望。

图 4.1　赵忠尧先生

赵忠尧先生于 1902 年 6 月 27 日出生于浙江诸暨，从小喜爱古书诗文，在传统文化的氛围中长大，后来投身于现代科学事业，并获得极大的成就。赵忠尧先生的成长历程在我国第一代自然科学领域的知识分子群体中具有很强的代表性。他在追寻科学真理的过程中，和很多那个时代的物理学家相知相交，亦师亦友。他们以群体的姿态成为中国物理学事业的拓荒者和中国物理学会的创建者，赵忠尧先生正是中国物理学家璀璨群星中的一个。

20 世纪初，中国传统的经学体系随着科举考试制度的废除而逐渐式微。赵忠尧先生正是在这种教育制度大变革的背景下，开始对数学、物理和化学等新式知识产生了浓厚兴趣，并在 1920 年进入中国创办最早的四所高等师范学校之一的南京高等师范学校学习。南京高师和后来的东南大学自然科学氛围浓厚，奠定了赵忠尧先生学习数理化的信念。

赵忠尧先生毕业后回到母校给中国物理学界杰出的老前辈叶企孙先生（1898—1977）当助教，后随着叶先生去清华大学创建物理系。因为深感我国科学水平与西方的差距，1927 年秋天，赵先生进入加州理工学院攻读博士学位，师从著名物理学家、1923 年获得诺贝尔物理学奖的密立根教授。赵先生凭着对科学的热爱与执着，对实验的一丝不苟和对实验技巧的精益求精，在γ射线与物质相互作用研究的前沿领域获得了重要成果。

图 4.2　1926 年初夏清华大学科学馆门前合影
（一排左起郑衍棻、梅贻琦、叶企孙，二排左起施汝为、阎裕昌、王平安、赵忠尧、王霖泽）

赵先生的论文《硬伽马射线的吸收系数》（The Absorption Coefficient of Hard γ-Rays）在 1930 年 5 月 15 日发表在《美国国家科学院院刊》上。同年 10 月，第二篇论文《硬伽马射线的散射》在美国《物理评论》刊物上发表。这两篇论文充分证明了赵忠尧先生是最早观察到正负电子对产生的物理学家之一，也是最早观察到正负电子湮灭现象的人，尽管他本人与诺贝尔物理学奖失之交臂，但其卓越贡献必将永载史册。

图 4.3 1929 年在美国加州理工学院的师生合影
（前排左六为爱因斯坦，左七为赵忠尧导师密立根，二排右四为赵忠尧）

赵忠尧先生在顺利获得博士学位后于 1931 年回国，在清华大学担任物理系教授，开设了我国首个核物理课程，主持建立了我国第一个核物理实验室。也是在 1931 年，法国著名物理学家朗之万访华，建议中国物理学工作者联合起来，成立中国物理学会。他的建议得到中国物理学家的积极响应。

图 4.4 1931 年底至 1932 年初朗之万访华

1931 年 11 月 1 日，叶企孙、吴有训、周培源、萨本栋等共 13 人发函给国内物理学界同仁，号召共同发起中国物理学会的创建工作。这些发起者中就包括了赵忠尧、胡刚复、李书华、饶毓泰、梅贻琦等人。

1932年8月23日，中国物理学会在清华大学科学馆召开成立大会，并举办了第一次中国物理学年会，同时组织了学术研讨。赵忠尧先生做了"硬γ线之反常吸收"的学术讲演。第一届理事会的会长由李书华先生担任，副会长叶企孙，秘书吴有训，会计是萨本栋先生。中国物理学会成立的意义不仅在于中国物理学家们从此有了自己的组织，也为此后中国物理学科的专门化和健康发展奠定了基础。

距离今天还有57天，中国物理学会就将迎来九十周年的成立之日。物理学会从成立那一天起就是群贤毕至的科学工作者之家，就汇聚了我国历史上第一批接受了科学启蒙与教育，拥有科学救国的雄心壮志，为我国科学的发展与进步做出了杰出贡献的贤明之士。我们将在今年11月举行的中国物理学会秋季会议上特别安排中国物理学会九十周年的庆典，并将设立专门环节向这批伟大的奠基者致敬。

赵忠尧先生作为中国物理学会的发起人和创立者之一，一直积极为学会工作，1939年9月他在云南大学召开的第七次年会上当选为秘书，吴有训任会长，丁燮林先生担任副会长。值得一提的是，1943年，经吴有训先生的提议，赵忠尧先生的导师密立根教授受聘成为中国物理学会的名誉会员。

▲名誉会员狄拉克教授　　▲名誉会员密立根教授

▲名誉会员W.L.布拉格教授　　▲名誉会员，印度物理学家拉曼教授

图4.5　中国物理学会早期的外籍名誉会员，包括赵忠尧先生的导师密立根、狄拉克等教授

1951年8月中国物理学会举办了新中国成立后的第一届全国会员代表大会，赵忠尧先生被聘请担任《中国物理学报》编辑委员会委员，并在1963年第二届会员代表大会上被选为常务理事及原子核物理专业委员会委员。

1978年科学的春天到来以后，在庐山召开的中国物理学会年会上，赵忠尧先生再次当选为学会常务理事。1982年在北京召开的中国物理学会第三届全国会员代表大会暨中国物理学会成立五十周年纪念大会上，赵忠尧、王淦昌、王竹溪、施汝为等物理学前辈当选为名誉理事，名誉理事长是周培源先生。

图 4.6　1978年中国物理学会庐山会议（前排左八为赵忠尧先生）

赵忠尧先生从1931年回到清华大学任教，到1937年抗日战争爆发，他先后在云南大学、西南联大和中央大学任教，培养出了一批后来为我国原子能事业做出重要贡献的人才，其中包括王淦昌、彭桓武、钱三强、邓稼先、朱光亚、周光召等对中国物理学发展做出巨大贡献的一大批物理学家。

图 4.7　1982 年中国物理学会工作会议全体代表合影（前排左 11 为赵忠尧先生）

这些我们耳熟能详的名字，现在听起来仍然如雷贯耳，皓月当空。他们是 20 世纪我国科学进步的引路人，也是 21 世纪我国科技腾飞的推动者，为我国科技事业的发展做出了不可磨灭的贡献。孟子说，"所谓故国者，非谓有乔木之谓也，有世臣之谓也。"我以为，所谓学科之发展，非谓有其他，有大师之谓也。作为物理领域的晚辈后学，我们受教于这些大师；作为他们铺路和奉献的受益者，我们盛感谢意。中国物理学会因此特别设立了胡刚复、饶毓泰、叶企孙、吴有训、王淦昌、萨本栋、谢希德、黄昆等学会奖项，以致敬前辈和激励后学。

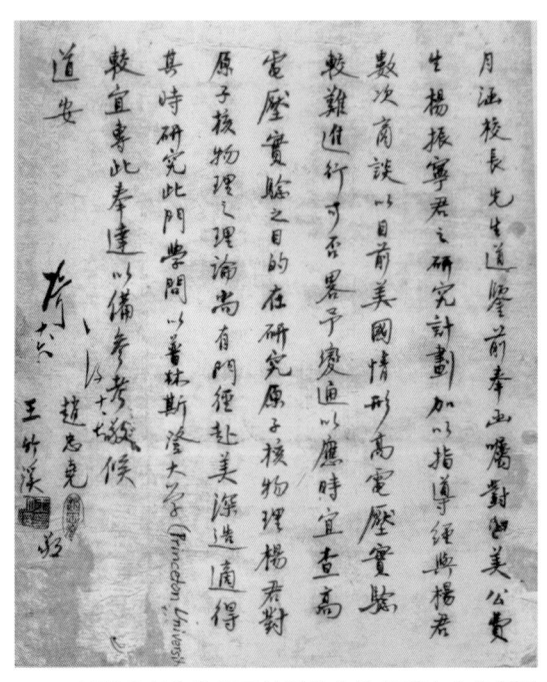

图 4.8　1944 年赵忠尧先生和王竹溪先生为杨振宁先生写的推荐信

为准备这次发言，我们找到了一封珍贵的信件。这是1944年10月5日，赵忠尧先生作为杨振宁先生在西南联大学习时的老师，和他在清华大学物理研究院学习时的导师王竹溪先生，联合写给梅贻琦校长的一封信，推荐杨振宁先生去普林斯顿大学深造。桃李不言，下自成蹊。四十年以后，杨振宁先生为了弄清楚老师赵忠尧先生与诺贝尔奖擦肩而过的原委，和李炳安教授一起，花费数年时间，在对原始文献进行细致入微的调查研究基础上，在1989年发表了《赵忠尧，电子对产生和湮灭》一文，第一次以确凿的证据还原了关于正电子发现的有关历史证据，阐述了赵忠尧先生在这项研究中的首创贡献，使物理学界更多人了解了这段历史公案。赵忠尧先生在晚年的自述中，对杨振宁先生为此所做的许多努力表示了感谢。

也曾受业于赵忠尧先生的李政道先生在纪念赵忠尧先生一百周年诞辰的纪念会上曾说："赵老师本来应该是第一个获诺贝尔物理学奖的中国人，只是由于当时别人的错误把赵老师的光荣埋没了。""我们缅怀赵老师为近代物理学中量子力学的发展、为新中国科技教育事业所做的卓越贡献，以及他一生为人正直、忠于科学、潜心研究，朴素无华、实实在在的科学精神。"

1950年，赵忠尧先生回国参与中国科学院近代物理研究所的创建，先后于1955年和1958年建成了我国最早的70万电子伏及250万电子伏高气压型的质子静电加速器，为开创我国原子核科学事业做出了重要贡献。赵忠尧先生还是中国科学技术大学的创始人之一。1958年他负责筹建中国科学技术大学近代物理系并任系主任。赵先生这方面的事迹我想今天中国科大的老师会详细阐述。

赵忠尧先生说："一个人能做出多少事情，很大程度上是时代决定的。六十多年来，我一直在为祖国兢兢业业地工作，说老实话，做老实事，没有谋取私利，没有虚度光阴。"先生的肺腑之言，今天读来仍旧感人至深。

星垂平野阔，月涌大江流。赵忠尧先生与其他我国物理学界一代大师，筚路蓝缕，创业维艰，怀抱着科学救国、科学报国、科学强国的坚定信念，将毕生精力投入到科学和教育事业中去。在中国物理学事业取得了长足进步的今天，我们感念先贤，并应牢记他们的嘱托。赵忠尧先生曾说："回想自己的一生，经历过许多坎坷，唯一希望的就是祖国繁荣昌盛，科学发达。我们已经尽了自己的力量，但国家尚未摆脱贫穷与落后，尚需当今与后世无私的有为青年再接再厉，继续努力。"我辈，及当今青年，及中国物理学界的后来者，切记，切记！

最后我想摘录李政道先生2000年为中国科大赵忠尧先生纪念馆的题词，来结束我今天的发言：唯忠于科学；扬尧天盛世。

图 4.9　2000 年李政道先生为中国科大赵忠尧先生纪念馆的题词

谢谢大家!

4.2　谢心澄院士致辞

谢心澄,北京大学讲席教授,中国科学院院士,第八届国家自然科学基金委员会副主任。

尊敬的各位嘉宾、各位校友、各位朋友:

上午好!

今天,是国际著名物理学家、我国原子核物理、中子物理、加速器和宇宙线研究的先驱、启蒙者和奠基人,赵忠尧先生诞辰 120 周年。我们怀着十分崇敬的心情,聚在一起,深切缅怀赵先生,他将毕生精力奉献于祖国的科学和教育事业,奠基、开创和发展了我国核物理和高能物理事业,并培养了一大批在各领域从事学术研究的杰出人才,为我国乃至世界物理学的发展做出了卓越的贡献。

科学上,赵忠尧先生在二三十年代通过研究硬伽马射线与物质相互作用,最早在实验上观测到了正负电子对的产生与湮灭辐射,这为反物质的研究以及正负电子对撞机的建造提供了基础,同时也奠定了赵先生在世界物理学界的学术地位;五十年代,他主持建成了质子静电加速器,主持建立了核物理实验室并领导参加了原子核反应研究,为我国建立核物理实验基地以及开创原子核科学研究做出了重要贡献。教育上,赵忠尧先生先后任教于多所高校,并负责筹建中国科大近代物理系,精心挑选师资,设立"赵忠尧奖学金"等，悉心培养理论和实验人才，很多人后来成为我国核物理研究和大科学装置工程的开拓者与重要骨干。此外，赵先生还多次向有关部门提出了发展我国科学事业的具体建议与举措，积极参加了在我国建造高能加速器的相关学术讨论，在北京正负电子对撞机等大科学装置的建造与运行上，凝聚了赵先生等老一辈科学家们的心血。

赵先生一生真诚待人、诚实做事，他曾说道："我想，一个人能做出多少事情，很大程度上是时代决定。唯一可以自慰的是，六十多年来，我一直为祖国兢兢业业地工作，说老实话，做老实事，没有谋取私利，没有虚度光阴。"这是赵先生为人的精神风范，也是引领我们做人做事的基本准则。

赵先生一生热爱祖国，热爱人民，他曾说道："回想自己的一生，经历过许多坎坷，唯一希望的就是祖国繁荣昌盛，科学发达。我们已经尽了自己的力量，但国家尚未摆脱贫穷与落后，尚需当今与后世无私的有为青年再接再厉，继续努力。"这是赵先生为人的毕生追求，也是激励我们努力奋进的谆谆教诲。

赵忠尧先生未曾离去，其崇高的品格永远照耀。今天，我们深切缅怀赵先生，缅怀其为我国核物理的发展以及为科技教育事业所作出的卓越贡献，籍以此激励当代科技工作者，传承伟大品格，涵养科学精神，永葆科学理想初心，瞄准科技前沿，投身科学事业，发扬拼搏精神，无愧于时代。

4.3 沈保根院士致辞

沈保根，中国科学院物理研究所研究员，中国科学院院士，中国科学技术大学物理学院院长。

各位嘉宾、全体师生、赵忠尧先生的家人：

大家上午好！

今天，在中国科学技术大学物理学院隆重举行纪念赵忠尧先生诞辰120周年学术研讨会，各位嘉宾、全体师生与赵忠尧先生的家人齐聚一堂，采用线下线上相结合的方式，深切缅怀赵忠尧先生，这是我院乃至全国学术界、教育界的一件大事。在此，我谨代表中国科学技术大学物理学院，向会议的召开表示热诚祝贺！向赵忠尧先生的家人表示亲切问候！

赵忠尧先生是人类历史上第一个观测到反物质现象的物理学家，我国原子核物理、中子物理、加速器和宇宙线研究的先驱和奠基人。

赵先生，1929年发现硬γ射线在重金属物质中的"反常吸收"现象，并进一步观察到伴随"反常吸收"的0.511MeV的"额外辐射"。这本质上是正电子的产生与湮灭。

1950年，回到祖国后，赵先生立刻领导了加速器的研制。1953年底，建成我国第一台70万电子伏质子静电加速器。以此为基础，在先生的指导与直接参与下，建设加速器核物理实验室，开展我国最早加速器核物理实验，培养了大批实验物理人才。

1972年，赵先生参与高能物理研究所的筹建工作，担任副所长并主管实验物理部的工作，参加有关高能实验基地建设。1988年北京正负电子对撞机对撞成功，一批批科研成果陆续问世。这一切积累了包括赵先生在内的老一辈科学家的心血，也是他们培养出来的一代代中青年科学家努力奋斗的结果。

赵先生不仅将毕生的精力献给了科学研究，还为我国核科学教育事业贡献了毕生心血。作为一位培养大师的大师，赵忠尧先生治学严谨，鞠躬尽瘁，先后任教于清华大学、云南大学、西南联大、中央大学、中国科学技术大学等国内高校。他授业学生的名单足以让中国骄傲、让世界震撼：最早的华人诺贝尔物理学奖获得者，杨振宁、李政道；23位"两弹一星"元勋科学家中，有8位是他教过的学生。青蓝相继、薪火相传。

先生对于中国科学技术大学有着浓厚的感情。1958年，中国科大成立，赵先生作为创办人之一，参与整体学科规划和建设。他根据我国对核科学人才的需要，创办了中国科大的第一系"原子核物理和原子核工程系"，即现在的物理学院近代物理系。先生担任近代物理系主任二十载，对中国科大物理学科的发展贡献殊大。他精心挑选师资，具体落实课程设置、教学大纲和专业教材，亲自编写讲义并讲授《原子核反应》课程。并将1955年建成的加速器赠送学校，供教学实验和学生学习使用。他悉心培养的我国几代科技人才中，许多人后来成为我国核物理研究和北京正负电子对撞机、合肥国家同步辐射实验室等国家大科学工程的开拓者与重要骨干。

赵忠尧在回顾自己的人生时曾说："回想自己一生，经历过许多坎坷，唯一希望的就是祖国繁荣昌盛，科学发达。我们已经尽了自己的力量，但国家尚未摆脱贫穷与落后，尚需当今与后世无私的有为青年再接再厉，继续努力。"

今天，我们在此纪念先生诞辰120周年，鸿儒硕辅，高山仰止！先生把自己的一生献给了科学事业，献给了祖国，献给了人民，他的科学成就将永远镌刻在中国乃至世界的科学史册！他刚毅坚卓地追求科学真理的精神，将激励我们一代代年轻的科学人奋斗拼搏，矢志不渝！

谢谢大家！

4.4 张肇西院士致辞

张肇西，中国科学院理论物理研究所研究员，中国科学院院士。

尊敬的包校长，尊敬的潘校长、陈书记、各位来宾上午好！

今天有这个机会来缅怀我们的前辈，也是老师、大师赵忠尧先生120周年诞辰非常有意义。我本人是中国科大的近物系，当时是叫原子核物理与原子核工程系的第一届学生。我们直接上过由赵忠尧老师开的专题课，我虽然是做理论的，但是也是受益匪浅，对于实验和理论的了解都是很有帮助的。

回想起在学校受益的这些方面，确实是对赵老师有很强的感激之情。赵老师当时是我们的系主任，对于学校各系的课程安排，老师都呕心沥血。这个说起来，赵老师是科学大师，也是教育家，培养了众多的大师人才，很多国家需要的人才；他也是爱国者，是在科学上做出了辉煌成就的人。

前面李政道先生还有好几位都提到了赵忠尧先生的最重要的科学成就，就是关于世界上第一个发现反物质的科学成就。关于这件事情，当初杨振宁先生和李炳安写了文章，也引起我们的注意，当时本人，还有赵启正、郑志鹏我们三位在学校时是同班同学，特别对这段历史做了仔细的追踪。应该说赵老师确实是第一个发现反物质的人，发现的反物质当然就是正电子。他的实验一个是反常吸收现象，另外一个就是新的次级发射谱线。我们当时仔细分析这些事情，觉得反常吸收主要是硬伽马射线在重的元素上吸收产生正负电子对的机制，次级发射谱线就更重要了。

现在理论上理解是一个是库仑电场和光子的相互作用产生了正负电子对，然后产生的电子就和别的电子混起来了，产生的正电子在物质里慢化，它最后基本是处于停止，并且再与物质中的电子湮灭。主要的湮灭是到两个光子，因为它是静止湮灭，而且是两体末态，所以光子是有确定能量的，成为次级谱线。所以赵老师的实验，他很清楚地看到了这次级谱线。因为通过反常吸收产生的正电子，然后与电子再湮灭，要能抓住这全过程事例的概率是难的。正是因为这个，国际上两个著名的实验组他们没有重复出来，而且这个全过程赵老师能够测出来，说明他的实验的技能和他的探测器的设计和安排是有他的独到之处的，也是因为非常困难，别的两个组没有能够重复。今天李政道先生的信里也提到了，正是因为别的组没有重复出来，影响到他没能拿诺贝尔奖。

诺贝尔奖委员会的前期一个主任，他叫爱克斯朋（Gösta Ekspong）教授，刚才李政道先生信里也讲到了他，信中提到的那是他跟李先生的一段对话，其实 Ekspong 在一本书里头也写了这样的话，他写的是：“很令人不安的，无法补救的疏漏，诺贝尔奖没有给赵先生。”因为赵先生的实验测到放出的次级伽马射线，很明确测出能量是在一个电子质量的那个地方，现在是完全能理解这个机制的。这个工作是非常非常重要的，是人类认识到的第一个反粒子。

当然现在理论上正反粒子原则上可以有对称性，但是现在咱们宇宙大多是看到了正物质，而没有以反物质为主的宇宙，就是说在我们现存的宇宙里都是物质占主导地位的。所以正是这样，在我们宇宙里头因为到处都是正物质，所以反物质的正电子，它遇到电子就湮灭成光子，就不存在了。假如说存在一个以反物质为主的世界的话，那么正电子就是一个稳定的粒子，而现在我们通常的负电子就成了一个不稳定的粒子了。但是现在我们理论上也在追求为什么宇宙都是以正物质为主，这是后话。但是赵老师的正电子的发现，就是这两个事实背后意味着正电子的现象是非常确定的，实际上开始了整个对正物质世界和反物质世界的一个研究的纪元，所以意义是非常重大的。诺贝尔委员会前主任 Ekspong 在书中都说了这样的事情，可见赵老师的工作意义重大。

我刚才也说到赵老师在教书育人上也是培养出了这么多人，有他的特点和他的个性，所以我自己收获还是很大。本人去做理论，所以觉得对于实验的了解，觉得对于理论的考虑也是非常有意义，或者是说做一些理论的工作，怎么可以马上跟实验去对应，这都是非常有好处的，这是我自己个人的受益地方。当然赵老师的伟大的这些品质，是爱国者，是科学家，是教育家。在今天赵老师120周年的诞辰纪念会上，咱们一起来怀念他非常有意义，而且把这些精神继承发扬下去，向赵老师学习非常重要。谢谢大家。

4.5 杨红义研究员致辞

杨红义，中国原子能科学研究院正高级工程师、副院长。

尊敬的各位领导、院士、专家和朋友们，大家好。非常感谢中国科学技术大学举办此次纪念赵忠尧先生诞辰120周年学术研讨会，让我们有这样一个机会，深切缅怀赵忠尧先生在中国核物理研究和加速器建造事业取得的卓越成就，追思学习他的爱国情怀、学术风范、科学精神和高尚品德。我谨代表中国原子能科学研究院向赵忠尧先生表示崇高的敬意和最深切的怀念，并向各位院士、专家、老师和同学们表示诚挚的问候。

赵忠尧先生是人类物理学史上第一个发现反物质的科学家，并首次发现了正电子的存在。他是我国原子核物理、中子物理、加速器和宇宙线研究的先驱者和奠基人之一，在发展我国核物理和高能物理事业，培养我国原子能事业、核物理和高能物理实验研究人才的过程中发挥了巨大的作用。而原子能院与赵忠尧先生之间也是颇有渊源的。从1950年回国到1973年调往高能所，赵先生先后在原子能院工作了20余年。1950年底突破美方的重重阻碍，刚刚回国的赵忠尧先生便立即投身中国科学院近代物理研究所的筹建之中，也就是现在原子能院的前身。来所初期他借助从美国带回的器材和零件，主持建成了我国第一台70万电子伏的质子静电加速器。1958年他又主持研制成功250万电子伏的质子静电加速器。通过这两台静电加速器的成功研制，使得我国的加速器技术和工艺以及探测器、真空技术、高电压技术、粒子源技术等学科都得到了同步发展。

以此为基础，他又组织建立了核物理实验室，取得了一批具有重要意义的研究成果，并培养了一批从事加速器和核物理的人才，对原子能源后续的创新发展起到了举足轻重的作用。即使在调离原子能院之后，他仍十分关心串列加速器国家实验室建设等相关工作。可以说原子能院的创建、成长和发展都与赵忠尧先生的辛勤付出与悉心关怀是密不可分的。

习近平总书记在科学家座谈会上强调，科学成就离不开精神支撑，科学家精神是科技工作者在长期科学实践中积累的宝贵精神财富。作为科学家精神的杰出践行者，赵忠尧先生为祖国的科学和教育事业无私奉献近70年。他不仅在科学方面贡献卓著，还培养出了杨振宁、李政道两位最早的华人诺贝尔奖获得者，培养了王淦昌、彭桓武、钱三强、邓稼先等一大批为我国原子能事业做出突出贡献的大家，被誉为大师的大师。

后辈应继传薪火，不负先贤忘白头。在老一辈核工业人耕耘开荒的大路上，中国原子能科学研究院正继续澎湃向前，新一代原子能院人将传承弘扬赵忠尧先生等老一辈科学家科技报国、以身许国的爱国情怀、敢为人先、勇于开拓的创新精神和诲人不倦、甘为人梯的博大胸怀。在薪火相传中肩负起时代赋予的新使命，为建成服务国家战略，引领核科技创新，支撑核工业发展的世界一流的核科研基地而不懈奋斗，以优异的成绩迎接党的二十大胜利召开。最后预祝本次活动圆满成功，祝愿中国科学技术大学的明天更加美好，谢谢大家。

4.6　罗小安研究员致辞

罗小安，中国科学院高能物理研究所研究员、党委副书记、纪委书记。

尊敬的包校长、各位领导、嘉宾、同事，大家好。今天我很荣幸代表高能所参加纪念赵忠尧先生诞辰 120 周年学术研讨会。赵忠尧先生是著名物理学家，曾任中科院高能所副所长，1972 年参与高能所筹建工作，为我所的建立做出了重要贡献，也是我国原子核物理、中子物理、加速器和宇宙线研究的先驱者和奠基人之一。

赵忠尧先生 1902 年诞生，年轻时赴美国留学。在他 27 岁在美国期间，他和英国、德国的几位物理学家同时独立发现了硬伽马射线的反常吸收。在进一步实验中，他首先观测到硬伽马射线在铅中引起的一种特殊辐射，后来认为是正负电子对的湮灭辐射。这些结果是正电子发现的前导，得到了国际物理学界的高度评价，为以后研究正负电子奠定了基础，这也才有可能建设北京正负电子对撞机。

新中国刚刚成立的时候，赵忠尧先生就冲破重重困难，毅然回国。他回国后参与了中科院近代物理所的创建，特别是利用他回国时带回的当时国内没有的加速器部件和实验设备，先后于 1955 年、1958 年建成了我国最早的 70 万电子伏和 250 万电子伏高气压型的质子静电加速器，并以此为基础主持建立了核物理实验室，领导和参加了核反应实验，为开创我国原子核科学事业做出了重要贡献。现在最早的加速器 V2 仍保留在中关村。

1972 年赵忠尧先生亲自参与高能所的筹建工作，推动了高能所的建立。在国家领导人的亲自关怀下，1973 年 2 月高能所正式成立，赵忠尧先生任高能所副所长，并亲自主管实验物理部的工作。顺便说一下，明年 2 月份是高能所建所 50 周年，届时欢迎各位领导和学者来高能所指导工作。

20 世纪 80 年代，尽管赵忠尧先生年事已高，但他仍积极参加北京正负电子对撞机的扩初设计、北京谱仪物理方案等学术会议的讨论。在对撞机建设期间，他多次到现场查看并指导工作。1988 年正负电子对撞成功，之后运行结果表明，其性能优于国外相同能区的对撞机，处于领先地位。大家可能也知道，北京正负电子对撞机获得了国家科技进步特等奖，陆续产生了一大批国际领先的科研成果，使我国在陶粲物理研究占有了一席之地。这一切都融汇了包括赵忠尧先生在内的老一辈科学家的心血，也是他培养出来的一代青年科学家努力奋斗的结果。赵先生的一些学生后来也担任了高能所的所长、副所长和研究室主任等。

赵忠尧先生为我国教育事业也做出了很大贡献。20世纪三四十年代，他先后在国内很多知名大学担任教授，50年代又在中国科技大学创办近代物理系并担任系主任，主持建立了我国第一个核物理实验室，培养了一批日后为我国原子能事业做出重要贡献的人才。1995年由于他对我国物理研究的杰出贡献，他获得"何梁何利科学与技术进步奖"，他将奖金全部捐献，在几所大学设立了"赵忠尧奖学金"。2015年为加强人才培养，吸引国内外高水平博士后研究人员，建立在高能所的中科院"粒子物理前沿卓越创新中心"和教育部"基本粒子与相互作用协同创新中心（筹）"联合设立了"赵忠尧奖学金"，用于招收国际一流博士后研究人员，入选者称为"赵忠尧博士后"。现在高能所在济南也建立了济南研究部，即将在园区设立赵忠尧雕像。

赵忠尧先生心系祖国，精忠报国，艰苦朴素。他一贯坚持实事求是，刻苦钻研，严谨治学的科学精神，学问精深，德高望重，平易近人，深受同事和学生们的爱戴。赵忠尧先生为发展中国核物理、高能物理和加速器事业，为培养相关领域的人才做出了重大贡献。我们将永远怀念赵忠尧先生。

谢谢！

4.7 马新文研究员致辞

马新文，中国科学院近代物理研究所研究员，原子物理研究中心主任，国家重点研发计划项目首席科学家。

尊敬的包校长、舒书记、各位院士、老师、中国科大校友和同学们，上午好。我非常荣幸代表近代物理研究所参加纪念中国核物理事业的先驱、著名科学家赵忠尧先生诞辰120周年学术研讨会。我也是中国科大4系854的学生，借此机会，我代表近物所向赵忠尧先生的家属问好。

赵忠尧先生是中国核物理研究和加速器建造事业的开拓者，也是中国科学技术大学近代物理系首任系主任。先生以毕生经历从事科学和教育事业，为发展中国核物理和高能物理研究，为培养中国原子能科学、核物理和高能物理实验研究人才做出了重大的贡献。

中国科学院近代物理研究所基于加速器大科学装置，以开展核物理研究、重离子物理基础研究、应用研究和先进核能研究为关键科学目标。我们在兰州建成了"一五""七五"和"九五"大科学研究装置HIRFL，并且正在广东省惠州市建设"十二五"强流重离子加速器大科学装置HIAF，为发展我国重离子物理研究事业创造全新的实验条件。我们与中国科大物理学院、核学院都有密切的合作关系，共同开展重离子物理前沿科学研究和人才培养。

忆往昔，筚路蓝缕。赵忠尧先生等老一辈科学家为我国核物理事业的发展奠定了坚实的基础。近代物理所 1991 年基于重离子加速器集群 HIRFL，成立了兰州重离子加速器国家实验室，并且得益于国家经济的发展，2007 年建成了兰州重离子加速器冷却储存环，自主创新形成了在国际上有特色的重离子物理研究领域。展望未来，前途光明。基于兰州和粤港澳大湾区重离子加速器大科学装置，开展高能重离子物理研究、高电荷态原子物理等前沿基础研究、应用研究和先进核能研究。我们将弘扬赵忠尧先生赤诚爱国、正直刚毅的道德品格和实事求是、刻苦钻研的科学精神，在重离子物理研究领域和广大同仁一起开拓未来，实现我国重离子物理研究的跨越发展。谢谢大家。

4.8 周磊教授致辞

周磊，复旦大学教授，物理系系主任。

尊敬的各位嘉宾，尊敬的中国科大的各位领导、各位师生，尊敬的赵先生的家人，非常感谢中国科学技术大学物理学院的邀请，参加"纪念赵忠尧先生诞辰 120 周年学术研讨会"。我谨代表复旦大学物理学系向赵忠尧先生表达无比崇高的敬意！

赵先生是我们这个时代的楷模，是国之脊梁，是国人心中当之无愧的偶像。

"苟利国家生死以，岂因祸福避趋之"。科技报国是先生矢志不移的铮铮誓言，为践行誓言，先生曾两度远涉重洋探寻新知，又两次历经千难万险回归祖国怀抱。升腾的蘑菇云背后是先生关注的目光；系列加速器上书写着先生的名字；先生是真正的"大先生"，星光闪耀的科学群英谱上，有多少是先生培养的国家栋梁；为护卫 50 毫克镭，先生将生死置之度外；就连先生创办的铅笔厂，都以"中华"来命名，先生的爱国之情，日月可鉴。

先生之风，高山仰止。有多少个第一在先生手中创造，又有多少创举由先生开拓，但先生却又那么低调谦逊、兢兢业业、无私奉献！先生的名字镌刻在人类科学史中，镌刻在共和国的丰碑上，镌刻在每一个中国人的心中。

非常感谢中国科大物理学院组织这个活动。我们去年也组织了纪念谢希德先生百年诞辰以及其他活动，从中学到了物理学先贤们的伟大品格。赵先生的赫赫战绩、伟大品德、报国之志，始终是我们晚辈物理学人、后辈教育工作者孜孜以求的目标，将激励我们不断前行、奋发有为！

再次向赵忠尧先生致以崇高的敬意！谢谢大家！

4.9 王伯根教授致辞

王伯根，南京大学物理学院教授，物理学院院长。

尊敬的中国科大各位领导、各位嘉宾，老师们、同学们，大家上午好！今天，作为南京大学物理学院代表，参加我国著名物理学家、南京大学杰出校友赵忠尧先生诞辰 120

周年纪念大会，我感到非常荣幸。

赵忠尧先生与南京大学有很深的渊源。在 1920—1925 年期间，先生先后求学于南京大学前身——南京高等师范学校和国立东南大学。1927 年，赵忠尧先生赴加州理工学院深造。回国后，先后在清华大学、云南大学、西南联合大学任教。1945 年，赵忠尧先生应吴有训校长聘请，出任南京大学物理学院前身——国立中央大学物理系系主任。

今天，我们隆重纪念并深切缅怀赵忠尧先生。首先，先生是一位急国家所急，想国家所想，敢为人先的科学家。1946 年夏，时任国立中央大学物理系主任的赵忠尧先生，以观察员身份观摩美国原子弹试验。他当时深受鼓舞，在购买加速器经费非常紧张的情况下，奔波于美国多所高校和研究所，专注静电加速器的研究。通过自行设计加速器，化整为零，单独采购、加工关键部件，耗时两年终于完成了加速器的采购任务，并在南京九华山建造了实验室，与当时的中央研究院合作开展原子能研究，成为新中国原子能研究的发端。

其次，赵忠尧先生有胸怀祖国的爱国情怀。科学无国界，但科学家有自己的祖国。1950 年，赵忠尧先生冲破重重困难，毅然回到新中国，参与中国科学院近代物理研究所的创建。利用回国时带回的加速器资料和部件，他先后于 1955 年和 1958 年建成了我国最早的 70 万电子伏及 250 万电子伏高气压型质子静电加速器，为我国核物理、加速器和真空技术的研究打下了坚实的基础。

此外，赵忠尧先生热爱祖国的教育事业，培养了一大批顶尖物理人才，杨振宁、李政道、朱光亚、王淦昌、钱三强、钱伟长、冯端等著名物理学家都是他的学生。值得一提的是：南京大学物理学院冯端先生能留校任教，也得益于时任物理系主任赵忠尧先生的慧眼识才。

此次纪念赵忠尧先生诞辰 120 周年大会，将激励我们继承和弘扬先生胸怀祖国的爱国精神、敢为人先的创新精神和奖掖后学的育人精神，为我国物理学科的发展做出贡献！

最后，预祝本次纪念大会圆满成功，谢谢大家！

4.10　王亚愚教授致辞

王亚愚，清华大学物理系教授、系主任。

尊敬的各位嘉宾、各位老师、各位同仁，大家好。

值此赵忠尧先生诞辰 120 周年之际，很荣幸能够在云端回到母校，和大家一起缅怀赵先生。前面已经有多位嘉宾回忆了赵先生辉煌的学术成就和为祖国做出的丰功伟绩。下面我主要追忆一下赵忠尧先生在清华物理系的建立和发展过程中做出的杰出贡献，向先生致以最崇高的敬意。

1924 年清华物理系创始人叶企孙先生任教于东南大学，当时作为学生的赵忠尧担任物理系的实验助教，认真负责，深得叶先生器重，而叶先生严谨的治学态度也深深感染了赵忠尧。1925年当叶先生北上筹备清华大学物理系时，赵忠尧先生随同前往，先后担任助教、教员，是清华物理系1926年建系伊始的5名教师之一。1930年赵忠尧先生从加州理工学院获得博士学位，回国后担任清华物理系教授，讲授电磁学、光学等本科生课程和原子核物理学研究生课程，在国内首次开设了核物理的课程，并筹办了国内第一个核物理实验室，用自制的盖革计数器研究伽马射线。他和吴有训先生创办的教学科研实验室，培养了大批的核物理人才，为祖国的"两弹一星"事业和原子能事业立下了不朽的功勋。

在当时动荡的国内环境下，赵先生带领学生自力更生，艰苦奋斗，用自制的仪器设备做出了世界级的科学成果。其研究的硬伽马射线与原子核的相互作用，以及原子核内中子共振能级间距等工作，达到了当时的国际先进水平。即使在艰苦卓绝的西南联大时期，赵忠尧先生指导的研究生毕业论文也是要实验和理论兼顾。吴大猷先生评论道"这代表了一种努力的精神——知其不可为而为之的精神"，这种精神直到今天还一直影响着清华物理系的师生们。

赵忠尧先生作为早期清华物理系名师之一，与叶企孙和吴有训两位一起建立了以"教授治学"为中心的管理制度，奠定了"理论与实验相辅、教学科研与实际相连"的学术传统，"朴实无华、沉潜治学"的学风。今年也是清华物理系"复系"40周年，我们借此机会深情缅怀一代宗师赵忠尧先生，先生爱国奉献、刚毅坚卓、严谨求实、倾心育人的精神，将永远激励着我们勇攀科学的高峰。

谢谢大家！

4.11 林海青院士致辞

林海青，浙江大学教授，中国科学院院士，浙江大学物理学院院长。

赵先生家人、各位嘉宾、老师们、同学们，大家好。今天我很荣幸被邀参加纪念赵忠尧先生诞辰120周年学术研讨会，前面看了纪念专题视频和几位先生的致辞，非常感动。

赵忠尧先生是享誉全球的杰出科学家，以毕生的精力从事科学和教育事业，为发展核物理和高能物理事业做出了重大贡献，并培养了大量的人才。曾任职浙大物理的王淦昌先生，就得到过赵忠尧先生的教诲。

赵忠尧先生也是一个带有传奇色彩的人物，他23岁任教清华，27岁就学加州理工学院。赵先生首先观察到硬伽马射线在铅中引起的正负电子对的湮灭辐射；抗战初期携带50毫克的镭，徒步从北京带到长沙；1950年经历了三个月美日的盘查和囚禁后，回到祖国。凡此种种，都体现出赵忠尧先生"赤诚爱国、正直刚毅、艰苦朴素、实事求是、刻苦钻研"的优良品德，堪称"无双国士、民族脊梁"。诚如李政道先生所说，赵忠尧先生"一生研究，唯忠于科学；发现真理，扬尧天盛世"。

感谢母校中国科大举办今天这个纪念活动，我受教匪浅。缅怀赵忠尧先生，当努力做到"为祖国兢兢业业地工作，说老实话，做老实事，没有谋取私利，没有虚度光阴"。

谢谢大家。

4.12 高原宁院士致辞

高原宁，北京大学物理学院教授、院长，中国科学院院士，核物理与核技术国家重点实验室（北京大学）主任。

中国科学技术大学：

值此纪念赵忠尧先生诞辰120周年学术研讨会隆重召开之际，我谨代表北京大学物理学院、核物理与核技术国家重点实验室、北京现代物理研究中心，向大会表示热烈的祝贺！并向出席会议的赵忠尧先生的亲友、粒子物理与原子核物理的前辈及物理学界的朋友们致以美好的祝愿！

赵先生是著名的物理学家和物理教育家，他在物理学上的成就有目共睹，赢得了世界物理学界高度评价。

20世纪三四十年代，他在清华大学开设我国第一门核物理课程，主持建立我国第一个核物理实验室。抗日战争爆发后，他先后任云南大学、西南联合大学教授，尽管当时的工作和生活条件极端艰苦，仍倾心培养出王淦昌、钱三强、杨振宁、李政道、朱光亚、邓稼先等一大批卓越人才。五十年代末，他主持筹建中国科学技术大学原子核物理和原子核工程系（今近代物理系）并担任系主任，在很短的时间内建立起完善的教学体系和专业的实验室，讲授前沿进展，开设先进实验，使学生在理论和实验两方面均得以受到系统的科学训练。

九十年代，他将"何梁何利科学与技术进步奖"的奖金悉数捐出，在清华大学、中国科技大学、东南大学、北京大学和云南大学等高校设立"赵忠尧奖学金"，用于激励青年学子为科学报国发奋图强。2015年，中国科学院粒子物理前沿卓越创新中心等单位以他的名义设立赵忠尧研究奖金，用于遴选优秀博士后，北京大学物理学院两位青年学者曾获此殊荣。

作为我国原子核物理、中子物理、加速器和宇宙线研究的先驱者和奠基人之一，赵忠尧先生以毕生精力从事科学和教育事业，为发展我国粒子物理与原子核物理、原子能事业，为培养我国粒子物理与原子核物理实验研究人才做出了重大贡献。他在自传中写道："回想自己的一生，经历过许多坎坷，唯一希望的就是祖国繁荣昌盛，科学发达。我们已经尽了自己的力量，但国家尚未摆脱贫穷与落后，尚需当今与后世无私的有为青年再接再厉，继续努力。"这真切地反映了赵先生的毕生追求，也映射出老一辈中国科学家胸怀祖国、服务人民的爱国精神，勇攀高峰、敢为人先的创新精神，追求真理、严谨治学的求实精神，淡泊名利、潜心研究的奉献精神，甘为人梯、奖掖后进的育人精神，值得我们每个人学习、继承与发扬。

欣悉贵校纪念赵忠尧先生诞辰120周年，谨书挚语，敬表贺忱。预祝学术研讨会圆满成功！

4.13 张焕乔院士致辞

张焕乔，中国原子能科学研究院研究员，中国科学院院士，北京串列加速器国家核物理实验室主任。

今天我怀着无比激动的心情参加赵忠尧先生120周年诞辰纪念会，赵先生是享誉世界的杰出科学家和我国核物理界的一代宗师。

赵先生是我尊敬的老前辈科学家。记得在1950年我读高中二年级时，曾从报上看到赵先生从美归国在日本横滨被美方非法扣押关进监狱的消息，在持续一个时期的报上连载国内外许多抗议和声明，使我一个中学生也关心他的回国，结果美方迫于我国政府和世界舆论的压力，赵先生终于回到祖国，受到全国人民和科技界的热烈欢迎。这时让我知道赵先生是原中央研究院院士，是我国核物理第一人，使我心中对赵先生产生肃然起敬。

1956年我从北大毕业，被分配到中国科学院物理研究所（原子能院前身），赵先生是副所长。那时，到所里大家都叫老科学家为"公"，唯独赵先生是个例外，全所上下都叫他"赵老师"，可见大家对他的尊敬。这时我也非常高兴能亲眼见到自己崇敬的科学大师。

1972年我被派往兰州参加全国第一届核物理大会，有幸与赵先生一起参加学术会议。当时我们单位让我在会上介绍 ^{240}Pu 自发裂变中子多重性分布，讲完后我自己临时加了一段，在黑板上讲了用我们的大体积载镉闪烁液体中子探测器放到地下在自然界中寻找超重元素的设想。结果赵先生在作会议总结报告时，他首肯了这个想法，这是我非常感动的，看到赵先生在文化大革命时期仍然始终重视基础研究。我们领队苏宜生后来多次给我开玩笑说："你是受赵老师表扬的人。"在这次会上，使我难忘的另一件事是赵先生领着我们一起，动议引进一台串列加速器来推动我国核物理研究工作，这时大家都想迅速改变国内实验核物理研究的条件，尽快弥补文化大革命给科学研究带来的损失。赵先生还主张将引进串列加速器建在中关村或玉泉路。当时赵先生是全国人大常委会委员，大家希望通过他将建议信送交周总理。由于文化大革命的持续，这件事被推迟10年。现在回想起来，如果接受赵老师的建议，将引进串列加速器建在中关村或玉泉路，串列加速器实验室的现状将会比今天好得多。

联想到赵先生当年在美国加州理工学院观测到 γ 射线通过重物质时除康普顿散射和光电效应外，发现了新的反常吸收，接着开展重元素对硬 γ 射线散射的新实验，发现了特殊辐射，精确测定特殊辐射能量是 0.50 MeV，这个值与当今知道正电子湮没辐射的 γ

射线能量 0.511 MeV 相当一致。赵先生的这项工作是最早观察到正负电子对产生和湮没的开创性成果。赵先生是我国建造粒子加速器的第一人，他在我国领导建成了第一台 700 keV 静电加速器，接着又领导建成一台 2.5 MeV 静电加速器，这对推动我国核物理发展起了重要作用。1955 年他作为中国政府代表团的成员参加和苏联的谈判，商讨受援事宜，为我国原子能事业发展尽心尽力。1958 年苏联援助的重水堆和回旋加速器在原子能所建成后，赵先生亲自领导和直接参加在回旋加速器上开展的轻核反应和极化核反应的实验研究。1958 年中国科学院决定创办中国科学技术大学，赵先生当时是我们原子能研究所副所长，他负责组建中国科技大学原子核物理系，是首任系主任，为核科学事业培养大批优秀人才做出了重大贡献。

总之，赵老师为开拓我国核物理研究、开创我国核科学事业、培养科技领军人才和推动我国科学发展做了大量开创性工作。我们要牢记赵先生在他自述中说过的一段话："六十多年来，我一直在为祖国兢兢业业地工作，说老实话，做老实事，没有谋取私利，没有虚度光阴。"他还说："回想自己的一生，经历过许多坎坷，唯一希望的就是祖国繁荣昌盛，科学发达。我们已经尽了自己的力量，但国家尚未摆脱贫穷与落后，尚需当今与后世无私的有为青年再接再厉，继续努力。"赵先生一生为我们树立了光辉榜样，我们要学习赵先生的高度爱国主义和敬业精神，他的光辉形象和伟大业绩将永远载入人类史册。

5 百世之师

5.1 中国核科学的奠基人和教育家——赵忠尧先生

郑志鹏研究员

郑志鹏,中国科学院高能物理研究所研究员。曾任高能所第四任所长、广西大学校长、中国物理学会副理事长、亚洲未来加速器委员会主席等职。

很荣幸能够在这个会上向大家介绍一下赵忠尧先生传奇的一生。由于时间所限,我只能比较简单地概括,将他的一生的经历和贡献向大家介绍。我按照时间顺序来讲述他的一生经历和贡献。

图 5.1 赵忠尧先生

在 120 年前的今天，赵忠尧先生出生于浙江省诸暨县，一个人杰地灵的古老城镇。他的父亲靠自学成为中医，为人正派，抱有为国出力、济世救人的情怀，对赵忠尧有很大影响。15 岁时他进入了有悠久历史的诸暨县立中学。1920 年，赵忠尧先生就读南京高等师范学校化学系，但他对物理和数学还是非常喜欢的。1923 年南京高等师范学校与东南大学合并，图 5.2 为赵忠尧先生与同学合影。1925 年，赵忠尧先生毕业，留任助教。

图 5.2　1923 年冬与南京高师同学合影（后排中间为赵忠尧先生）

1925 年夏，北京清华学校筹办大学本科，聘请叶企孙前往任教（图 5.3），他邀请他十分器重的助教赵忠尧一同前往清华。叶企孙先生是赵先生的伯乐，对他的一生有很重要的影响。赵忠尧第一年担任助教，第二年起任教员，负责实验课，并在叶企孙领导下，参加研究清华大学大礼堂内的声学问题，是国内开展近代建筑声学研究的先驱。

图 5.3　叶企孙先生

1927 年秋他自筹经费去美国留学，进入加州理工学院（Caltech），师从著名物理学家密立根（Millikan）（图 5.4）。

图 5.4　诺贝尔物理学奖获得者密立根

图 5.5 和 5.6 分别是 1927、1928 年在加州理工学院时的赵忠尧先生。图 5.7 为 1929 年赵忠尧在美国加州理工学院留学时与导师合影。

图 5.5　1927 年到加州理工学院时

图 5.6　1928 年在加州理工学院

图 5.7　1929 年赵忠尧在美国加州理工学院留学时与导师合影
（前排左六为赵忠尧导师密立根，二排右二为赵忠尧）

密立根起初给他一个有关光学干涉仪的论文题目。他感到题目太容易,学不到东西。最后密立根换成为"硬 γ 射线通过物质时的吸收系数"的题目。密立根教授的初衷是让赵忠尧通过实验,验证克莱因-仁科公式的正确性。1929 年赵忠尧开始做实验,测量不同物质对于硬 γ 射线的吸收系数。实验用 ThC″(铊 208)所放出的能量为 2.65 MeV 的硬 γ 射线。探测器用高气压电离室和真空静电计进行测量,用了水、铝、铜、锌、锡、铅等六种吸收体。由于他观察敏锐,实验严谨,又使用了高气压电离室等先进仪器,使得他先后发现了"反常吸收"和"特殊辐射"现象。

当他将测量的结果与克莱因-仁科公式相比较时,发现只有轻元素对于硬 γ 射线的吸收才符合公式的预言。而当硬 γ 射线通过重元素,譬如铅时,所测得的吸收系数比公式的结果大了约 40%。他称之为"反常吸收",这是首次观察到正负电子对产生现象。"特殊辐射"是指一种各向同性的 γ 辐射,他精确测量到其能量约等于一个电子的质量。这是正负电子的湮灭辐射的首次实验证据。他曾向密立根建议用云室观察这一现象,未被采纳。他把这些发现告诉了同学安德森(Anderson),并建议用云室观察,做更进一步的研究。

通过这一实验,我们就可以看出来,赵忠尧的实验是人类历史上第一次观测到正电子的产生和湮灭现象,是正电子发现的前导,为正电子——人类发现的第一个反物质粒子的研究做出了划时代的贡献,这一开创性贡献永留史册。但由于与他同时进行的两个实验:Tarrant 和 Meitner 实验的不正确结果,干扰了他正确的结果。加上安德森没有如实地将他受赵忠尧实验启发的事实公之于众,阴差阳错,使他与诺贝尔奖擦肩而过。这段历史一直到 60 年代杨振宁和李炳安做了研究,才把这个实际情况又向大家说明。同时,我们作为他的学生也进行了研究,并对他这个贡献也在报纸上登了,宣传老师发现的意义。

1985 年诺贝尔物理奖评审委员会前主席 G. Ekspong 教授访问高能物理所和中国高等科技中心,并做了报告,讲述了正电子产生和湮灭现象发现的那段历史,指出赵忠尧在其中所做出的突出贡献,他几乎发现了正电子,比 Anderson 早两年。赵忠尧先生也参加了报告会,听后非常激动:历史还他了一个公道。我也参加了那个大会,Ekspong 教授做完报告以后下来跟赵忠尧先生握手,全场响起了热烈掌声,赵忠尧当时非常高兴,因为,隔了五十年,他的结果得到了正确的公认。

G. Ekspong 教授于 1985 年访问高能物理所时在留言中写道:

……and meeting a man with historical records of great importance, i.e. Professor Chao Chong-yao who almost discovered the e^+ in 1930, before it was done by C. D. Anderssson(in 1932).

我想这是一个经过长期调研得到的一个客观公正的权威的结果。

1930 年冬,赵忠尧离开美国到德国进修。1931 年回清华大学物理系任教授。他开设了原子核物理课程,并和同事们在极为简陋的条件下,进行了一系列 γ 射线与核的相互作用和中子物理等前沿的、开创性的核物理实验研究工作。在此期间完成三项重要工作，发表在 Nature 杂志上：

（1）硬 γ 射线与原子核的相互作用；

（2）Ra-Be 中子源的连续谱的中子的共振吸收；

（3）银、铑和溴的共振中子能级的间距。

合作者包括龚祖同、傅承义、王大珩，他们以后都成了著名的物理学专家。

赵忠尧先生深受科学救国、工业救国的思想的影响。他不愿看到中国人连常用的铅笔都需进口的现状。为此，他和施汝为等集资筹备起一个铅笔工厂，不以营利为目的，为民族工业的发展出力（图 5.8）。经过不懈的努力，终于生产出著名的"长城牌"铅笔。50 年代，公私合营，该厂改建成"中国铅笔厂"，"长城牌"铅笔改名为"中华牌"。我们一直到现在都在使用这个"中华牌"，却不知道"中华牌"的创始人是两位杰出的物理学家。

图 5.8 赵忠尧先生和施汝为先生

施汝为先生是世界著名的实业家，是物理所的第一任所长，也是 1958 年之后第二系的系主任。

抗战期间赵忠尧随清华大学南迁。他在清华大学的 12 年间培养了一大批人才，都成为日后物理界的领军人物，在各领域做出巨大贡献。其中王淦昌、赵九章、彭桓武、钱三强、王大珩、陈芳允等六位后来都成为"两弹一星"功勋奖章获得者。1937 年，他在云南大学物理系任教一年。1938—1945 年，任西南联大物理系教授。1945 年冬，任重庆中央大学物理系主任。尽管昆明西南联合大学的物质条件十分困难，他还和张文裕用盖格计数管作了一些宇宙线研究，他还进行了中子共振能级的间距的理论分析。

在西南联大，赵忠尧和他的同事培养出了诺贝尔奖获得者李政道、杨振宁，"两弹一星"功勋奖章获得者朱光亚、邓稼先，我国国家最高科学技术奖获得者刘东生、吴征镒、黄昆、叶笃正等人。1946 夏，由中央研究院推荐，赵忠尧被派往美国参观在太平洋比基尼群岛开展的原子弹爆炸试验，参观后受中央研究院委托，筹备国内开展核物理研究所需的加速器等设备。他知道，加速器不是他本行，有人问："加速器不是你本行，你干吗要搞呢？"他说："因为你要搞核物理就一定要搞加速器，我不懂，但我要学。"

赵忠尧原打算购买一台加速器，回国进行核物理实验。但手头的 12 万美元离一台 2 MeV 静电加速器的价格（40 万美元）相差太多。他只好自己设计一台规模较小，但结构比较先进的高气压型静电加速器。只在美国购置国内买不到的器材，加工国内无法加工的部件，然后运回来配套组装。他先到麻省理工学院（MIT）学习静电加速器发电部分和加速管的制造，开始设计静电加速器。半年后转去卡内基地磁研究所学习离子源技术。后又回到 MIT，落实加速器部件的加工。同时还参加宇宙线研究。网上有说他跟特朗普的叔叔有接触，其实指的就是这个事情。在此期间，他定制了一台多板云室，完成了组装，并可进行宇宙线实验。这台云室后来在 20 世纪 50 年代初安装在云南高山宇宙线站上，他与王淦昌、张文裕一起开启了我国宇宙线研究时代。

图 5.9　1946 年冬，太平洋比基尼群岛，赵忠尧先生在美国军舰上

1948 年冬他完成中研院的任务后原想回国，但国内时局不稳，他决定再在美国多学些东西，回国有用。1949 年春，他回到当初求学的加州理工学院，参加在静电加速器上进行的核反应实验，完成了三篇论文，都发表在 *Physical Review* 上，所研究的问题都是当时核反应研究的最前沿：《氘轰击铍所产生的高能 γ 射线》《质子轰击氟所产生的低能 α 粒子》《质子轰击氟所产生的 α 粒子和 γ 射线的角分布》。

在采购的器材托运回国后，赵忠尧先生于 1950 年春准备回国，经过一番周折，于 1950 年 8 月底乘船离美。船过日本横滨时他被美方无理扣留，随身带的工作笔记本都被抄走，并被关进监狱。同时"台湾当局"也派人到日本动员他去台湾或回美国，都被他拒绝。他坚决要求回新中国，因为那里有他的事业和亲人。经我国政府积极营救和国内外舆论施压，美方不得不放行。在 11 月 15 日返回祖国，受到全国广大人民和科技界的热烈欢迎。

1950 年底赵忠尧回到祖国后，进入中国科学院近代物理所，领导加速器的研制。当时国内一穷二白，物资设备、加工条件极差，加上缺少加速器研制的经验，困难可想而知。他决定分步进行。首先利用他带回的静电加速器的设备，重新组装，建造一台在大气中工作的 700 千电子伏质子静电加速器（V1），1955 年 V1 建成，如图 5.10 所示。这是国内第一台加速器，具有里程碑意义。后来很多各种各样的加速器都是从这个开始的。他进行了 ^{7}Li（p,α）反应 α 粒子角分布测量。

图 5.10　700 千电子伏质子静电加速器

接着赵忠尧先生领导叶铭汉等研制一台更高能量为 2.5 MeV 的静电加速器（V2），如图 5.11、图 5.12 所示。遇到的困难不少，如加速管封装等一系列问题在他指导下，一个个得以解决。1958 年 V2 加速器终于建成。由于加速管和真空部件做得好，所封接的加速管一直用了 20 年，V2 运行了四十多年。在其上开展了 ^{23}Na（p, α）^{24}Mg 反应，研究 ^{24}Mg 结构发现了两个很靠近的能级。以后曾测量 30–200 keV 的质子打 Li 靶的反应截面，为核武器设计提供了数据，还取得沟道效应、质子激活应用等一批成果。V1、V2

两台加速器上培养了叶铭汉等一大批加速器、核物理人才。

图 5.11 2.5 兆电子伏质子静电加速器，运行时，需罩上高气压钢桶

图 5.12 2.5 兆电子伏质子静电加速器，罩上高气压钢桶

1958 年 7 月物理研究所改为原子能研究所，赵忠尧任副所长，分管科研工作。除了继续指导 V2 的实验，他还指导并直接参与在回旋加速器上开展了质子弹性散射、氘核削裂反应等研究。他是我国核反应研究的开拓者。他一直计划在国内建造串联加速器。1972 年张文裕等 18 人写信给周总理要求在中国开展高能物理研究，周总理批示："高能物理预制研究这件事不能再延迟了。" 1973 年，高能物理研究所成立，他担任副所长并主管实验物理部的工作。尽管赵老师年事已高，但他与所长张文裕配合默契，为高能所发展积极建言献策，指导高能实验基地建设。他经常到我工作的飞行时间探测器指导工作。1984 年北京正负电子对撞机工程破土动工，他经常下工地了解进度，指导工作（图 5.13）。图 5.14 为 1985 年 5 月 5 日，赵忠尧在北京谱仪和物理方案汇报会上发言。1988 年 10 月，北京正负电子对撞机建造成功。赵忠尧和张文裕等受到邓小平接见。赵忠尧心情十分激动，他的在中国建造自己的实验基地（从低能到高能）的梦想终于实现了，他尽到了自己的力量。他高兴地看到北京谱仪和同步辐射投入运行，一批批新的科研成果陆续问世。图 5.15 为北京正负电子对撞机与北京谱仪照片。

图 5.13　1984 年 3 月北京正负电子对撞机物理工作讨论会与会代表合影

图 5.14　1985 年 5 月 5 日赵忠尧在北京谱仪和物理方案汇报会上发言

图 5.15　北京正负电子对撞机与北京谱仪

1958 年中国科学技术大学成立，他是创办人之一，负责筹建原子核物理和原子核工程系并担任系主任。我很荣幸考上了这个系。他安排了张文裕、关肇直、梅镇岳、彭桓武、朱洪元、彭士禄等著名科学家给我们上课，并且在大学三年级时亲自给我们讲授"原子核反应"的专业课（图 5.16）。他备课认真，讲课内容丰富。他查阅大量资料，结合他的科研成果，把国际发展最前沿的知识传授给我们。中国科学技术大学近代物理系能在短时间内跻身于国内一流的行列，是与赵忠尧主任的努力分不开的。在他的主持下，很快就建立起一个个专业实验室，开设了各种新型探测器、气泡室、穆斯堡尔效应、核反应等较先进的实验，还充分利用原子能所的实验条件。他很注意培养学生的动手能力，使学生在理论和实验两方面都得到发展。他很关心同学们的学习和生活，经常到教室、实验室、宿舍去看望我们，问我们学习、生活上有没有困难。他还和同学们一起到颐和园游玩，总是那样和蔼可亲。图 5.17 为中国科学技术大学近代物理系 58 级一班毕业留念。

图 5.16　赵忠尧先生上专业课

图 5.17　中国科学技术大学近代物理系 58 级一班毕业留念（一排中是赵忠尧）

"文革"前近代物理系毕业的800名校友中出了4位院士。中国科学院院士：张肇西、俞昌旋、朱清时；工程院院士：何多慧。还有赵启正等杰出校友以及一批在我国核物理、高能物理以及其他领域的骨干和领军人才。赵忠尧先生担任近代物理系主任20年，为该系的发展做出了卓越贡献。

在研究所里，赵忠尧十分关心青年人的成长，注意发挥青年人的积极性和独立工作能力。他以身作则，潜移默化地影响到年轻人。赵忠尧在所里培养了一大批科研骨干，1963年我大学毕业后分在他任室主任的一室，有幸在他的直接指导下学习和工作，学习到了如何严谨地做实验（图5.18）。我不仅从他那里学习到了许多知识，还从他身上学习到了如何做人。他崇高的品质深深地影响了我和同事们。

图5.18　赵忠尧和郑志鹏的合影（20世纪80年代初）

他一生为人正直，专心科学事业，学问精深，德高望重；他淡泊名利，心怀坦荡，朴实无华，平易近人；他深受同事和学生们的敬仰和爱戴，在研究所和学校内，上上下下都称他为赵老师。无论在政治上、工作上、生活上，他都坚持真诚、实在的原则。凡是他认为有利于国家、人民的观点，都敢于坚持到底。他认为错误的东西，都明确表示反对。他曾说："在文化大革命隔离审查期间，我对自己走过的道路重新进行了回顾和思考。我想，一个人能做出多少事情，很大程度上是时代决定的。由于我才能微薄，加上条件的限制，工作没有做出多少成绩。唯一可以自慰的是，六十多年来，我一直在为祖国兢兢业业地工作，说老实话，做老实事，没有谋取私利，没有虚度光阴。"他非常谦虚，此话可以作为他为人的写照。

"回想自己的一生，经历过许多坎坷，唯一希望的就是祖国繁荣昌盛，科学发达。我们已经尽了自己的力量，但国家尚未摆脱贫穷与落后，尚需当今与后世无私的有为青年再接再厉，继续努力。"这是赵忠尧先生对年轻人寄予的殷切希望。

他自 1954 年第一届全国人民代表大会起，一直到第六届（1988 年）都被选为人大代表；1964 年起被选为第三、四、五、六届全国人民代表大会常务委员会委员。

他于 1998 年 5 月 28 日逝世，享年 96 岁。这正是孔子所说的"仁者寿"。他的一生是杰出的一生。

从上述赵忠尧精彩的人生，可以总结出：他是一位杰出的实验物理学家，28 岁时所作成就载入史册，开创了我国核物理研究之先河。他是我国核科学领域的开拓者和奠基人，高能物理基地的推动者和早期领导者。他是著名的教育家，为我国培养了一大批人才，既有共和国科技栋梁和领军人物，也有在各领域默默奉献的人，桃李满天下。他是爱国主义的践行者，一生坎坷，为了祖国的繁荣昌盛，为了改变我国科学、教育的落后状况，为了在中国大地上建设自己的实验基地，不忘初心，不辞劳苦，奋斗终生。他品德高尚，无私奉献，为人正直，胸怀坦荡，淡泊名利，讲真话，干实事。我们今天隆重纪念赵忠尧先生既要怀着感恩的心情，怀念他为中国科学、教育事业发展所做的巨大贡献，更要学习和传承他的热爱祖国、献身科学、开拓创新的精神和崇高品质，为祖国科教事业的兴旺发达而努力奋斗。

5.2　深切怀念赵忠尧先生　何多慧院士

何多慧，中国科学技术大学国家同步辐射实验室研究员，中国工程院院士，中国科学技术大学校学术委员会原主任。

今天我们隆重纪念赵忠尧先生诞辰 120 周年，深切怀念我们敬爱的老师、我们系的老主任赵忠尧先生。赵先生是一位杰出的科学家，他最先观察到了其实是因为存在正电子而导致的反常现象，但却无缘诺贝尔奖，实为一大憾事。新中国成立后，赵先生毅然回国，这种崇高的爱国主义精神，永远值得我们学习和传承。新中国成立初期，国家一穷二白，赵先生艰苦奋斗，建成了我国第一台粒子加速器——0.7 MeV 质子静电加速器，成为当时我国核物理领域的一大重器。我校建校，他出任原子核物理和原子核工程系首任系主任，为国家培养了大批核科学技术人才。

赵先生后来把他建造的我国第一台加速器赠送给了我们学校。我有幸，在当学生时便奉派参加把这台加速器从中关村搬到了玉泉路。下迁时，它又随我们来到了合肥，为此，我们专门新建了一座加速器楼，就是物理学院前几年的办公楼，大家可以看见，该楼西北角比别处高出一层，那下面就是安装这台加速器的大厅。现在该加速器陈列在校史馆里，前不久，爱国主义教育基地揭牌，我还随舒书记和包校长等校领导去参观过一次。赵先生建造的我国这第一台粒子加速器应该成为我们永久的纪念。

赵先生作为系主任非常关心学生的成长，他多次教导大家，一定要又红又专，要做到郭沫若校长提出的"红专并进、理实交融"，要不怕困难，刻苦学习，努力攀登科学技术高峰。赵先生的榜样作用和他的教导对同学们的成长发挥了重要作用,我也是受益者之一。我出生于四川省仪陇县一个贫苦农民家庭,仪陇是朱德总司令的故乡,也是毛主席《为人民服务》那篇文章中所悼念的老红军战士张思德同志的故乡,是老革命根据地,穷乡僻壤,教育非常落后,我于1959年考上中国科大,同学们大多来自名校,我比他们差得很远,大学第一次数学考试,五分制,我只得了两分,不及格,刺激很大,怎么办?我心里非常明白,唯一的出路是遵从赵先生教导,不怕困难,刻苦学习,努力奋斗,我终于赶上了队伍。赵先生对学生的教育很好,对子女的教育也很好,他的女儿赵维勤是我大学同学,维勤各方面都很优秀,深受大家赞誉。维勤的弟弟维仁也很优秀,曾任高能所副所长。姐弟俩还是文艺天才,当他们还是少先队员时,便主演了当时深受欢迎的电影——《祖国的花朵》,我至今还记得他们在北海划船的情景和所唱的那首歌,有时晚上散步还会哼上几句。赵先生对晚辈的教育尽心尽力,令人敬佩。

我们大学毕业分配时要填志愿,我的志愿是去大西北最艰苦的地方从事核武器研制。因为我国一直受核威胁,国家急需核武器,国务院副总理兼外长陈毅元帅来校做报告就讲过,他说,他告诉搞核武器的科学家,你们早一天搞出原子弹来,我这个外交部部长说话腰杆子也就更硬了。我决心学习赵先生的爱国主义精神,急国家之所急,但系领导找我谈话说,我们知道你的想法,你一句话也不用说,服从分配,留校。我未能如愿,但9院和21基地要我办的事我都尽力,中央军委要我担任全军高层次领军人才带教导师,我先后带教了两位核试验的技术骨干。

当然我的主要精力是做好本职工作,主要是参与在我校建造我国第一台专用同步辐射加速器,成为我国的第一个国家实验室,还和上海光机所合作,利用我们同步辐射加速器预研时建成的 30 MeV 电子直线加速器建成了我国第一个自由电子激光实验装置,顺利出光。我们1978年初开始同步辐射加速器的预制研究和物理设计,1981年秋完成。当时全国同时在预研的还有北京的高能质子加速器和兰州的重离子加速器,因经济困难,国家决定高能质子加速器项目下马。根据国外专家建议,高能所便希望建造投资低得多的北京正负电子对撞机,1981年秋便在香山枫叶村召开了一个研讨会,赵忠尧先生和我都参加了会议,其间,我向赵先生汇报了我们同步辐射加速器预研和物理设计进展情况。我说:"预研和物理设计已经顺利完成,王淦昌先生马上要去主持鉴定。"赵先生听后非常高兴,他说:"同步辐射加速器对国家和对学校都非常重要,你们一定要努力搞好。"我说:"我们都是您的学生,一定努力,决不辜负您的希望。"1982年秋,在京丰宾馆召开了北京正负电子对撞机和合肥同步辐射加速器扩大初步设计审定会,国务院副总理兼国家计委主任姚依林同志到会并讲话,他说,不管国家多么困难,我们一定要建设好北京正负电子对撞机和合肥同步辐射加速器这两台加速器。在这之前,方毅副总理也来校视察,他在全校教职工大会上讲话时也说了,不管经济多么困难,就是卖了裤子,也要建设好合肥同步辐射加速器。国家领导人的这些话使我深受震动,同时也深感肩上担子的沉重。1983年4月8日,国家计委正式批准我们项目立项,批文的题目是"关于建设国家同步辐射实验室的函",所以国家同步辐射这个名字是由国家计委直接命名的,并认定这是我国国家实验室概念的发源，是我国第一个国家实验室，文件规定它是国家级的共用实验室。大家紧密团结，拼命奋斗，顺利建成了我国第一台专用同步辐射加速器，国家科委成果司唐兴信副司长专程前来主持了国家鉴定，由他提出，在鉴定结论里写明了，鉴定是由国家科委组织和主持的。国家科委直接组织和主持一个项目的鉴定，这是罕见的。鉴定意见认为合肥同步辐射加速器达到了国际同类加速器的先进水平。国家同步辐射实验室的建成使我国拥有了一个用途广泛、用户众多、全国共用的大型科学实验平台，也对学校因下迁而遭受重大损失后重新站立起来发挥了重要作用，同时，这也让我感到，我们没有辜负赵先生的希望，兑现了对他老人家的承诺，心里深感安慰。

最近这些年，我们一直在努力争取建设一台第四代同步辐射光源。去年六月初，国家发改委林念修副主任召开了一次我国同步辐射光源发展规划的座谈会，包校长和我参加了会议，包校长第一个发言，当我提出发言时，林主任立刻问我，他说："我国的同步辐射和自由电子激光都是由你开始的，对吧？"我回答说："是的，中国科学技术大学是我国同步辐射事业的发源地，也是自由电子激光事业的发源地。"我简述了我校同步辐射的发展历程，包校长提醒我讲一下自由电子激光，我又简述了自由电子激光的发展历程。回答完林主任的问话后，我说："习近平总书记提出不忘初心，牢记使命，这句话真是说到我的心坎上了，我衷心拥护。""革命事业要不忘初心，科技事业也应该不忘初心，中国科大是我国同步辐射事业和自由电子激光事业的发源地，我们应该让这个发源地更加发展壮大，我热切期盼国家批准中国科大的第四代同步辐射光源项目。"会后几天，中科院侯建国院长给我打来电话，情况很好，汪克强秘书长也给我发来短信，也说情况很好，但都叫先不要讲。我们耐心地等了五个月，文件来了，我校的第四代同步辐射光源项目正式列入了国家"十四五"规划，这是国家同步辐射实验室发展史上又一个重要的里程碑，也是我们学校的一件大事，对合肥综合性国家科学中心也具有非常重要的意义，让我们全校同志共同努力，早日建成同能区国际领先水平的第四代同步辐射光源，为国立功，为国争光，早出研究成果，待纪念赵先生诞辰130周年时，向赵先生献礼。

谢谢大家！

5.3 回忆赵老师的教益

赵启正先生、张肇西院士、郑志鹏研究员[①]

赵启正，曾任上海市副市长兼浦东新区首任书记、主任，国务院新闻办公室主任，第十六届中央委员。

张肇西，中国科学院理论物理研究所研究员，中国科学院院士。

郑志鹏，中国科学院高能物理研究所研究员，曾任高能所第四任所长。

---

① 本文为三人为纪念赵忠尧先生诞辰100周年所写，并在中国科大纪念大会上请人代读。

主席、先生们、同志们：

作为赵忠尧的学生，由于时间安排的原因，我们不能回母校参加赵忠尧先生诞辰100周年纪念活动，深感遗憾。在此，我们只能写一封信，回忆我们所受到的赵老师的教益，以表达我们的怀念之情。

我们都是58级01系的学生。还记得开学的第一堂课就是赵忠尧系主任给我们讲解01系所设专业及其内容。他深入浅出的论述，饶有风趣的讲话，激励了我们学习的浓厚兴趣。最后他勉励我们"勤奋学习，打好基础，攀登科学高峰，培养成为祖国有用之才"的话语成为我们以后五年乃至今后一生的奋斗目标。

我们58级感到十分荣幸的是：赵老师不但安排了张文裕、关肇直这样的著名科学家为我们上课，而且他还亲自为我们讲"原子核反应"的专业课。虽然四十年过去了，我们还记得讲课的主要内容和他讲课时的音容笑貌。他渊博的知识、严格的逻辑推理以及对理论与实验关系的深入的诠释给我们留下了极深刻的印象。我们不但从中学到了核反应的知识，更重要的是学会了正确的科研思路和方法。这些都对我们以后的科研受益无穷。

作为一个实验物理学家，赵忠尧先生十分重视实验技能和方法的培养，理论联系实际，手脑并用作风的培养。为此，他和梅镇岳老师，在短短的时间内，在十分困难的情况下，建立了一个门类比较齐全的核物理实验室，使同学们在核探测技术、电子学、数据获取与分析等方面受到了良好的训练，为我们今后的工作打下了坚实的基础。

身教重于言教，在五年的大学生活以及以后与赵老师接触的日子中，赵老师朴实无华、谦虚谨慎、宽宏大度的品格以及他对科学的热爱和执着的精神深深地影响着我们。

我们58级同学相聚时，常常提及赵老师，我们为有这样一位师长而感到荣幸，我们永远不会忘记他的教诲。

在赵老师逝世后不久，我们三人曾联名撰写了一篇文章《一位与诺贝尔物理奖失之交臂的人——悼念赵忠尧老师》，发表在《光明日报》上。在该文中，我们论述了赵忠尧在20世纪30年代前后，所做的卓越的发现。我们希望提醒人们不要忘记一位中国人——赵忠尧，是正负电子对产生和湮灭现象的发现者和世界首次观察到反物质的开拓者。虽然这一巨大的贡献未能评上诺贝尔奖，但是这一历史事实却不容遗忘，它将永载科学史册。中国人应该为之骄傲！年轻人应该向赵忠尧先生学习，为科学事业献身。我们相信在不久的将来，会在中国的土地上产生诺贝尔奖得主，那时，赵忠尧先生在九泉之下必会感到欣慰。

5.4 难忘为正电子发现做出巨大贡献的赵忠尧老师

郑阳恒教授

郑阳恒，中国科学院大学物理科学学院教授、副院长。

尊敬的各位来宾：

今天是赵忠尧先生诞辰 120 周年的日子，我非常荣幸能够获得邀请，作为中国科学技术大学的毕业生代表，以及中国科学院大学物理科学学院的教师代表来参加本次纪念活动。

我是在中国科学院高能所的大院里面长大的，童年在院子里玩耍时有幸见过几次赵忠尧先生，也曾随父母拜访过赵先生的家。印象中他话不多，但很慈祥。

20 世纪 90 年代，我又有幸进入到赵忠尧先生担任首任系主任的中国科大近代物理系读书。本科的科研师从韩荣典教授，利用慢正电子作为探针研究材料表面缺陷结构，期间也曾获得了翁惠民教授、周先意教授、秦敢师兄的悉心指导。在国外攻读博士学位期间，我参加了日本 KEK 正负电子对撞机上的 Belle 实验，利用 B 介子衰变研究正反物质的对称性破缺现象。2007 年回国后，我在中国科学院大学建立了粒子物理实验研究团队，深度参与了北京正负电子对撞机 BESIII 实验合作研究，曾担任联合发言人。我目前正在参与推动以中国科大作为依托单位的下一代高亮度正负电子对撞机项目，担任项目协调人。大家可以看到，我的大部分学术经历中都出现了一个相同的关键词：正电子。

此时此刻，距离赵忠尧先生首次观测到正电子存在迹象已经超过 90 年了，正电子仍旧作为一种不可替代的探针，在物理学的多个领域，推动着人类对自然界的深入理解。我们当然不会忘记这位为正电子发现做出巨大贡献的赵忠尧老师。

5.5 青年教师代表发言 周小蓉教授

周小蓉，中国科学技术大学教授，赵忠尧核与粒子物理科技攻关突击队队长。

各位老师和同学们，大家好。今天我们怀着崇高的敬意，来纪念赵忠尧先生诞辰 120 周年。我很荣幸有这个机会代表青年教师发言。

赵先生是第一个通过电子-正电子湮灭实验确定正电子的科学家，他是我国核物理和高能物理的奠基人。赵先生的研究成果是正负电子对撞机实验的基础，对撞机实验是理解物质世界的重要方式。如今，我国的北京正负电子对撞机已经成功运行了 30 年，在陶粲能区产出了很多重要的实验成果，并提出建造下一代高亮度正负电子对撞机的计划。我们必定不负赵先生对中国高能事业的心血和期盼，在基础研究的前沿领域再接再厉，继续努力。赵先生是中国科大的创始人之一，是我们近代物理系的第一任系主任。赵先生在建校之初，即对近代物理系的前身，也就是原子核物理与原子核工程的学科发展远景进行了详细的规划，这些稿件至今还保存在中国科大校史馆内。如今我们有这么好的科研平台和条件，离不开赵先生的高瞻远瞩和悉心规划。

赵先生的塑像立在近代物理系楼的门口，他是我们的精神领袖，时时激励我们不断奋斗，怀着极大的热忱和高度的责任心科研攻关、教书育人。

5.6 学生代表发言 董靖宇

董靖宇，中国科学技术大学粒子物理与原子核物理专业博士生，全国高校"百个研究生样板党支部"书记。

尊敬的各位老师、亲爱的各位同学：

大家上午好！非常荣幸能够作为学生代表在本次大会上发言。作为一名学生，我对赵忠尧先生的最初认识来源于进校时的校史学习。那时，我第一次了解到赵忠尧先生杰出的科学成就和对中国科大的卓越贡献。之后，对专业知识的深入学习和系统了解让我对赵忠尧先生勇攀高峰的创新精神和严谨治学的求实态度更加钦佩。刚才，各位前辈回顾了赵忠尧先生光辉的一生，表达了深切的怀念之情，"高山仰止，景行行止"，我们对赵忠尧先生的崇敬之情油然而生。

"桃李不言，下自成蹊。"赵忠尧先生不仅取得了卓越的科研成就，还为我国核物理和高能物理事业培养了一大批科技人才。规划专业设置、制定教学计划、主持实验建设，赵忠尧先生为教育教学与人才培养投入了毕生心血，培养出了一批批成就斐然的科学人才。在赵忠尧先生的激励下，一批批科学家在不同的工作岗位上攻关创新、立德树人。现在，历史的接力棒传到了我们的手中，"学成文武艺，报于祖国和人民"，我们责无旁贷。

"一代人有一代人的使命，一代人有一代人的担当。"作为中国科大的研究生，我们要始终秉持"红专并进，理实交融"的校训精神，向以赵忠尧先生为代表的老一辈科学家学习，锤炼品德修为，练就过硬本领，努力成为赵忠尧先生所说的"无私的有为青年"，再接再厉、继续努力，拥抱新时代、奋进新时代，让青春在为祖国、为人民、为科学的奉献中焕发出更加绚丽的光彩！

谢谢大家！

6 传承发展

6.1 正电子与正负电子对撞机 赵政国院士

赵政国，中国科学技术大学"赵忠尧讲席"教授，中国科学院院士，中国物理学会第十二届理事会副理事长。

赵忠尧先生的家属、各位来宾、各位老师和同学们，大家好！刚才郑志鹏老师做了一个主题报告，介绍了赵忠尧先生的生平，和他作为科学家、教育家，对原子核和粒子物理科学以及对国家的重大贡献。我的报告将主要讲述赵忠尧先生与中国科学技术大学，尤其是和近代物理系的关系，并重点从学术上解释赵忠尧先生所做硬 γ 射线的反常吸收与正电子发现实验的详细过程，然后介绍北京正负电子对撞机（Beijing Electron Positron Collider，BEPC）和北京谱仪（Beijing Spectrometer，BES）实验，及在其上取得的重大成果，最后总结一下关键科学问题与将来可能的发现。

1. 赵忠尧教授与中国科学技术大学

（1）赵忠尧教授与中国科大近代物理系

赵忠尧先生是中国科学技术大学原子核物理和原子核工程系（近代物理系前身）的创建者及首任系主任。诺贝尔奖获得者李政道先生曾为近代物理系题写系名（图6.1）。在近代物理系门口，有一座赵忠尧先生的半身雕像（图6.2），雕像底座上镌刻了赵忠尧

图 6.1 由诺贝尔奖获得者李政道先生题写的近代物理系系名

图 6.2 赵忠尧先生雕像,"赵忠尧先生"由李政道先生题写

先生的名言和李政道先生题写的"赵忠尧先生"。近代物理系师生每天上班路过这里,总要瞻仰一下赵忠尧先生,在他的精神鼓舞下,开展我们的学习与工作。

在中国科大校史馆中,矗立着赵忠尧先生主持建造并捐赠给我校的我国第一台 70 万电子伏质子静电加速器,以及由诺贝尔奖获得者丁肇中先生题写的牌匾"赵忠尧教授纪念馆"(图 6.3、图 6.4)。这台静电加速器是我们中国科大校史馆的镇馆之宝。

图 6.3 赵忠尧主持建造的我国第一台 70 万电子伏质子静电加速器

图 6.4 诺贝尔奖获得者丁肇中先生题写的牌匾"赵忠尧教授纪念馆"

图 6.5 近代物理系首届毕业留念照（前排左起第 8、9 位分别为赵忠尧、梅镇岳，前二排左起第 8 位为赵启正，前三排左起第 4 位为郑志鹏、第 11 位为许咨宗，第四排左起第 12 位为韩荣典）

中国科学技术大学的办学宗旨是："所系结合，全院办校，红专并进，理实交融"，这里有独特的教学科研环境和传统。也正是因为如此，中国科大为我国"两弹一星"、科学教育培养了大批骨干和领军人才。图 6.5 为中国科大近代物理系首届毕业生合影，里面有赵忠尧先生和梅镇岳先生（首届近代物理系常务副主任）。记得梅先生跟我说因朝鲜战争，他是绕道回国的，刚回国的时候住在赵忠尧先生家里，当时赵先生的儿女还是小孩。中国科大近代物理系首届毕业生里面有郑志鹏（中国科学院高能物理研究所原所长）、韩荣典（中国科大原副校长）、许咨宗（中国科大原子核和粒子物理学科负责人）、赵启正（曾任上海市副市长、国务院新闻办公室主任、中共第十六届中央委员）等。

（2）近代物理系培养的著名科学家

赵先生在中国科大近代物理系为粒子物理和原子核物理及相关的大科学工程培养了大批的骨干和人才。赵先生在中国科大授课期间，经常与青年教师研讨教学，如图6.6、图6.7所示。1998年，我在中科院高能所负责物理研究室和北京谱仪实验，12名研究组组长中，有8名毕业于粒子物理与原子核物理专业。下面我列举些大家熟悉的由中国科大近代物理系培养的著名科学家：曾任中国科大校长及南方科大校长的朱清时院士是中国科大近代物理系63级学生，中科院理论所的张肇西院士和中国科大的潘建伟院士分别是58级和87级近代物理系理论物理专业的。我们粒子物理和原子核物理实验专业毕业的有：中国科大教授、中国物理学会副理事长赵政国院士，基金委副主任、北京大学物理学院前院长谢心澄院士，浙江大学校长、中国科大原副校长杜江峰院士，国家同步辐射实验室主任封东来院士，国家天文台台长常进院士，中科院兰州近代物理研究所所长徐瑚珊研究员，李政道研究所粒子物理部负责人何小刚教授，美国密歇根大学周冰教授等（图6.8）。毕业于天文系的邱建伟现任美国布鲁克海文国家实验室副所长，物理系毕业的许怒和近代物理系粒子物理和原子核物理专业毕业的许长补、阮丽娟先后担任美国重离子对撞机RHIC-STAR实验负责人。

图6.6 赵忠尧在中国科大上课

图 6.7　赵忠尧与青年教师研讨教学

图 6.8　中国科大近代物理系毕业的著名科学家（邱建伟、许怒分别毕业于中国科大天文系和物理系）

2. 硬γ射线的反常吸收与正电子

（1）光子相互作用

下面我从学术上给大家介绍一下硬γ射线的反常吸收与正电子，了解一下赵忠尧先生当年的重大发现的详细过程。我们知道，γ是高能量的光子，它比可见光的能量高出很多量级。在研究光通过物质的时候，通常用以下典型公式来描述

$$I = I_0 \exp(-\mu x), \quad \mu = \frac{N_A}{A} \sum_i \sigma_i$$

式中，A 为原子重量，N_A 为阿伏伽德罗常数，μ 为质量衰减系数（mass attenuation

coefficient），通常也称吸收系数。

光和物质的相互作用主要有三类。第一类是光电效应（爱因斯坦因发现光电效应的规律获得诺贝尔奖）。用如下方程式表示

$$\gamma + \text{atom} \to e^- + \text{atom}^+$$

对于能量较高的光子（能量远大于电子的质量），光电效应的产生截面与材料的原子序数 Z 和光子的能量 E 的关系为：$\sigma \propto Z^5/E^{3.5}$。

第二类是康普顿散射，它是 γ 与电子的散射，即

$$\gamma + e^- \to \gamma + e^-$$

该反应截面与原子序数 Z 和能量 E 的关系为 $\sigma \propto Z/(\ln E/E)$。

第三类是对产生，就是 γ 通过物质或原子核的时候，会产生一对正负电子，即

$$\gamma + \text{nuclei} \to e^- + e^+ + \text{nuclei}$$

对产生的反应截面与原子序数 Z 的平方成正比，即 $\sigma \propto Z^2/\ln 2E$。对产生效应在当时赵先生做实验的那个阶段，还没有被人们意识到。1928 年，狄拉克方程第一个应用是 Klein-Nishina 公式：

$$\frac{d\sigma}{d\Omega} = \frac{r_e^2}{2}\left(\frac{E'_\lambda}{E_\lambda}\right)^2 \left[\frac{E_\lambda}{E'_\lambda} - \frac{E'_\lambda}{E_\lambda} - \sin^2\theta_\gamma\right], r_e = \frac{\hbar\alpha}{m_e c}$$

这个公式推导出康普顿散射产生的概率。当时用 γ 射线做实验，都是为了检验这个公式，也就是检验狄拉克方程。

（2）实验装置与测量

那么赵先生的实验是怎么回事呢？他选择了一个放射源，这个放射源的 γ 的能量是 2.62 MeV。实验装置如图 6.9 所示，置于圆筒铅中的放射源通过准直器后经过过滤器再进入吸收块，吸收块可以是 H_2O、Al、Cu、Zn、Sn、Pb 等一系列材料，通过变换吸收块的材料和厚度来测量吸引系数。当时探测技术还不像现在这么发达，他用了一个验电器（electroscope），后期改用了静电计和电离室。

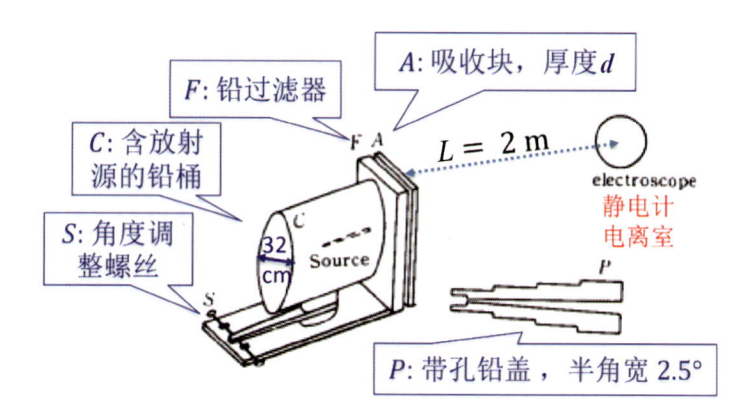

图 6.9 赵忠尧先生发现 γ 射线反常吸收实验装置安排

这个实验主要就是测量有吸收块和没有吸收块之间的差别,当然要加上它们的修正。这样就得到了吸收系数 μ 的方程:

$$\mu = \frac{1}{d}\log_e\left(\frac{I-\Delta I}{F-\Delta F}\right)$$

式中,I、F 分别为伽马射线通过吸收快前后测量到的电流值,ΔI, ΔF 分别为对 I 和 F 的各种修正。

赵忠尧先生写于 1930 年的博士论文 *The Absorption Coefficient Of Hard Gamma-Rays* 对这个实验有详细描述。在这篇论文的摘要里,他明确指出"随着原子质量数从低到高,发现吸收系数是连续增加的",这是以前没有注意到的。他还指出:"这种γ射线在重元素中的反常吸收"可能是与核内电子散射的结果。"同年,赵先生发表了文章 *The absorption coefficient of hard γ-rays*[1]。这应该是一篇大会报告以后写下的会议文集,文中赵先生对实验数据进行了仔细的分析。K-N 理论公式认为,随着原子质量数增加,吸收系数应是常数。但是赵先生通过实验,发现吸收系数不是常数,随着原子序数的增加,吸收系数增加非常明显,如图 6.10 所示。我们将理论值与实验值画出来,如图 6.11 所示,可以看到在低原子序数 Z 时,理论值和实验值几乎没有差别,但在高 Z 时,实验值是理论值的 1.3 倍多。

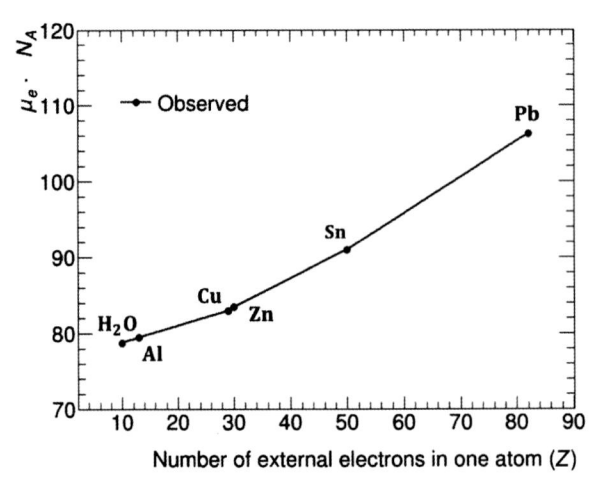

图 6.10 随着原子系数增加,吸收系数明显增加,这与理论预期为常数相矛盾

在这种情况下,赵忠尧先生进一步设计了更精密的实验,即用电离室取代了静电计,并通过改变探测器的角度来测量γ射线的角分布,如图 6.12 所示。我们来看一下实验的情况:放射源发出的γ射线,轰击到吸收材料铅或铝上,会与铅或铝原子中的电子发生散射(康普顿散射),电离时测到散射的γ射线,而γ射线轰击到吸收材料,可以产生正负电子对(那时候还没有正电子的概念),产生的正电子与材料中的电子湮没,再生成γ射线。实验对铝和铅吸收体分别进行了测量,实验结果表明,对于铝吸收体,其角分布和理论值符合得非常好,因为铝的γ值较低,其正负电子对产生的概率非常低,对产生的效应不

足以被观测到，因而理论值和实验值符合很好。而铅吸收体测量结果与铝吸收体测量的结果的比值，表明随着角度的增大，测量值和理论计算值发生明显的偏差，到140度时，约有 3 至 4 倍的差别，如图 6.13 所示。赵忠尧先生的文章明确指出："对于铅，观测到了额外的散射射线……""除了康普顿散射以外，还存在另外一种反常的散射"，这种反常的散射其实就是γ射线与原子核作用产生了正负电子对。

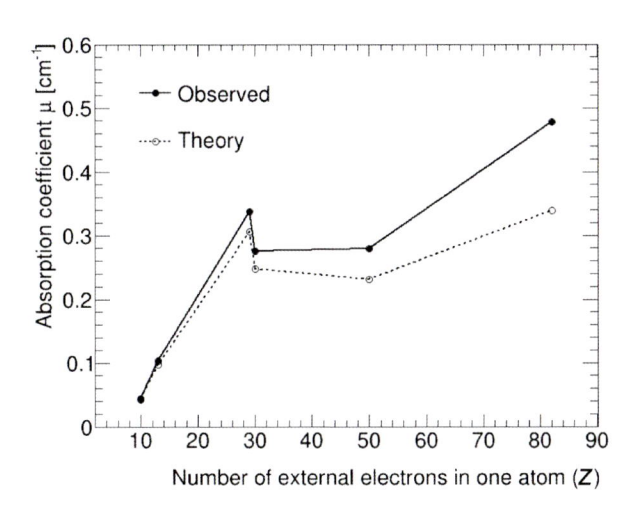

图 6.11 吸收系数随原子数的变化

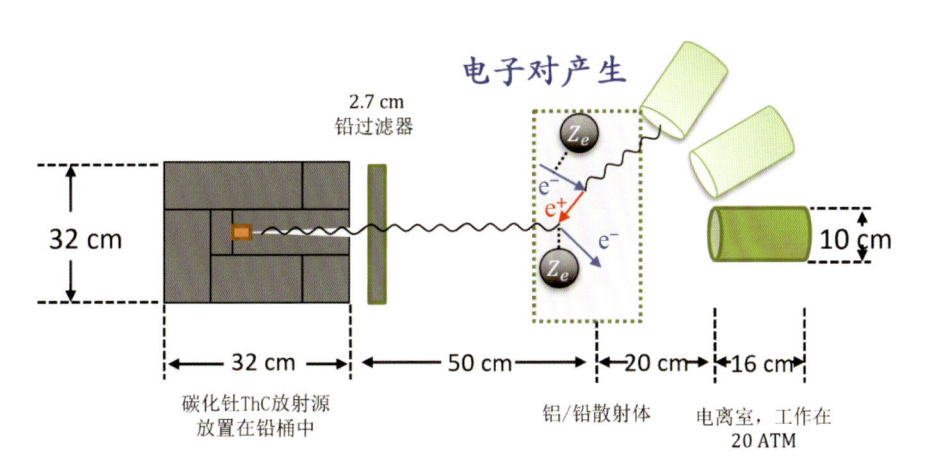

图 6.12 赵忠尧先生改进后测量γ射线吸收实验装置安排

1930 年 10 月，赵忠尧先生在 *PHYSICAL REVIEW* 上发表了他的实验结果 *Scattering of hard γ-rays*[2]，在这篇文章中，他明确指出："在研究铅的硬γ吸收时，发现了伴随'特殊辐射'，这必然来源于原子核内的某种机制"。现在我们知道，这种反常的散射机制其实就是γ射线与原子核作用产生了正负电子对，正负电子湮灭后产生γ射线。

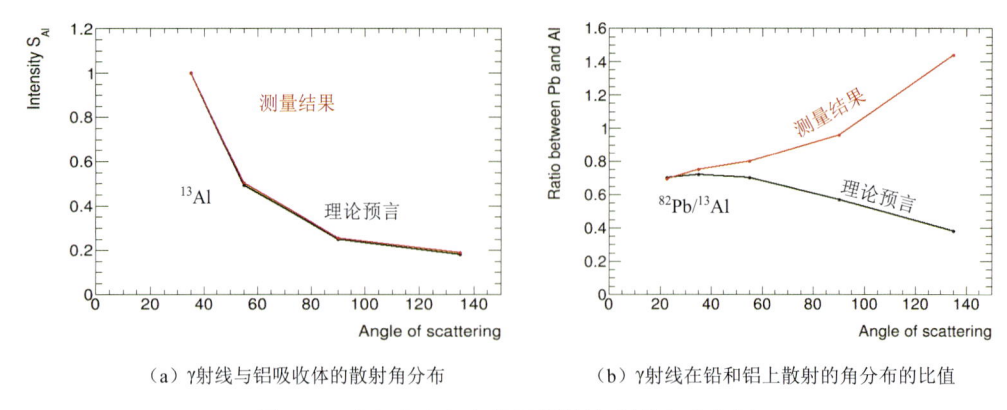

(a) γ射线与铝吸收体的散射角分布　　(b) γ射线在铅和铝上散射的角分布的比值

图 6.13　由赵先生文章数据所做的γ射线角分布图

（3）安德森的实验与正电子

刚才我解释了赵忠尧先生实验中发现的γ射线反常吸收现象其实就是正负电子湮灭后产生的γ射线，在赵先生的这个实验以后，有许多讨论来确定到底这个反常的γ散射是什么。1930 年，赵先生的师弟安德森（Carl D. Anderson）和密立根（R. A. Millikan）设计了竖直型威尔森室（vertical Wilson chamber），见图 6.14。用它从 1300 张宇宙射线的径迹照片中，发现了 15 条带正电的径迹，其电荷量正好与质子所带电荷量相同。这些带正电的粒子后来称为正电子。

图 6.14　安德森与竖直型威尔森室

带电粒子在磁场中受洛伦兹力 $F = q \cdot v \times B$ 发生偏转，粒子的动量 p 与偏转的曲率半径 R 及磁场强度 B 的关系是：$p \propto R \cdot B$。根据能动量关系 $E^2 = m^2 + p^2$，得到粒子的能量。图 6.15 是 63 MeV 的粒子穿过 6 mm 的铅板丢失能量后的径迹（23 MeV）。如果是质子，穿过铅板后的径迹长度约为图中长度的四分之一。这是与电子质量相同，但电荷相反的粒子，即电子的反粒子，即正电子。

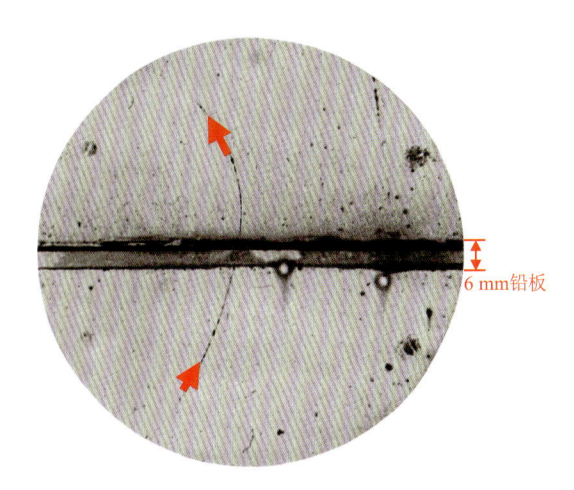

图 6.15 安德森实验观测到的正电子径迹

（4）狄拉克方程与反粒子

1928年，狄拉克将量子力学与狭义相对论结合，提出了如下方程，称狄拉克方程：
$$i\gamma^\mu \partial_\mu \psi(x,t) - m\psi(x,t) = 0$$
$$E = \pm\sqrt{m^2 + p^2}$$

式中，狄拉克方程出现了负能量的解，这使得物理学家感到困惑，并且引起了很多讨论。狄拉克提出了空穴理论，将负能量的态与反粒子联系了起来。1930年发展起来的量子场论，对狄拉克方程进行了重新描述。将正电子作为一个真实的粒子处理，而真空态不需要有粒子存在。

在一次会上，费尔曼做了一个关于反粒子存在的原因的报道（THE REASON FOR ANTIPARTICLES）。在报道中，他说道："在我年轻时，狄拉克是我心目中的英雄。他做出了突破性的成果，即一种新的进行物理研究的方法。他有勇气简单地猜测一个方程，这个方程就是我们现在说的狄拉克方程。"费尔曼认为："狄拉克方程，是首次将量子力学和狭义相对论结合在一起的"，而且"如果把量子力学与相对论联系起来，就必然存在反粒子。"

3. 北京正负电子对撞机（BEPC）与下一代对撞机

（1）正在运行的高能粒子对撞机

刚才丁肇中先生做了精彩的报告，讲述他在加速器实验上的诸多重大发现。下面我来讲正负电子对撞机。目前，用粒子物理的标准模型来描述物质世界最基本的组分和相互作用，它告诉我们：物质最基本的组分是由三代夸克（u、d、c、s、t、b）和三代轻子（e、v_e、μ、v_μ、τ、v_τ），以及它们的反粒子构成。稳定的物质是由第一代夸克（u、d）和第一代轻子（e）构成的。相互作用力是由力的传播子（Z、$W^\pm$、g、γ）传递的。基本粒子从希格斯场中获得质量。

我们怎么用加速器来研究基本粒子呢？首先要能产生它，根据它的产生和衰变来研究基本粒子的特性和它们之间的相互作用。北京正负对撞机还有俄罗斯新西伯利亚核物理研究所（BINP）的加速器，可以产生大量的陶轻子（τ）、粲夸克（c）及其束缚态，所以这类加速器也叫陶粲工厂。它主要用于研究陶轻子（τ）、粲夸克（c）及其束缚态的特性。日本的SuperKEKB（超级B工厂）产生大量的b夸克及其束缚态来研究它们的特性。瑞士日内瓦的大型强子对撞机因为有极高的能量（质子-质子对撞，质心系能量13 TeV），能够产生大量的第三代夸克（b、t）和W、Z、H玻色子来研究第三代夸克的特性，精确检验标准模型，寻找希格斯粒子和研究其特性，寻找超出标准模型的新物理，包括超对称粒子、暗物质粒子等。

（2）中美高能物理会谈

自1978年以来，中美高能物理学界有一次高层交流会，称为"中美高能物理会谈"，轮流在中美两国举行，主要由美国能源部以及美国几个高能物理研究所的负责人（如费米、阿贡、布鲁克海文等国家实验室）、中国科学院领导及高能物理研究所负责人（后来扩展到同步辐射和核物理大装置），还有当时科学院院长的四个科技顾问（李政道、Pief. Panofsky、Maury Tigner和Maury Gilman）参会。赵忠尧先生参加了第一次中美高能物理年会。中美两国的科技交流，就是通过中美高能物理会谈打开的，也是中美两国科技交流合作的一个典范和窗口。中美高能物理会谈一共进行了37年，因中美关系发生变化，前几年才终止。我在中科院高能物理研究所负责北京谱仪实验期间（1998–2001），也参加过中美高能物理会谈。

（3）北京正负电子对撞机

作为中国科学院高能物理研究所的副所长，赵忠尧先生为北京正负电子对撞机BEPC和北京谱仪BES的建造做出了重大贡献，培养了大批人才。北京正负电子对撞机BEPC储存环周长约240 m，直线加速器长度约200 m。升级后的BEPC称BEPCII，其质心能量是2—4.95 GeV，它的亮度接近10^{33} cm^{-2}s^{-1}。北京正负电子对撞机上的谱仪经历过两次升级改造，在升级改造之前，称为BES，升级改造后称为BESII、BESIII，如图6.16所示，BESIII是全新的一代探测器。

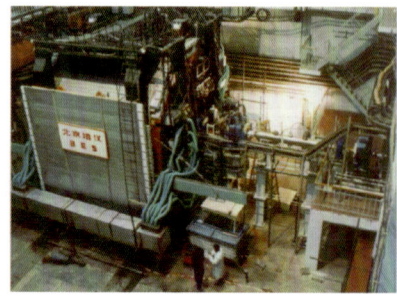

图6.16 三代北京谱仪

6 传承发展

（4）陶粲能区物理

2—5 GeV 是量子色动力学（QCD）微扰和非微扰的过渡的独特能区。图 6.17 展示的是从 2 到 5 GeV 的 R 值，这个图反映了其在北京正负电子对撞机上的特点，主要是：

- 连续与共振的过渡区间，微扰与非微扰 QCD 的过渡区间。
- 能够产生大量的共振态，如 J/ψ、XYZ 等，产生的截面非常大，所以很容易取到极高样本的数据。
- 阈值产生特性，该能区覆盖了陶轻子对、粲强子对（D、Ds、Λc），以及所有的超子对的产生阈值。
- 很多含夸克奇特强子、胶子球等都落在这个区域。

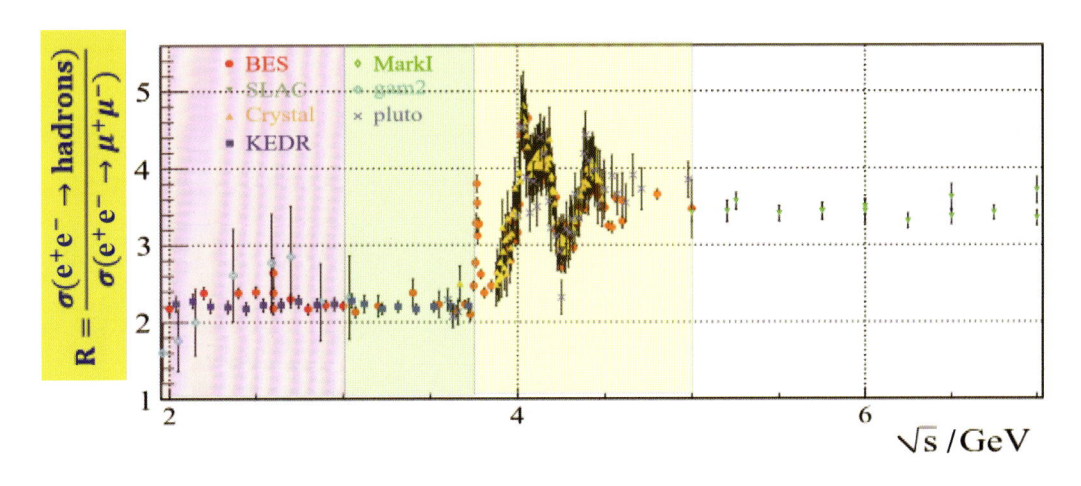

图 6.17 不同质心能量下的正负电子对湮没到强子末态（$e^+e^- \to$ hadrons）与缪子末态（$e^+e^- \to \mu^+\mu^-$）的截面之比

正是由于以上特点，陶粲工厂不是其他加速器可以替代的，这是它独特的地方。

（5）北京谱仪实验国际合作组

北京谱仪实验国际合作组是一个典型的、具有国际标准的、非常成功的国际合作组。图 6.18 是 2013 年年会合影，前排左起是北京谱仪实验历任领导人，有赵政国、李卫国（曾担任中国科学院高能物理研究所副所长，中国科大近代物理系 63 级学生）、王贻芳和沈肖雁，以及外方（美欧）负责人等。这个实验由来自 17 个国家、83 个组织、500 多名作者组成。图 6.19 是 BES 30 周年的纪念会议合影，从中我们可以看到几任中科院高能物理研究所所长，郑志鹏、陈和生和王贻芳，以及北京谱仪实验我的前任负责人李金（中国科学技术大学近代物理系 59 级学生）。

图 6.18　2013 年北京谱仪合作组合影

图 6.19　BES 30 周年合影

总的来说，北京正负电子对撞机，从赵忠尧先生开始，凝聚了几代人的心血，从一席之地走向国际前沿，甚至某些方向领先，培养了大批具有国际视野和国际竞争力的科学家和专业人才，这些人才在我国的研究所、高校和企业中发挥了非常重要的领导作用。BES、BESII、BESIII 不是简单的重复和统计量的增加，每一阶段都有其特色物理和成果：BES 的陶轻子质量的精确测量、BESII 的 R 值精细测量、BESIII 奇特强子态精细结构的测量及利用量子纠缠来探索 CP 破坏等，为世界高能物理做出了重要贡献。三代 BES 共获得了五次国家自然科学奖二等奖。李政道先生对北京正负电子对撞机做出很高的评价（图 6.20）。

> 中国科学院高能物理研究所
> 北京正负电子对撞机国家实验室：
>
> 热烈祝贺北京正负电子对撞机建成30周年，这是中国在国际高能物理领域占一席之地并取得一系列重大成果的卅年。衷心祝愿祖国科学家利用对撞机作出更多世界一流的成果，在粲物理和τ轻子研究方面继续保持国际领先地位，为人类探索物质结构的奥秘做出更大的贡献。
>
> 李政道
> 二〇一八年十月一日

图 6.20　李政道先生对北京正负电子对撞机的评价

（6）超级陶粲工厂

虽然北京正负电子对撞机在国际上具有领先地位，但是由于它运行了几十年，且环比较小，进一步升级改造的条件受到很大的约束，所以我国科学家开始提出来建造下一代装置（图6.22），它比北京谱仪的亮度高50—100倍，能量从2—5 GeV提高到2—7 GeV。图6.21是一个大致的设计图，约400 m长的直线，周长约1000 m的环。在2—7 GeV能区，有许多新的物理课题。

图 6.21　超级陶粲工厂示意图

（7）未来高能量前沿

除了北京正负电子对撞机，在国际上还有更高能量的前沿，目前正在运行的大型强子对撞机是世界上最大的高能物理加速器，其主环周长约 27 km，坐落在日内瓦，横跨瑞士和法国的边界。其他还有 20 世纪 90 年代就开始讨论的设想在日本建造的国际直线对撞机（International Linear Collider, ILC）、欧洲科学家提出的未来环形对撞机（Future Circular Collider，FCC）、中国科学家提出的环形正负电子对撞机（Circular Electron Positron Collider，CEPC）。FCC 既可以是正负电子对撞，还可以是质子-质子、电子和重离子对撞，这是一个长达半个到一个世纪的宏伟规划，FCC 的主环周长约 100 km，最高对撞能量达到约 100 TeV。中国科学家提出的 CEPC 与 FCC 规模相当，在完成正负电子对撞的使命后，可转向质子-质子对撞机，能量在 100 TeV。如果能在中国建造，将成为世界上最大的高能物理研究中心，使中国在高能物理前沿引领世界。

4. 关键科学问题与将来的发现

原子核与粒子物理还有很多重大的科学问题，没有找到答案，总结起来有：

- 时间、空间的本质，是否存在额外维度？
- 质量的起源与本质，它与宇宙形成与演化的关系是什么？
- 宇宙的丢失质量，是否存在暗物质粒子？
- 极端条件下的物质形态，是否存在奇特物质？
- 宇宙正反物质不对称，是否存在反物质世界？
- 是否还有未被发现的原理、对称性和规则？
- 所有相互作用力能统一吗？
- 质子会衰变吗？
- 存在磁单极子和分数电荷粒子吗？

我们要寻找这些重大科学问题的答案，必须对基本粒子进行更深入、更精确、更全面的研究。

表 6.1 是约 1991 年我在瑞士苏黎世联邦理工大学（ETHZ）工作时，看了一本书后列出的一些粒子物理预期可能的发现，其中**希格斯玻色子、引力波**和**中微子振荡**已发现。

表 6.1 粒子物理预期可能的发现

问题/课题	关键测量	物理意义
希格斯玻色子	已发现：M = 125 GeV	确认了规范理论中的自发对称性破缺
引力波	已发现	进一步支持广义相对论
胶球，奇特强子	是否存在	检测并理解量子色动力学
暗物质	是否存在	宇宙中的缺失物质
反物质	是否存在	重子数不对称

续表

问题/课题	关键测量	物理意义
中微子：振荡、质量	质量、混合参数、相位	大统一理论的结构
质子衰变	是否存在	大统一理论有效性的证据
磁单极子	是否存在	电荷磁荷的对称性，大一统理论
分数电荷粒子	是否存在	将会打破所有目前的认知
轴子	是否存在	强相互作用中的CP问题，暗物质候选粒子
超对称粒子	是否存在	理解引力的希望
额外维度	是否存在重的类W/Z粒子、引力子、微观尺度黑洞	等级问题

宇宙可能起源于大爆炸，但是大爆炸最初的这个奇异点是怎么回事，我们并不知道。目前我们世界上所有粒子、能量、相互作用都是来源于这一点。大爆炸以后才有了物质，逐渐发展到今天，接近140亿年。估计到200亿年，太阳会演化成红巨星，地球上的生命将消失。在这样浩瀚的宇宙中，银河系仅是2000亿个星系中的一个，而地球不过是100000000000000000000000颗星中的一个。我们所掌握的知识远不能描述整个宇宙。探索自然之谜，宇宙之奥，寻找未知的答案将永无止境。

我用这张PPT来结束今天的报告，这些是我从赵忠尧先生从1923年到1996年的照片中选出来的（图6.22）。

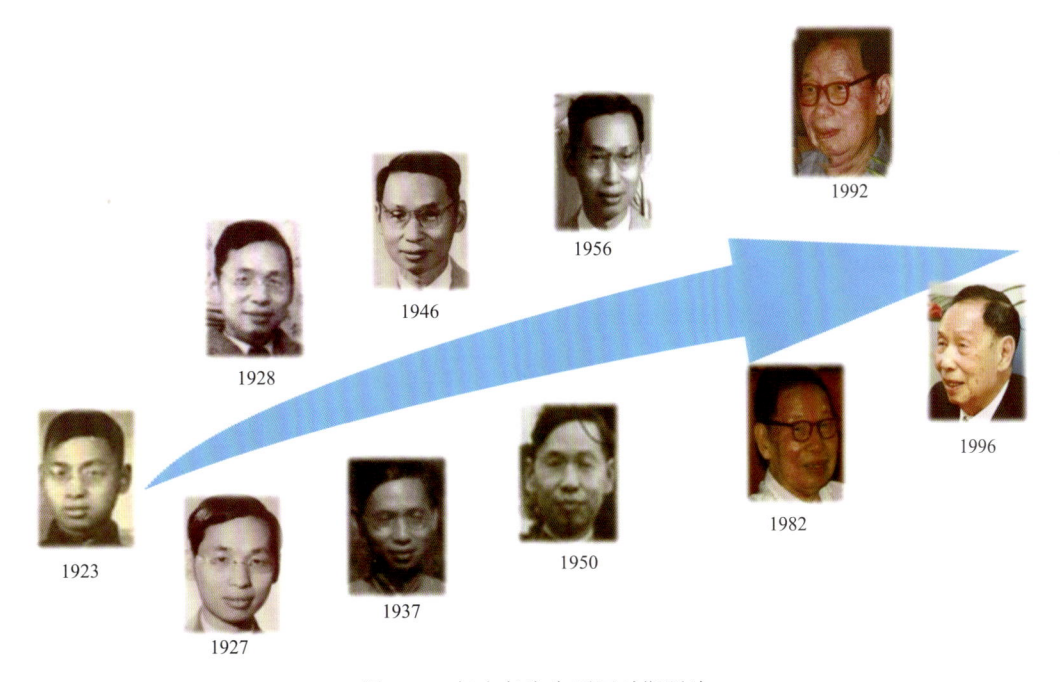

图6.22 赵忠尧先生不同时期照片

赵忠尧先生桃李满天下，他一生培养了大批科学家。我们这些在座的还有听报告的，很多也是赵先生的徒子徒孙。赵先生曾经讲过一段很有名的话："回想自己的一生，经历过许多坎坷，唯一希望的就是祖国繁荣昌盛，科学发达。我们已经尽了自己的力量，但国家尚未摆脱贫穷与落后，尚需当今与后世无私的有为青年再接再厉，继续努力。"这段话也被刻在了赵先生的雕像上，我建议将赵忠尧先生的话用作思政教育，它比那些空头的大话有力量得多。这段话反映了一个具有民族之魂的朴实和伟大的科学家灵魂深处的心声，他既有宽广的胸怀，又有高深的眼界，对我们的国家抱有无限的期望。我们所有人都要再接再厉，继续努力，学习先生的品德，继承他的优良传统，刻苦学习，勤奋工作，攀登科学高峰，为中华民族伟大复兴做出贡献！

谢谢大家！

致谢：衷心感谢赵忠尧先生的家属、汪晓莲教授、郑志鹏教授提供的有关材料；感谢谢祥羽博士、董娟女士提供的编辑和制图。

参 考 文 献

[1] Chao C Y. The absorption coefficient of hard γ-rays[J]. Proceedings of the National Academy of Sciences of the United States of America, 1930, 16(6): 431-433.

[2] Chao C Y. Scattering of hard γ-rays[J]. Physical Review, 1930, 36(10): 1519-1522.

6.2 正电子与反物质 叶邦角教授

叶邦角，中国科学技术大学物理学院近代物理系教授，曾任物理学院党委书记、副院长。

各位线上线下的老师朋友们好！我的报告题目是"正电子与反物质"。我将对整个人类对反物质的探索作一个简单的介绍。我的报告主要分为两部分，第一部分介绍正电子的发现和反物质的探索历程，第二部分介绍反物质的主要应用。

一、正电子的发现和反物质的探索历程

1. 反物质理论提出

首先介绍正电子的发现与反物质的探索过程。今天上午很多报告都已经介绍了什么是反物质。反物质粒子只是电荷与正物质粒子相反，而其他性质与正物质完全相同的粒子，比如电子和反电子（正电子）、质子与反质子、水和反水、金和反金、地球和反地球等（图6.23）。我们现在都知道宇宙起源于大爆炸，根据质能关系，能量转换成物质的时候将产生相同数量的正反物质。然而经过137亿年的演化，我们人类周围所看到的全部是正物质，几乎很少有反物质存在。反物质到哪里去了？

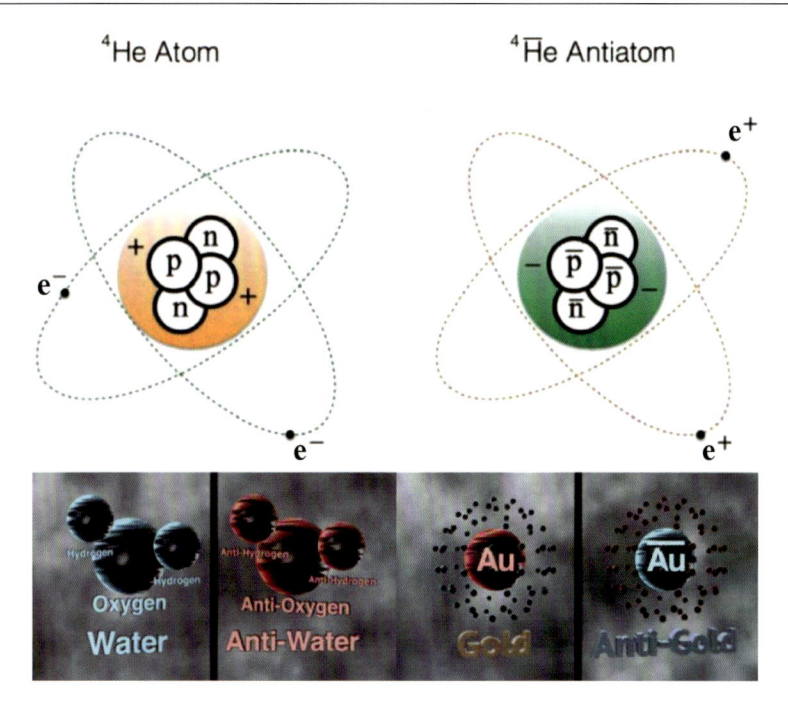

图 6.23 正反粒子模型

反物质最早的概念出现在 1898 年，一位英国物理学家 Schuster 给 Nature 杂志写信提出了一个猜想[1]。他认为我们所处的这个宇宙里，还存在一种与我们宇宙中组成完全不一样的物质，即所谓的反物质，由于这两种物质的作用就相当于磁体的排斥作用，因此这个反物质可能在另外某地方。

20 世纪初，人类对原子的理解是逐步深入的（图 6.24）。1897 年电子被 J. J. Thomson 发现；α 粒子与 β 射线都于 1899 年被 E. Rutherford 发现；γ 射线于 1900 年被 P. Villard 发现。质子于 1917 年被 E. Rutherford 发现，但在 1919 年才公布。目前我们知道原子是有核结构的，但 1917 年 E. Rutherford 在实验的时候并不知道，只是认为原子里是质子（一个带正电的粒子）加上一些电子组成的结构。

我们再回顾一下光子与物质相互作用的两种重要效应：第一个是光电效应，光电效应是 1887 年 Heinrich Rudolf Hertz 发现的，1905 年 Albert Einstein 对光电效应做出解释并因此获得 1921 年的诺贝尔物理学奖；另外一个是 Compton 效应，在 1912 年被 Arthur Holly Compton 发现的，并获 1927 年诺贝尔物理学奖。20 世纪初，量子力学理论逐步形成并完善，1925 年 Schrödinger 提出了著名的量子力学的 Schrödinger 方程，但是这个方程不满足洛伦兹协变。1926 年 Klein 和 Gordon 两位科学家对这个方程做了一些修改，提出一个满足洛伦兹协变但不包括粒子自旋的方程。1927 年 Pauli 进一步改进了这个方程，把电子自旋和电磁场加进去，然而这个方程又是非相对论性的（图 6.25）。

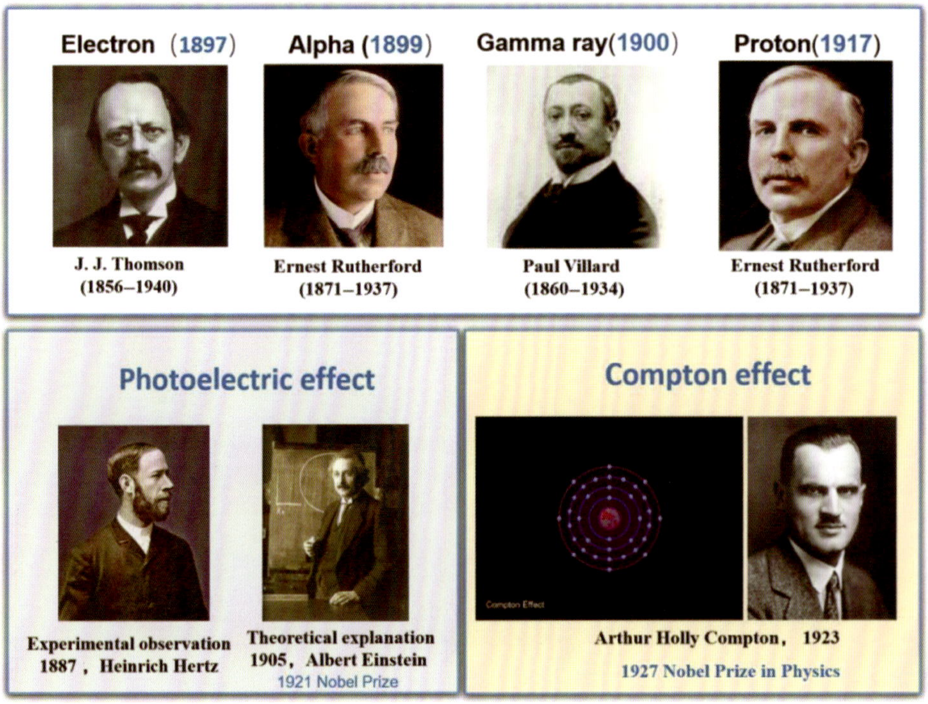

图 6.24　粒子物理的探索过程

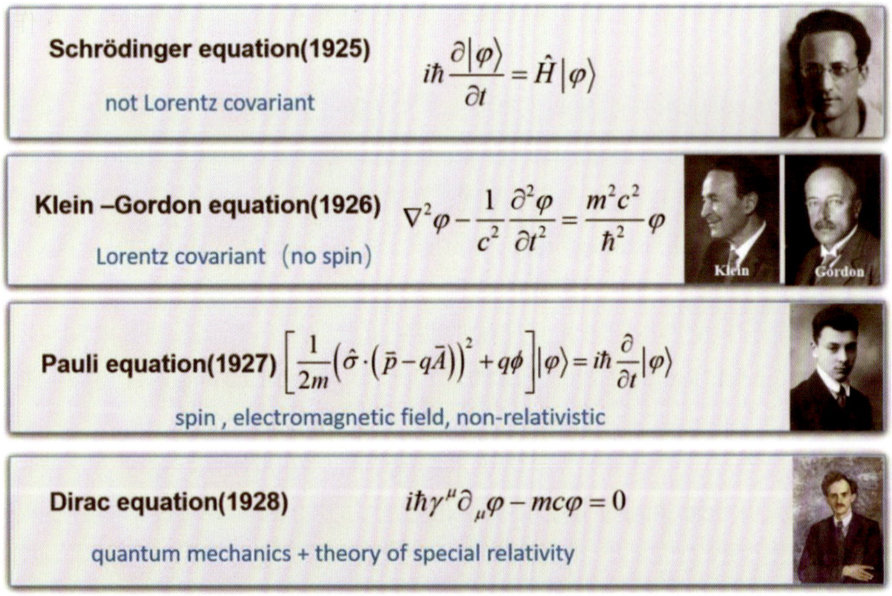

图 6.25　量子力学方程的发展

1928 年 Dirac 得到了一个既有自旋又满足相对论的方程，称为 Dirac 方程（图 6.26）。1928 年，Dirac 发表了一篇论文，其中给出了 Dirac 方程正负能量的解[2]。Dirac 的个性比较沉默寡言，不善于交际，甚至在剑桥校园里曾流传一个著名的单位叫 Dirac，就是一个小时讲一句话，表明他不太爱说话和交流。

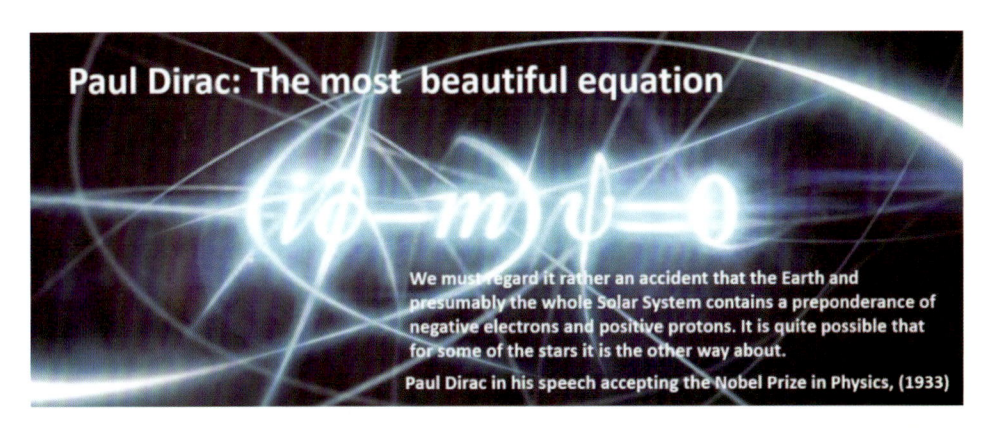

图 6.26　最漂亮的公式——Dirac 方程

另外一个科学家 Klein 用 Dirac 方程去解电子在一维势垒中的散射问题，就有了著名的 Klein 悖论。Klein 发现电子进入一个势垒时，如果势垒能量的量级与 mc^2 相近，一部分电子会穿透过去，如果能量再高的话势垒对电子几乎是透明的。这个悖论非常有意思，因为当时初期的原子核模型里虽然质子已经被人们知晓，但是大家认为原子之所以结合那么紧是因为核内还有电子（当时中子还没被发现，核力还没提出），所以 Klein 悖论直接反对了原子核是由质子和电子构成的这一想法，此外这个结论提出的关于负能级的解释也很重要，他认为负能级应该是存在的，负能级对应的是电子向上移动（击中势垒反弹）时伴随着向下移动的"空穴"的能量，而这个空穴就带正电（图 6.27）。但是受限于当时的知识，所以他认为是一个质子。

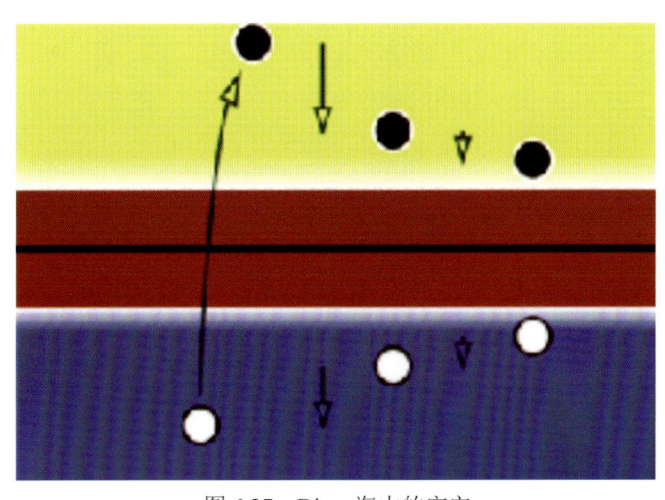

图 6.27　Dirac 海中的空穴

1929年，Klein悖论引起了广泛的讨论。数学家H. Weyl从数学角度来解这一问题并且也将负能量解直接解释为质子，即这个空穴对应的是一个带正电的质子[3]。Dirac认为如果是质子的话，质子的质量是电子质量的1836倍。按照他的想法，电子与空穴应该是对称的，因此他认为不太合适。1929年Dirac又发表一篇论文对整个负能量的解给出进一步的解释，论文里也提出了质子的可能性，但是他还是否定了质子并认为一个电子在负能量里相当于一个带正电的电子。可惜的是这篇论文没有直接提出正电子这一概念[4]。

另外一位美国科学家R. Oppenheimer也强烈地反对质子作为带正电粒子的这个概念。因为如果一个原子核里既有电子又有质子的话，那很快就会崩溃掉，是不稳定的。后来Oppenheimer也估算了如果宇宙初期都是电子跟质子，那么很快就崩溃掉。尽管这个估算的公式还是有点错误，但是估算出的数量级没有太大问题。Dirac也做了类似的估算，得出了相似的结论。最终Dirac采用了Oppenheimer的建议，在1931年发表了一篇论文，在该论文中提出了反电子的概念（anti-electron: having the same mass and opposite charge to an electron）[5]。

除了上面介绍的几位科学家，从1928年到1931年，还有其他理论物理学家也发表了很多这方面的论文。1931年Dirac才在理论上明确提出了正电子概念，也就是电子的反粒子。Dirac在1933年获得诺贝尔奖的演讲中提到：

"We must regard it rather an accident that the Earth and presumably the whole Solar System contains a preponderance of negative electrons and positive protons. It is quite possible that for some of the stars it is the other way about."

我们这个世界应该有一个反物质世界，问题是反物质世界在哪里？

2. 正电子的发现

今天上午不少老师都介绍了赵忠尧先生的工作。赵先生于1927年去美国加州理工留学，开展放射性研究工作，师从Millikan教授（图6.28）。为了验证Klein-Nishina公式的正确性，从1929年开始，赵先生测量了6种材料（水、铝、铜、锌、锡、铅）对ThC"（^{208}Tl）放射源的2.65 MeV的γ射线的吸收系数（图6.29）。赵先生发现，硬γ射线通过铅板时所测得的吸收系数比Klein-Nishina公式的结果大约40%，他称之为"反常吸收"。

赵先生准备发表这个工作，但是导师Millikan教授认为理论应该更正确，对赵先生的实验结果不太认同。赵先生研究工作的具体指导老师Bowen非常了解赵先生的工作并给予支持，于是论文最终于1930年5月发表在《美国科学院院报》[6]。这篇论文提出的重要现象——反常吸收，实际上是人类历史上第一次观察到对产生（pair production）效应——光子与物质的相互作用的第三种效应。赵先生从事吸收系数测量工作的同时，德国和英国科学家也开展了类似的工作，并在赵先生发表论文之后也发现了类似的反常吸收现象。赵先生的博士论文也采用了同样的标题[7]。

图 6.28　密立根（1868—1953）、赵忠尧（1902—1998）、安德森（1905—1991）

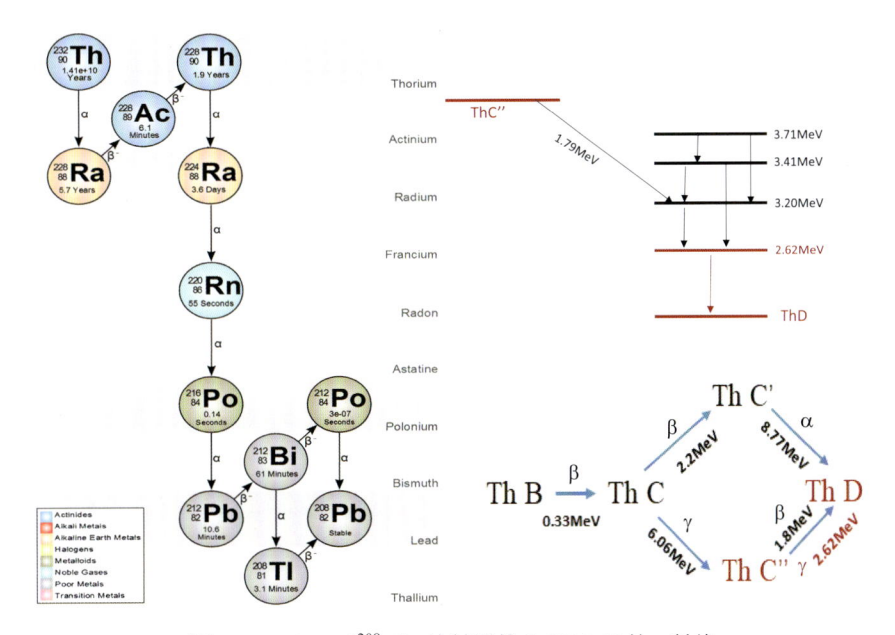

图 6.29　ThC″（^{208}Tl）放射源的 2.65 MeV 的 γ 射线

为了弄清反常吸收的来源，1930 年春天赵先生重新设计实验并对探测器加以改进，发现了另外一种能量约为 0.5 MeV 的特殊辐射。0.5 MeV 正好相当于电子的静止质量对应的能量，我们现在都很清楚，是正负电子湮没（annihilation，也常被称为湮灭）产生的 γ 光子，这是赵先生的第二个重要的科学发现[8]。对产生现象和正负电子湮没都是赵忠尧先生第一个发现的。

在这期间，欧洲的两位科学家（英国卡文迪许实验室的 G. T. P. Tarrant 以及德国的威廉皇帝学会化学研究所的 L. Meitner）也做了类似的吸收系数测量工作，但是他们没有测到 0.5 MeV 的特殊辐射。Millikan 教授的另一位学生 Carl David Anderson 了解赵先生的工作，也跟赵先生做过交流，并产生了很大的兴趣。Anderson 利用威尔逊云室探测器进行实验研究，在赵先生 1930 年离开加州理工学院之后的一段时期内，Anderson 用 γ

射线实验，并没有得到结果，于是 Millikan 教授建议 Anderson 直接用威尔逊云室测量宇宙射线。Anderson 搭建了一个威尔逊云室的轨迹的探测拍摄系统，利用磁场中带电粒子的偏转进行测量研究。我们知道磁场的偏转方向就确定了电荷的正负性，由偏转轨迹的半径和磁感应强度可以计算出粒子的动量。

1932 年 6 月，Anderson 发现了一个偏转角度较小的粒子穿过铅板。对于这个未知粒子，如果以质子计算其能量约为 200 MeV，如果以电子计算其能量至少为 600 MeV。而最重要的一次实验是在 1932 年 8 月 2 日，一个大约 63 MeV 的带正电的粒子穿过铅板后，能量下降到 23 MeV（图 6.30 右）。粒子的径迹被拍摄到，并且根据径迹计算了粒子的曲率半径。这张具有代表性的正电子径迹图，就发表在他的论文里。后来，Anderson 还做了不少实验来验证他的工作，在论文里也分析并排除该粒子为质子的可能性。他计算了质子经过气体之后的能损，发现如果该粒子是质子，那么在空气中的射程只有 3.75 mm，而实际测量的射程至少为 50 mm。因此，这个粒子是带正电的并且与电子质量相近的粒子，所以他在论文里将该粒子命名为正电子[9]。Anderson 于 1933 年发表的这篇论文，是 Anderson 获得 1936 年诺贝尔奖的最重要的一篇论文。但是，这篇论文并没有引用赵先生的论文。1933 年，Anderson 又发表了一篇论文，在论文中他引用了赵先生 1930 年发表的论文和博士论文[10]。

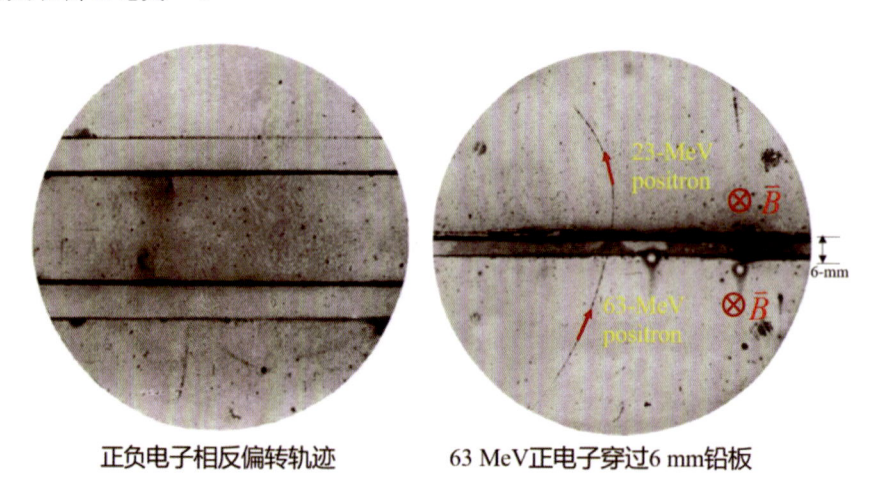

图 6.30 正电子在威尔逊云室中的径迹照片（C. D. Anderson 拍摄）

当时有人讨论 Anderson 发现正电子是不是受到 Dirac 的启发，但有人反驳说可能还没有那么直接，因为当时反物质的理论还很模糊，影响力并不大。Anderson 在 1983 年的一篇回忆录里，比较详细地介绍了这段历史，并承认他发现正电子的工作受到了赵先生工作的启发[11]。

"My thesis as a graduate student consisted of studying, by means of a Wilson cloud chamber, the space-distribution in various gases of photoelectrons produced by X-rays. At the time（1926-1929）that I was doing this work, Dr. Chung-yao Chao, working in a room close to mine, was using an electroscope to measure the absorption and scattering of γ-rays from ThC". **His findings interested me greatly**. At that time, it was generally believed that the absorption of "high energy"（2.6 MeV γ-rays from ThC"）was almost wholly by Compton collisions as governed by the Klein-Nishina formula. Dr. Chao's results showed clearly that both the absorption and scattering were substantially greater than that calculated by the Klein-Nishina formula …"

"… It is my firm conviction that had this experiment been carried out, the positive electron would have been discovered at an earlier date than its actual discovery, for about ten per cent of the electrons emerging from the lead plate would have had a positive charge. **It is, of course now well-known that Chao's excess absorption was caused by pair-production, and the excess "scattering" by the γ-rays produced from positive-negative electron annihilation**…"

在 Anderson 直接发现正电子之后，英国卡文迪许实验室的 Blackett 和 Occhialini 两位科学家利用两个探测器做符合测量，在宇宙射线的径迹拍摄中筛选出来的基本上都是正电子的，不再需要大海捞针了（Anderson 的工作里 1300 张照片只筛选出 15 张照片），所以这个工作也很快发表[12]。这篇论文为 Anderson 发现的正电子提供了重要的实验佐证。这篇论文虽然引了赵先生的论文，但他们把赵先生的论文引为第三次序，正常情况下赵先生的工作最早，引文应该把赵先生的论文排在第一次序，但更让人无法理解的是，他们还把赵先生论文的发表时间写错了（1930 年，被写成了 1931 年）。有趣的是 Occhialini 在后来（1980 年）的谈话中也提到了赵先生的研究工作如何激发起他们的兴趣。除此之外，英国剑桥 Tarrant 与德国柏林德莱姆的 Meitner 研究组在吸收系数测试时发现了异常吸收，但实验中并没有检测到 0.5 MeV 能量的特殊辐射，甚至还怀疑赵先生的工作。正是因为这两个原因，诺贝尔奖评委并没有将诺贝尔奖共同颁发给赵先生和 Anderson 两人，而只是 Anderson 一人独享，赵先生与诺贝尔奖失之交臂。1989 年，李炳安和杨振宁教授对正电子发现的历史专门发表了多篇论文，详细介绍了赵先生在发现正电子上所做的贡献。中国科学院物理研究所前所长杨国桢院士在"纪念赵忠尧先生诞辰一百周年纪念大会上的讲话"中说道："1999 年瑞典科学院院士、前诺贝尔奖评委会主任爱克斯朋第二次访华，在中国高等科技中心做报告时，高度评价赵先生的工作。他在一本书中曾提到：疏漏赵忠尧先生的这一历史功绩，是一桩很令人不安的、无法弥补的事。"

事实上，现在国际科学界特别是与粒子物理和核物理有关的一些主流的网站上，都高度认可赵先生对正电子发现的重要贡献。在欧洲核子研究组织（CERN）的官方网站上，有一个网页以"第一个看到正电子但是被忽视掉"题目介绍了这段历史。维基百科里也讲到赵先生的工作，并提到 50 年之后 Anderson 承认正电子的发现是受到赵先生的启发，它们对于这段历史都做出了真实客观的描述。

Blackett 和 Occhialini 两位科学家通过大量的实验数据强有力地证明了正电子的存

在。正电子的发现,也曾经被小居里夫妇(Irène Joliot-Curie 和她的丈夫 Jean Frédéric Joliot-Curie)错过。小居里夫妇一共错过了两个诺贝尔奖。他们错过的第一个诺贝尔奖是中子的发现。Irène Joliot-Curie 用她母亲发现的放射性的钋-铍中子源来做实验时,发现了一个特别奇怪的现象。Irène Joliot-Curie 想利用康普顿散射解释,但解释得很勉强。这篇论文于 1932 年 1 月 11 日发表,1 月 28 日英国卡文迪许实验室的 Chadwick 看到了这篇论文,Chadwick 马上意识到实验的解释存在问题,因为 50 MeV 的能量不可能是 γ 射线,因此一定是一个新的不带电粒子。Chadwick 直觉非常敏锐,马上重做这个实验,并提出这是另外一种粒子,即中子。1932 年 2 月 27 日,Chadwick 给 Nature 杂志写了一个短文,以 Letter to the editor 形式发表了[13]。Chadwick 因为发现中子获得了 1935 年的诺贝尔物理学奖,这是小居里夫妇错过的第一个诺贝尔奖。1932 年,小居里夫妇拍摄钋-铍中子源经过铅板后的径迹,发现了两个形状差不多但偏转方向相反的一对粒子,即正负电子。但是他们当时认为,与电子相反曲率的粒子是由"中子在穿越介质时引起的现象"产生的。但不论如何,哪怕他们发现了对产生效应,比赵先生的发现时间(1930 年 5 月发表论文)还是晚了很多。但最终他们还是通过发现人工放射性获得了 1935 年的诺贝尔化学奖。

3. 反物质的探索

海森堡在 1972 年说过,20 世纪物理学的多个跳跃中,最大的一个跳跃就是反物质的发现。反物质的发现使得我们人类对宇宙的理解完全不一样了,反物质的概念也引起了文学界,包括科幻界大量的作品出现。这里列举几个典型的作品,包括 1940 年 Isaac Asimov 的《正电子人》、1943 年 J. Williamson 的《反物质驱动的飞船》以及我们熟悉的《星际宇航》等(图 6.31)。虽然在当时看来是科幻,但也许不久的将来我们能真正实现。2016 年,英国还专门拍了一部反物质的电影。

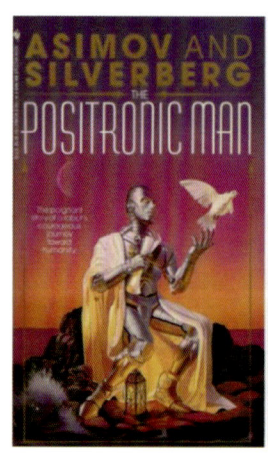

1940, Isaac Asimov	1943, J. Williamson	1960s, Gene Roddenberry	1995, Lawrence Krauss
The positronic man	*See Tee Ship*	*Star Trek*	*The Physics of Star Trek*

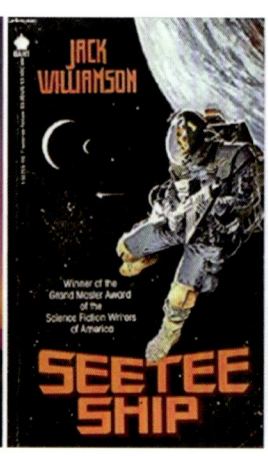

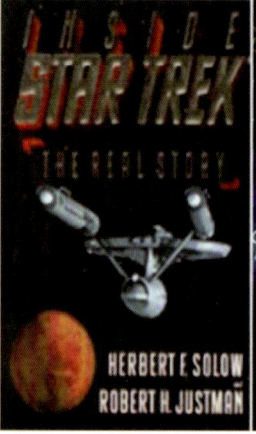

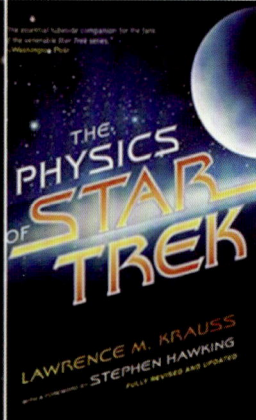

图 6.31 反物质题材科幻作品

人类对反物质的探索没有停止。在正电子发现之后，Anderson 和 Dirac 等多位科学家提出，下一个最有可能发现的反物质就是反质子，但是却迟迟没有发现。直到 1955 年，反质子才被美国伯克利的 Chamberlain 和 Segrè 等在加速器中发现，并荣获 1959 年诺贝尔物理学奖。1956 年，在同一个实验室，Chamberlain 等利用反质子轰击材料从而发现了反中子。随着反中子的发现，大家很快就想到用反质子和反中子合成反原子核。经过大约十年时间，CERN 的科学家 A. Zichichi 等和美国布鲁克海文国家实验室的科学家 L. Lederman 等都在 1965 年合成了反原子核，其中丁肇中先生也做出了重要贡献。

有了反原子核与正电子，就可以进一步合成反原子。一直有科学家在做反原子的研究，但是实验难度太大。要有大量的反质子，还要有大量的正电子，才有机会构造出一个反原子（图 6.32）。直到 1995 年，第一个反原子（反氢）才被 CERN 一个小组发现。W. Oelert 领导的这个小组的研究计划最初并没有被 CERN 的选择委员会批准，但是他们用其他的机会插进去做了这个实验，并最终获得了 12 个反原子，尽管经过数据筛选只剩下 9 个。1995 年，CERN 的最大年度新闻就是反原子的发现。

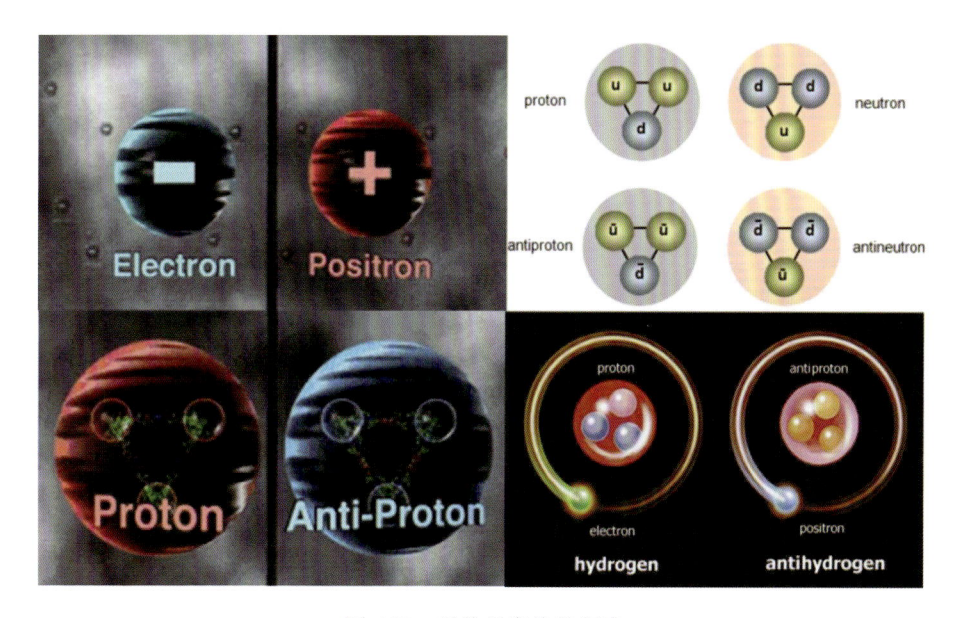

图 6.32　反物质家族的探索

进入 21 世纪，科学家在反物质研究领域也做了大量工作，尤其是 2011 年 4 月中美科学家共同发现的最重的反物质原子核——反氦 4 核（即反 α 粒子）（图 6.33）。在这个工作中，中国科学家马余刚教授与中国科大师生做出了重要的贡献。中国科大研制的MRPC（多气隙电阻板室）飞行时间探测器，提高了对粒子的鉴别能力。此外，从 2011 年开始，由丁肇中先生负责研制的采用大量新技术的阿尔法磁谱仪 2 号，一直在国际空间站开展反物质、暗物质和宇宙射线的实验研究。

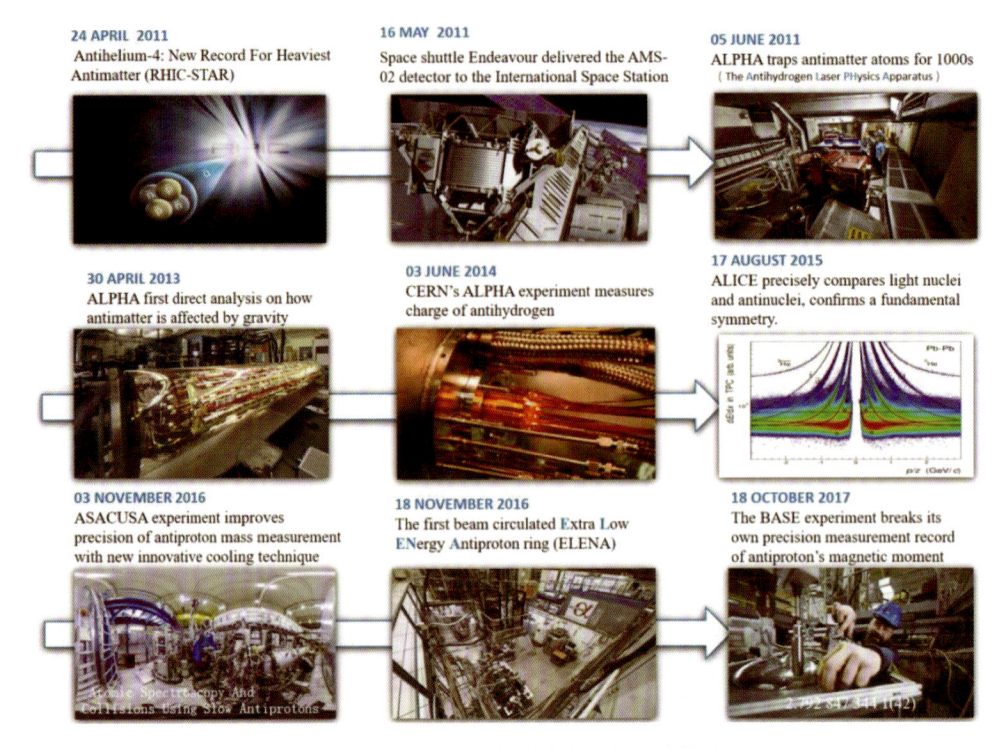

图 6.33　21 世纪反物质领域研究重要进展

20 世纪初，德国数学家 E. Noether 提出的诺特定理，使对称性和守恒定律之间建立起了根本联系，成为物理学研究的核心思想。20 世纪后半叶，对称性的破缺成为另一个重要问题，也取得了许多重要成就。其中，最有代表性的当然是李政道和杨振宁提出的弱相互作用中的宇称不守恒定律（1957 年诺贝尔物理学奖）；第二个是 1964 年美国芝加哥大学的 James W. Cronin 和普林斯顿大学的 Val L. Fitch 发现了中性 K-介子衰变中 CP 对称性的破坏（1980 年诺贝尔物理学奖）；第三个是美国科学家 Y. Nambu、日本科学家 M. Kobayashi 和 T. Maskawa 分别提出了解释"CP 对称性破缺"现象的相关理论（2008 年诺贝尔物理学奖）。现在我们对于物质和反物质的演变与进展已经清楚，宇宙大爆炸初期产生的反物质去哪里了呢？因为对称性破缺，正物质跟反物质就差一点点，比如百亿分之一，大量的正反物质湮没之后成为光子，只剩下一点点就是我们看到的正物质，反物质基本没有（图 6.34）。这就是反物质探索的简单历程。

二、反物质的应用

1. 反物质的对称性、存储和应用

在这一部分中，我来介绍反物质的应用。反物质的第一个重要应用就是对称性问题。这里举一个苹果下落的例子。苹果与地球都是正物质，我们知道苹果在地球表面会下落，所以反苹果在反地球表面也应该是下落的。那么，反苹果在正地球表面，是不是也会下

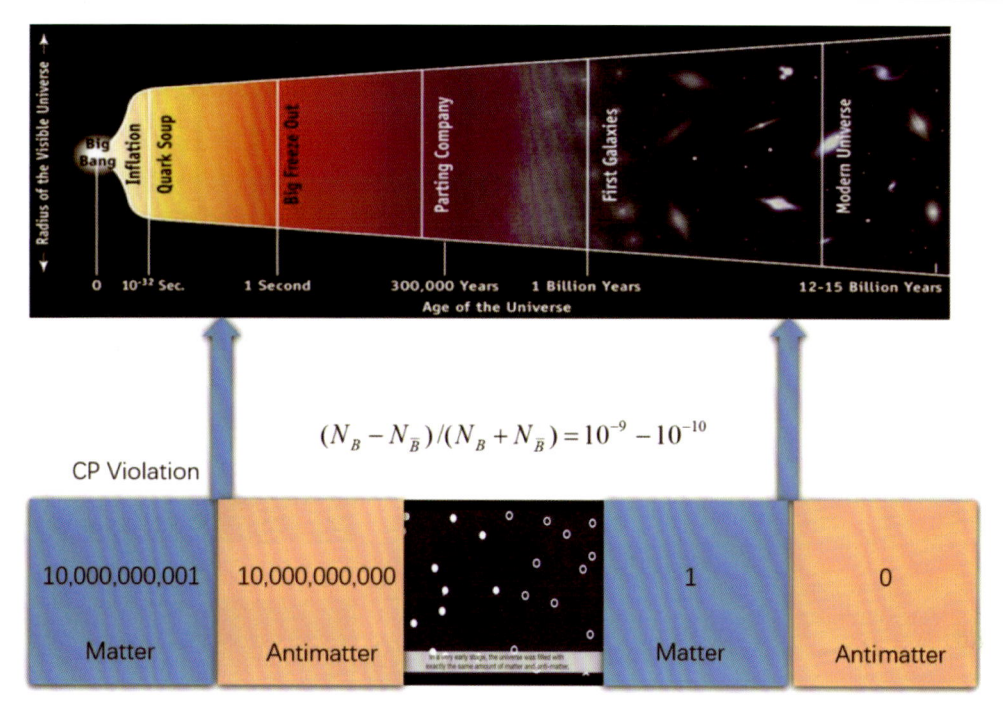

图 6.34　正反物质演变历程

落呢？人们并不知道。为了回答这个问题，科学家们从 20 世纪初开始了反物质引力的实验研究。经过很多研究组的长期努力，得到了非常好的实验数据，我们终于明白物质跟反物质之间有完全类似的引力作用[14]。

若要利用反物质，首先要把反物质储存起来。不过，反物质非常难以储存，这是因为反物质遇到正物质就会湮没，所以我们要设计出非常好的储存器才能储存反物质。目前在反物质储存研究方面做得最好的是加州大学圣地亚哥分校的 C. M. Surko 教授。他设计的多阵列式的离子阱，可以储存 10^{11}—10^{12} 个正电子。

另外还有一批科学家在做反原子的存储，希望能够把反原子聚集起来。反物质如果能够被我们大量储存起来，瞬间释放后产生的能量是聚变和裂变完全无法比拟的。因为聚变和裂变释放的能量为 Δmc^2，而反物质湮没释放的能量是 mc^2，两者至少相差三个数量级。因此，我们希望利用反物质来释放能量，但这是非常困难的！这是因为，宇宙中很少有反物质，制造反物质的成本太高了，储存反物质也很困难。现在每年地球上所有加速器能造出的反物质，加起来还不到 50 纳克。但是，如果要用反物质能量来驱动火箭，理论上需要微克量级的反物质。随着反物质储存能力的提高，也许人类在未来能够实现科幻作品中的梦想，用反物质能量驱动的火箭来实现星际宇航。包括美国国家航空航天局（National Aeronautics and Space Administration，NASA）在内的很多研究机构，已经设计出在航天领域的各种反物质推进模型。

目前反物质最重要的应用是正电子发射断层扫描（PET）的医学应用（图 6.35）。自

1976 年出现的第一台 PET 以来，到现在已经被世界各地普遍使用，合肥市的医院也有很多台。PET 可以观察到 0.1 mm 以下的肿瘤，是测量精度最高的肿瘤检测手段。PET 的发明大幅提升了人类对癌症的早期诊断水平。此外，科学家们也在探索将反质子用于癌症治疗，发现癌症的反质子治疗比质子治疗优势更多，效率至少高出四倍。但是，因为反质子生产成本极高，其广泛应用难以实现。

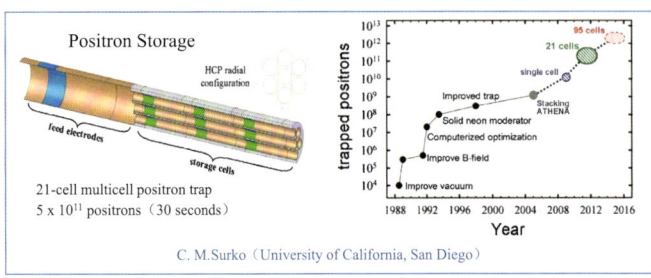

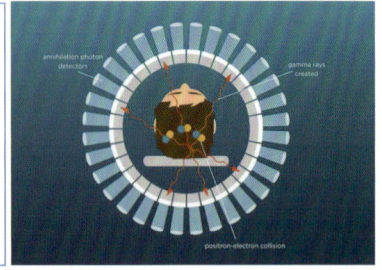

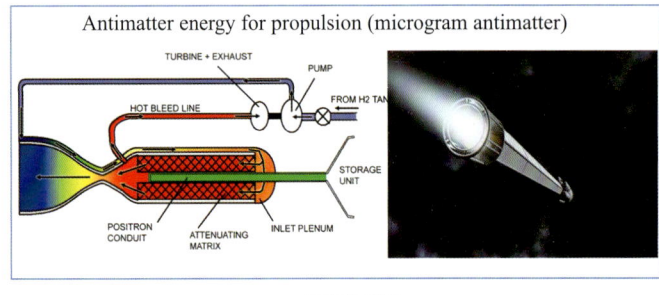

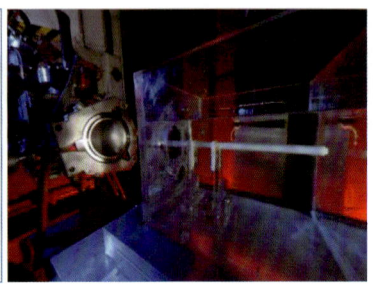

图 6.35　反物质应用

2. 正电子湮没的研究

反物质的另一种重要应用是正电子湮没谱学，这也是我们实验室最主要的研究方向。正电子湮没谱学用到的正电子都是低能正电子。正电子进入材料后很快会通过碰撞损失能量而热化，热化后的正电子在室温下的能量约为 0.025 eV。自从 1932 年正电子被发现之后，1934 年克罗地亚的科学家就理论预言了由正负电子组成的类氢原子结构——电子偶素。1942 年开始，就有人用正负电子湮没来研究材料的微结构。1949 年加拿大科学家提出了利用正负电子湮没产生的两个 γ 光子来测量电子的动量。1951 年，电子偶素在实验中被发现。1958 年，美国科学家提出将正电子慢化再将正电子加速从而使正电子注入样品内不同的深度。1987 年，第一条脉冲慢正电子束在德国慕尼黑诞生。正电子湮没简史如图 6.36 所示。正电子湮没谱学的应用范围越来越广，就像一棵大树不断地伸出更多的枝叶来。

正电子湮没的理论计算原理很简单，就是去求解正电子的单粒子 Schrödinger 方程，得到正电子的波函数。正电子与电子的波函数空间积分即是正电子的湮没率，而湮没率的倒数正好是湮没寿命。因此，通过测量正电子的湮没寿命，就可以分析出材料内部的电子密度信息。通过测量湮没 γ 光子的能谱，也就是多普勒展宽谱，就可以得到与正电子湮没的电子的动量分布。

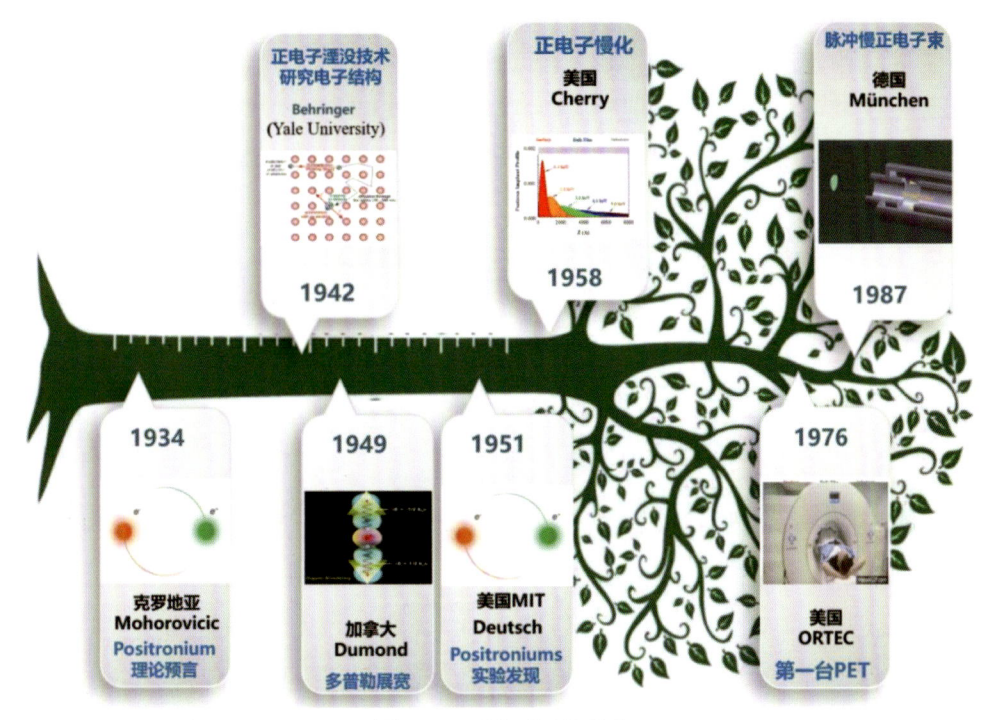

图 6.36　正电子湮没简史

电子偶素是一个类似于氢原子结构的纯轻子系统，可以检验量子电动力学（QED）。电子偶素的自旋单态（2γ 湮没）和自旋三重态（3γ 湮没）的湮没行为差别很大，从正电子湮没寿命谱和多普勒展宽谱的实验数据可以很容易分析出电子偶素的自旋态（图 6.37）。

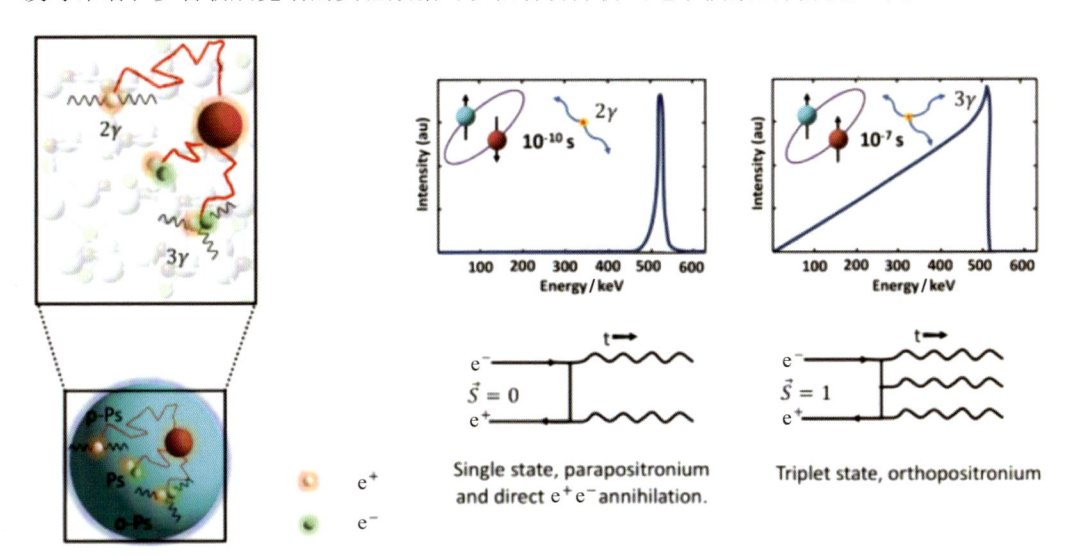

图 6.37　电子偶素的自旋单态和自旋三重态湮没

正电子湮没谱学研究必须使用正电子源。正电子源为丰质子同位素，需要用加速器产生。^{22}Na 放射源的半衰期长达 2.6 年，是实验室最常用的正电子源。我们实验室的韩荣典教授（1989—1993 年担任中国科大近代物理系第四任系主任）带领翁惠民、郭学哲等人，于 1990 年建成中国第一台慢正电子束。2012 年，利用固态氖慢化体，我们实验室还搭建了脉冲慢正电子束（图 6.38）。此外，国际上有一些研究组，包括日本产业技术综合研究院（Advanced Industrial Science and Technology, AIST）以及德国的 EPOS（The ELBE Positron Source），建立了基于加速器的正电子源。

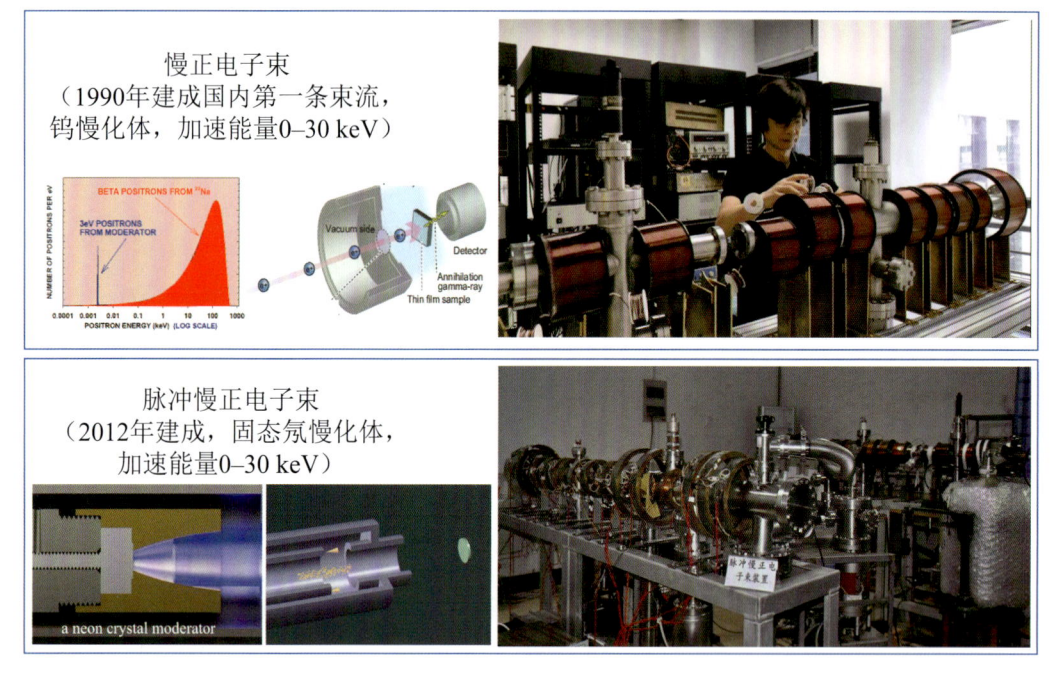

图 6.38　中国科大粒子束交叉应用实验室的慢正电子束和脉冲慢正电子束

正电子是电子的反粒子，是最小的粒子探针，可以探测材料内电子的各种性质。正电子湮没技术跟其他微结构表征技术相比，具有很多独特的优势。正电子带正电，可以精确分析原子级的缺陷结构。正电子具有磁矩，可以测量材料内的局域磁性结构。此外，正电子实验测量是非破坏性测量，不影响材料的任何性质。正电子的能量可以改变，因此可以注入材料内的不同深度。通过测量形成的电子偶素，可以分析出电子偶素的自旋态。正电子湮没谱学技术最显著的优势在于，正电子可以主动搜索材料内的缺陷。

正电子被缺陷捕获后，最终会与缺陷周围的电子湮没。湮没产生的 γ 光子，携带着缺陷周围电子的信息。利用正电子这个独特的微结构探针，既可以探测电子的密度，还可以探测电子的动量和自旋态（图 6.39）。

寿命谱　　　　　　　　　　　　　　　　　　　　　　　寿命-动量关联谱

电子密度　　　　　　　　　　　　　　　　　　　　　　电子偶素自旋态

电子能量　　　　　　　　　　　　　　　　　　　　　　电子动量

符合多普勒展宽谱　　　　　　　　　　　　　　　　　　动量谱

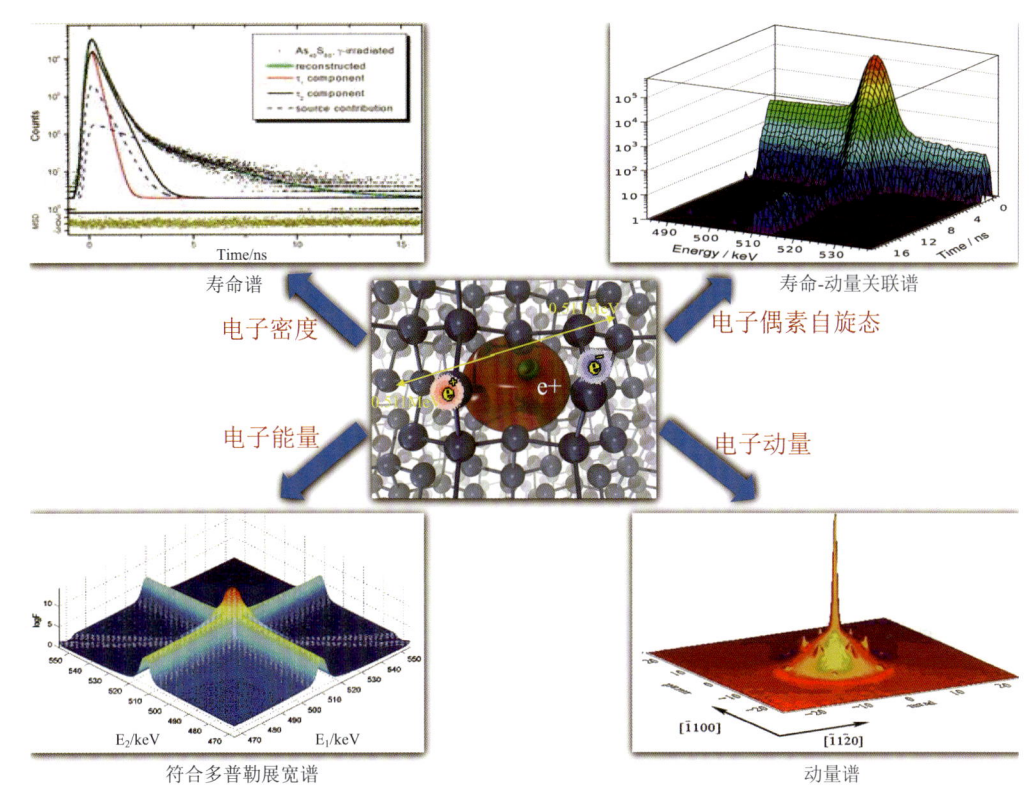

图 6.39　正电子探针获取的信息

对称性的破缺是宇宙的内禀破缺，而材料内部的对称性破缺产生的缺陷，是一种外延的对称性破缺，材料的缺陷会出现许多新奇量子态。我们提高正电子湮没的测量精度，就可以从正电子湮没的数据中得到更多的材料微结构信息，更本质地理解和认识材料内部结构的对称性和对称性破缺。正电子湮没谱学在国际上已被广泛应用于研究材料内的各种缺陷（图 6.40）。正电子科学既是粒子物理的重要组成部分，又是能源科学、信息科学、表面科学、纳米科学和医学的一个重要研究工具。

下面简单介绍正电子湮没谱学的几种常用实验技术（图 6.41）。第一种技术是正电子湮没寿命谱（PALS），主要是用于电子密度的研究。第二种技术是多普勒展宽（DB）谱，主要用于电子的一维动量研究。第三种技术是一维角关联谱（ACAR），主要用于电子的一维动量研究。正负电子湮没产生的两个 γ 射线之间的夹角，并不是 180°，因为电子有动量，而正电子（热化）的动量几乎为 0，所以测量的主要是电子的动量。第四种技术为寿命-动量关联（AMOC）谱，既可以得到电子的密度信息，又可以得到电子的动量分布信息。第五种技术为二维角关联谱（2D-ACAR），是对电子动量的三维测量，这种技术的实验难度比较大，但是可以测量电子费米面分布。第六种技术为慢正电子微束测量技术（slow positron microbeam），可以对样品表面进行二维扫描，同时通过改变正电子能量控制正电子的注入深度，因此可以得到缺陷的三维分布信息。第七种技术为正电子湮没诱发俄歇电子能谱（PAES），与俄歇电子能谱（AES）相比，PAES 没有二次电子本底，具有极高的信噪比。

图 6.40　正电子研究缺陷的类型

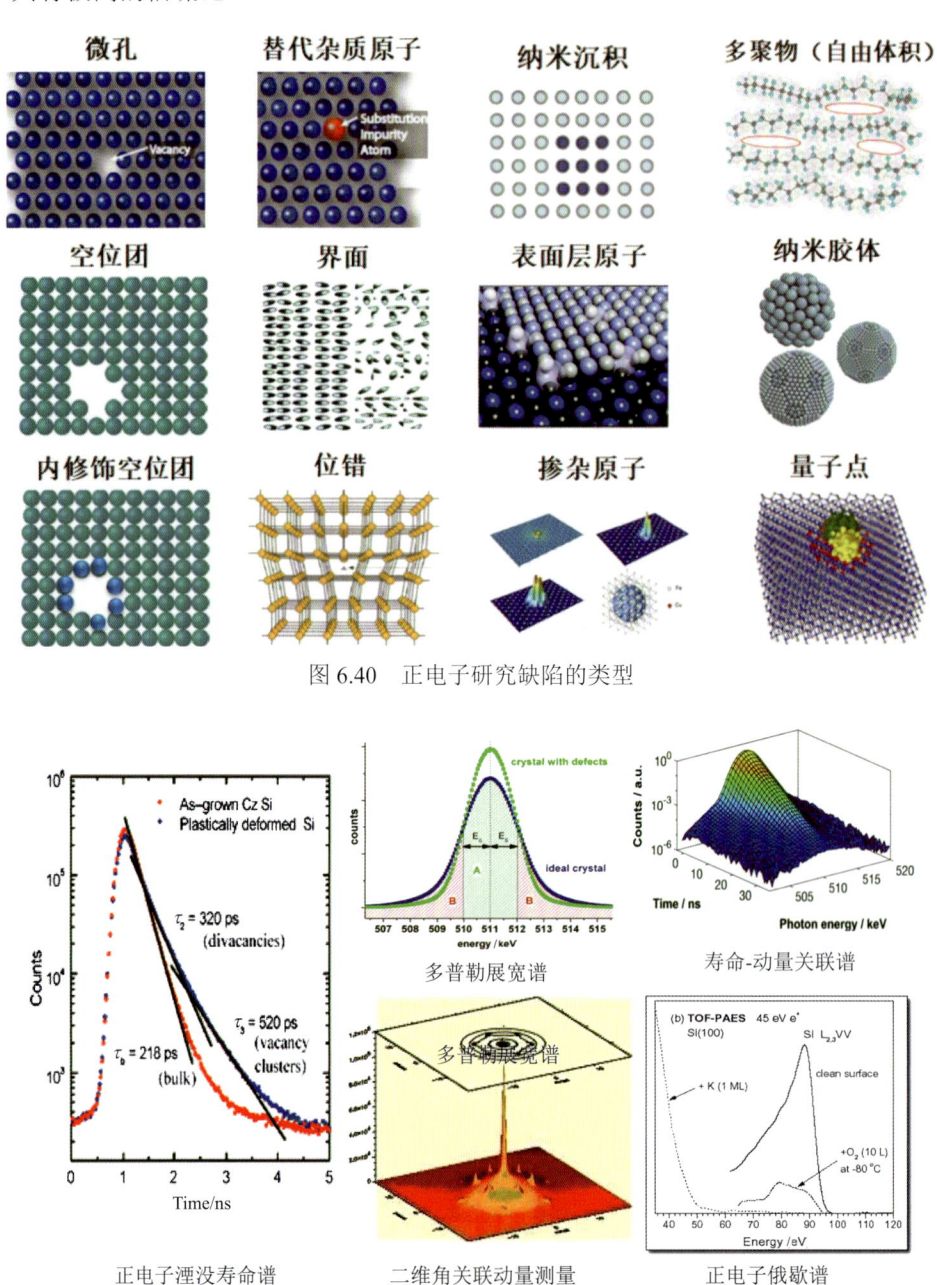

图 6.41　常用的正电子湮没谱学实验技术

近年来，正电子湮没技术在国际上的应用越来越广泛，特别是在日本、德国、中国。截至目前，全世界已建立起四十多条慢正电子束。正电子湮没谱学主要朝着三个方向发展：建设更高性能的正电子束；发展更先进的正电子湮没探测方法；更高精度的理论和实验分析方法。

3. 中国科大正电子湮没研究成果

我最后汇报一下我们实验室的研究成果。我们实验室的主要方向是正电子湮没谱学，是赵先生在中国科大传承下来的一个实验室（图6.42）。

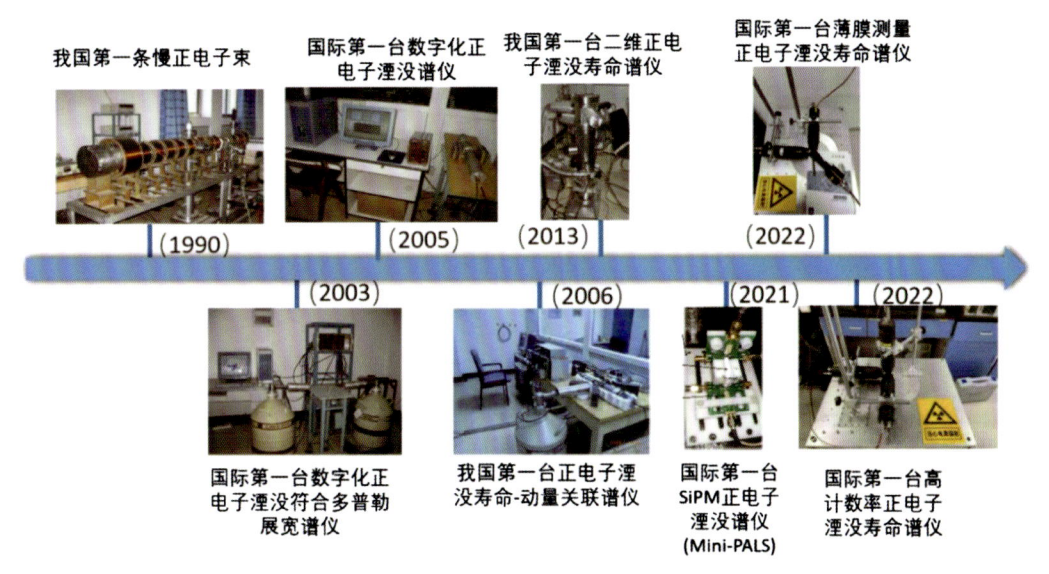

图 6.42　中国科大在正电子湮没谱学技术发展上的重要研究进展

1990年建成中国第一条慢正电子束；2003年成功研制了国际第一台数字化正电子湮没符合多普勒展宽（digital CDB）谱仪；2005年建成国际第一台数字化正电子湮没寿命谱仪（digital PALS）；2006年建成中国第一台正电子湮没寿命-动量关联（AMOC）谱仪；2013年我们建成中国第一台二维正电子湮没寿命谱仪（2D-PALS）；2021年成功建设国际第一台SiPM正电子湮没谱仪；2022年，我们在国际上第一次在仅仅使用常规正电子源的条件下（不使用慢正电子束）成功实现了对微米级薄膜的测量；同时，我们采用多探测器互为起始技术，将正电子湮没寿命测量的计数率提高了一个数量级，建成了超高计数率正电子湮没寿命谱仪。

在赵忠尧先生诞辰120周年的今天，我坚信，经过一代一代科学家的努力，正电子科学的应用范围会越来越广，正电子作为探针对材料内部结构的对称性和对称性破缺的研究也将越来越精确。

谢谢大家！

参 考 文 献

[1] Schuster A. Potential matter—A holiday dream[J]. Nature, 1898, 58(1503): 367.

[2] Dirac P A M. The quantum theory of the electron[J]. Proceedings of the Royal Society A, 1928, 117(778): 610-624.

[3] Weyl H. Gravitation and the Electron[J]. Proc. Natl. Acad. Sci. U S A, 1929, 15 (4): 323-334.

[4] Dirac P A M. A theory of electrons and protons[J]. Proceedings of the Royal Society A, 1930, 126 (801): 360-365.

[5] Dirac P A M. Quantised singularities in the electromagnetic field[J]. Proceedings of the Royal Society A, 1931, 133(82): 60-72.

[6] Chao C Y. The absorption coefficient of hard γ-rays[J]. Proc. Natl. Acad. Sci. U S A, 1930, 16(6): 431-433.

[7] Chao C Y. The absorption coefficient of hard gamma-rays[D]. Pasadena: California Institute of Technology, 1930.

[8] Chao C Y. The abnormal absorption of heavy elements for hard γ-rays[J]. Proceedings of the Royal Society A, 1932, 135(826), 206-211.

[9] Anderson C D. The positive electron[J]. Phys. Rev., 1933, 43, 491-494.

[10] Anderson C D. Cosmic-Ray positive and negative electrons[J]. Phys. Rev., 1933, 44, 406-416.

[11] Anderson C D, Anderson H L. Unraveling the Particle Content of Cosmic Rays[M]// Brown L M, Hoddeson L. The Birth of Particle Physics. Cambridge: Cambridge University Press, 1983, 131-154.

[12] Blackett P M S, Occhialini G P S. Some photographs of the tracks of penetrating radiation[J]. Proceedings of the Royal Society A, 1933, 139(839), 699.

[13] Chadwick J. Possible existence of a neutron[J]. Nature, 1932, 129, 312.

[14] Borchert M J, et al. A 16-parts-per-trillion measurement of the antiproton-to-proton charge-mass ratio[J]. Nature, 2022, 53, 601.

6.3 空间探测暗物质粒子 常进院士

常进，中国科学院院士，中国科学院国家天文台台长。

大家好！感谢中国科大举办"纪念赵忠尧先生诞辰120周年学术研讨会"邀请我介绍暗物质粒子探测卫星的情况。我的报告主要分三部分：一、暗物质的发现；二、为什么要探测暗物质；三、如何探测暗物质。

一、暗物质的发现

天文学家通过多种方法，观测宇宙中天体的质量——比如说银河系的质量。具体方法，第一种是旋转曲线，也就是利用万有引力定律，把星系的速度与相应的距离测出来，进而把质量估算出来。第二种是引力透镜：在强引力场中，空间发生弯曲，光线也会发生弯曲，像透镜现象一样，根据弯曲的大小可以把质量估算出来。第三种方法，像微波背景辐射测量，以及X射线天文观测等，把天体的温度（主要是气体状态）算出来，这样得到了分子的速度，进而把引力算出来。总的来说，天文观测中发现，天体中发光物质的质量（主要通过光学方法得到）与通过其他方法测出的质量相差比较大。以银河系为例，银河系里面观测到的发光物质的质量大概是一千亿个太阳质量，但是根据引力透镜或者旋转曲线估算出来的银河系总质量大概是一万亿个太阳质量。也就是说，在我们这个星系中有大量的物质是不发光的，暗物质的概念就这样被提出来了（如图6.43所示）。

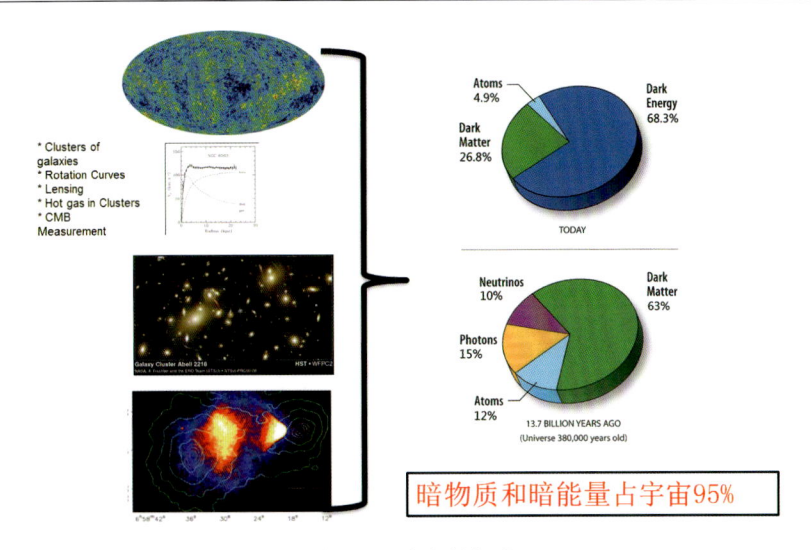

图 6.43 宇宙的组成

二、为什么要探测暗物质

随着天文观测的精度越来越高，我们知道了宇宙的主要成分，95%是暗物质和暗能量，其中暗物质占约 27%。物理学能够解释的普通物质只占 5%，也就是说暗物质是普通物质的 5 倍多。那为什么要探测暗物质呢？我们知道标准模型，预言了 61 种基本粒子（图 6.44），都被成功地探测到了，但是暗物质不发光、有引力、长寿命、质量大、作用弱等等，其物理性质和前述 61 种基本粒子的物理性质不吻合，所以对暗物质（包括暗能量）的研究是非常重要的。因为时间关系，暗能量今天就不展开讲了。总之，宇宙是加速膨胀的，是什么能量促使其膨胀的呢？因对其还不了解，人们给它取个名字叫暗能量。李政道先生认为暗物质和暗能量是笼罩在 21 世纪物理学上两朵新的乌云，对它们的研究可能会带来科学上的突破。由于标准模型中所有基本粒子与暗物质粒子的性质不吻合，

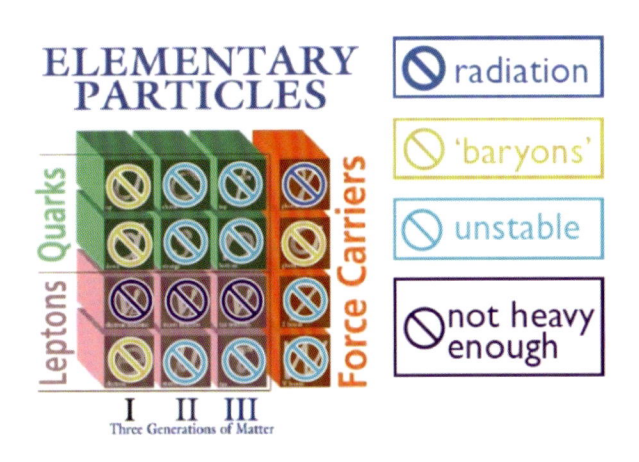

图 6.44 基本粒子

所以探测暗物质，弄清其物理性质，可能会导致物理学的革命。美欧制定了 21 世纪的主要的科学问题，暗物质、暗能量都位列第一位。我国科学院的一个规划——创新 2050：科技革命与中国的现代化（图 6.45），将暗物质和暗能量也列为可能出现革命性突破的基本科学问题的第一位。

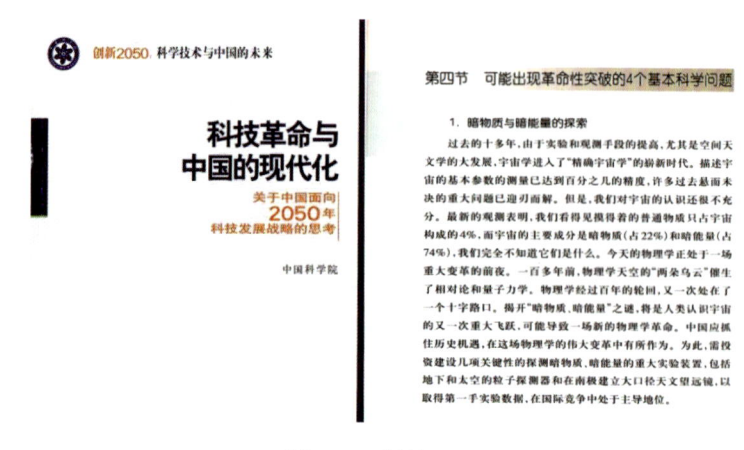

图 6.45　创新 2050

三、如何探测暗物质

1. 暗物质模型

暗物质这个问题提出来以后，其模型有数百种（图 6.46），从质量很小的，比如说暗光子等，到质量很大的，比如说原初黑洞。在这些模型中，跟天文学观测，包括星系的形成、宇宙的演化，吻合得比较好的就是大质量弱相互作用粒子，我们称它为 WIMP。因为根据宇宙的演化、星系的形成，如果暗物质（粒子）质量太小，推演当下星系在宇宙中的分布和现有的观测吻合不好，只有大质量、弱相互作用粒子，由于它的质量大、速度慢，模拟显示其在宇宙的演化过程中扮演着重要角色，模拟结果与如今宇宙里面星系的分布吻合得很好。

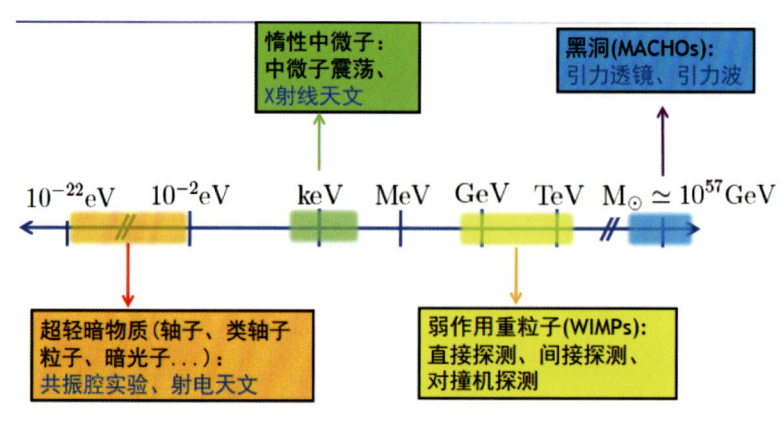

图 6.46　暗物质模型

所以现在的暗物质实验基本上都是围绕着 WIMP 模型去开展的,当然也不能排除轴子、暗光子,包括原初黑洞的寻找探测。简单地解释一下原初黑洞,暗物质概念刚提出来时,人们认为原初黑洞是最主要的候选者,但是现在的天文观测表明,即使暗物质是黑洞,黑洞也只占暗物质总质量的很小一部分,它不能解释整个宇宙演化的过程。现在主流的暗物质实验还是围绕着寻找 WIMP 来开展的。

2. 如何探测暗物质粒子

探测 WIMP 有 3 种方法(图 6.47):第一种是在加速器上,通过高能粒子碰撞,来模拟宇宙大爆炸产生暗物质;第二种是地下直接探测实验;第三种是空间间接探测实验。在加速器上,欧洲核子中心 LHC 是现在世界上最大的强子对撞机,最高能量约 14 TeV,到目前为止还没有探测到暗物质粒子。地下直接探测暗物质粒子,主要是通过探测暗物质粒子与普通原子核碰撞产生的微弱信号,通过探测反冲原子核来探测暗物质粒子。放到地底下实验,和中微子实验或者双 β 实验一样,主要是降低本底事件。到现在为止,在四川锦屏山下,有全世界最深的锦屏山地下实验室,在这样的实验室探测暗物质粒子本底最低,所以探测器灵敏度最高。现在锦屏山下有两个实验,一个是清华大学的高纯锗 CDEX 实验,它对质量小于 10 GeV 的低质量的暗物质粒子相当的灵敏,灵敏度达到国际最高。但是很遗憾,到目前为止也没有探测到暗物质粒子。另一个是上海交通大学领导的 PandaX 实验,主要是用惰性气体氙作为探测器,它对 10 GeV 以上的暗物质粒子的探测比较敏感。尽管灵敏度也已经接近极限,但是到现在为止也没有探测到暗物质粒子。第三种方法是在空间间接探测暗物质粒子。这是什么原理呢?假设暗物质粒子模型还是 WIMP,并且是超对称粒子,暗物质粒子是它本身的反物质,两个暗物质粒子碰撞到一起,会湮灭,正如正负电子湮灭产生 511 keV 的 γ 射线一样,暗物质粒子湮灭的时候也会产生 γ 射线、正负电子、中微子、反质子、质子等(图 6.48)。通过探测这些"看得见"的粒子来探测看不见的暗物质粒子,这就是间接探测的原理。

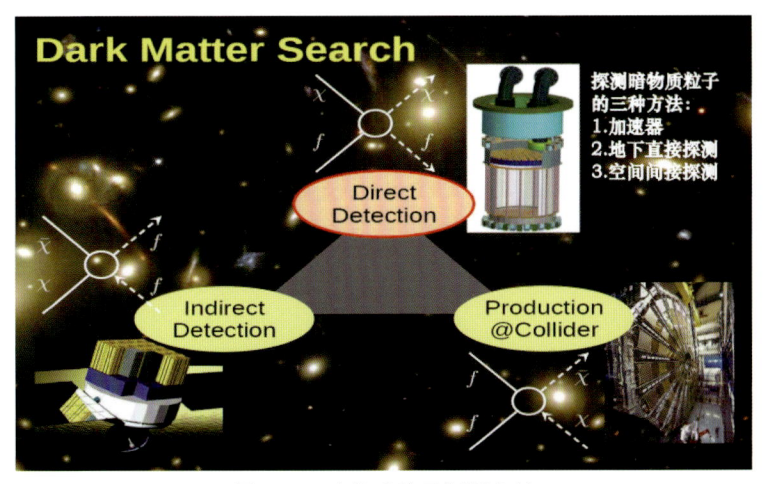

图 6.47 暗物质粒子探测方法

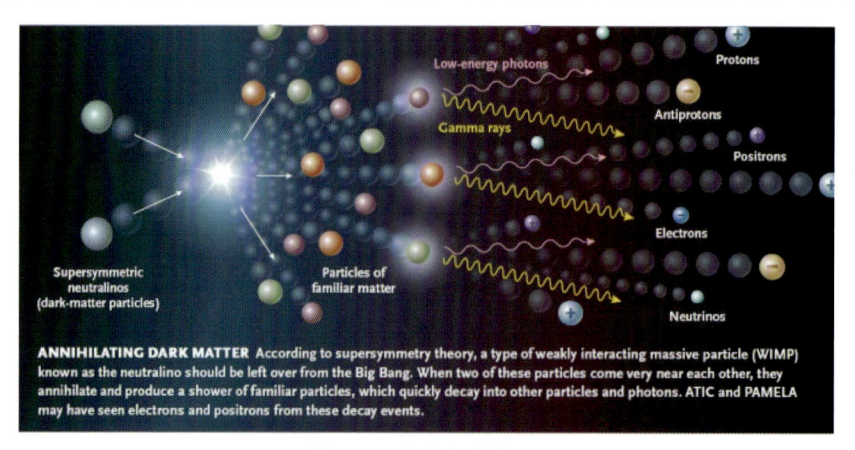

图 6.48 空间间接探测

那为什么这样的实验必须到天上去做？这是由于大气层的存在，暗物质粒子产生的这些高能粒子很难穿过大气到达地面，所以必须要到空间中去。空间测量中最主要的本底来自宇宙线，宇宙线主要是来自宇宙空间的高能粒子，从发现到现在已经 100 多年了。现在超高能宇宙线的起源还是重要的科学问题。宇宙线中的电子、γ 射线的流量很低，电子流量只占整个宇宙线的不到百分之一，γ 射线占千分之一到百分之一，要想精确辨别这么低的流量，便要把探测器送到大气层外，也就是通过卫星去探测暗物质粒子。

宇宙线中的粒子多种多样，主要成分是质子和阿尔法粒子，也就是氦核，也有少量的反物质粒子。今天早上丁先生也讲了 AMS 实验，宇宙线中反物质粒子的流量极低，但是可以作为探测暗物质粒子的"探针"，通过探测反物质粒子去探测暗物质粒子，原因就是暗物质粒子湮灭的时候，会产生一个反物质粒子和一个正物质粒子，比如说末态产生一个质子和一个反质子。反质子的流量只有质子流量的约万分之一到百万分之一，通过探测反物质来探测暗物质显然本底会低得多。探测反质子需要磁谱仪，丁先生的 AMS-02 是目前世界上最强大的宇宙线反粒子探测器。它的主要科学目标是通过探测宇宙线中的正负电子，尤其是正电子去探测暗物质，当然也包括反质子。它最主要的发现是宇宙线中正电子的流量在 10 GeV 以上与宇宙射线模型（即图上这个灰色的区间）相比有超出（图 6.49）。超出的部分是来自于暗物质粒子湮灭，还是来自于特殊的天体物理过程？到现在还不清楚。

由于 AMS-02 的磁场强度限制了其探测更高能量区间，300 GeV 以上带电粒子在探测器里的偏转角相当小，这会导致电荷误判，正电子有可能会被误判为电子，反质子会误判为质子。300 GeV 电荷误判率将近 7%—8%，这个数目不大，但是考虑到质子的流量是反质子流量的一万倍以上，这就意味着本底会增加很多，大概增加 10%，相当于本底增加了 1000 倍，所以用磁谱仪来探测暗物质粒子或者反物质粒子，会有一个能量上限。随着能量的增加，由于磁谱仪磁场强度的限制，磁谱仪鉴别粒子电荷极性的能力会下降，所以更高能量的探测需要新的技术。20 多年以前，我们和国际上其他的组织都提出来希望能够探测带电粒子以外的粒子（图 6.50），比如说 γ 射线谱线，因为 GeV 以上鲜有其

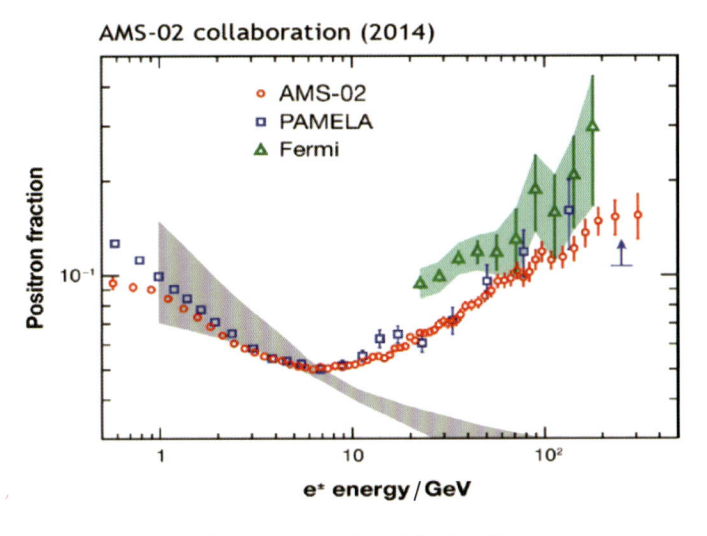

图 6.49 AMS-02 正电子比例

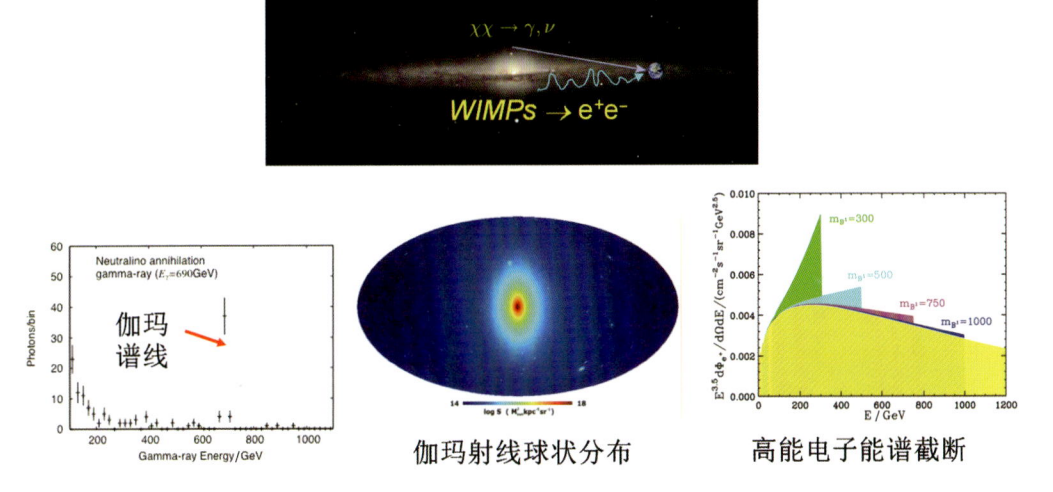

图 6.50 暗物质存在的其他"证据"

他的物理过程能够产生伽马射线，只有暗物质粒子湮灭。能探测到单能伽马射线谱线的话，将会是暗物质粒子最强烈的信号。还有高能电子截断，它和 γ 射线谱线探测原理一样，由于高能电子带电，在宇宙空间，如银河系里存在磁场，带电粒子在磁场中运动时由于同步辐射或者是轫致辐射损失能量，所以遥远的宇宙空间产生的单能电子谱线传到地球附近时，已不是一个连续谱了，会有一个截断。因为暗物质粒子产生的正电子和电子，不会超过暗物质粒子本身的质量，所以在超过暗物质粒子质量的区间，就没有这个过程，暗物质不可能产生如此高能量的电子或正电子，会看到一个截断。所以高能电子和正电子的截断是区分粒子来自于暗物质产生、还是宇宙空间里天体物理过程的关键判据。丁先生的 AMS 实验中的正电子谱到 300 GeV 以上由于磁场强度的限制引起的电荷误判等问题，对于要判断更高能量的区域是不是存在正电子的截断存在很大的难度，所以我们期望通过探测高能γ射线、高能电子截断来探测暗物质粒子。另外，还有一种空间分布，因为银河系的物质分布是一个盘状的，如果在银河系的弥漫γ射线的某些能段上，看到的是一个晕状或者球状的空间分布，如果那儿没有天体，为什么会产生γ射线？只有暗物质可以解释，这也是暗物质存在的一个证据。

3. "悟空号"研发历程

从1998年我们提出科学目标以后（图6.51），与中国科大合作，通过十多年，解决了卫星的关键技术、观测方法；也通过与美国人合作，在气球实验上进行测量、验证，主要的技术问题都解决了。暗物质探测卫星项目在2011年立项，这个项目是中国科学院战略先导专项支持的。科学院在"十二五"期间计划发射五颗卫星，除我们"悟空号"（DAMPE）卫星以外，还有中国科大的潘建伟院士的"墨子号"量子卫星，高能所的硬X射线调制望远镜"慧眼号"卫星，还有一个微重力夸父（KUAFU）卫星。KUAFU卫星由于国际合作的原因，最后没有能够发射上天。我们的"悟空号"卫星的研制队伍是国际合作队伍，除了国内一些单位合作以外，还有瑞士的日内瓦大学、意大利的佩鲁贾大学、巴里大学等。国内团队主要是中科院的单位，中国科大扮演了特别重要的角色。

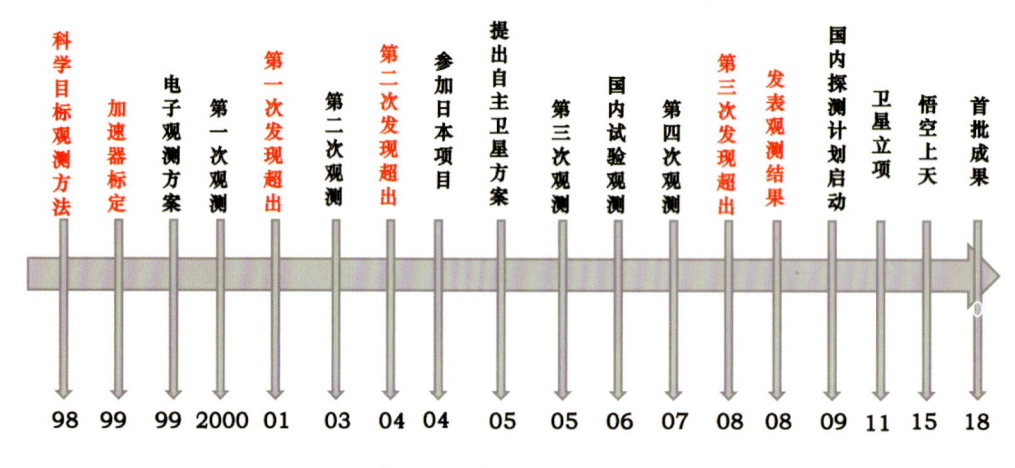

图6.51 "悟空号"研制历程

整个卫星是一个测量空间宇宙线的高能粒子望远镜，主要测量入射粒子的能量、方向、电荷以及到达时间等信息，还有一个最重要的特点，即可以鉴别粒子的种类。前面讲了宇宙线的成分很复杂，但主要是质子和α粒子，要探测电子和γ射线，就必须把宇宙线本底抑制下来，也就是把粒子鉴别好。关键的物理量有两种独立的测量方法，我们的望远镜与加速器上的粒子探测器一样，从头部到尾部由4种探测器组成（图6.52）：塑闪阵列探测器，是以近代物理所为主研制的；硅径迹探测器，是高能所领导的国际合作队伍研制的；BGO量能器，主要是中国科大完成的；还有中子探测器，是紫金山天文台负责完成的。4 种探测器组合在一起,可以测量入射粒子的能量、方向、电荷。一个典型的空间高能粒子进入探测器,就会产生这样的过程:强子会产生强子级联簇射,电子和 γ 射线会产生电磁级联簇射,强子级联簇射产生的图像和电磁级联簇射产生的图像完全不一样,分析簇射的图像,可以得到入射粒子的方向、能量并鉴别粒子的种类。

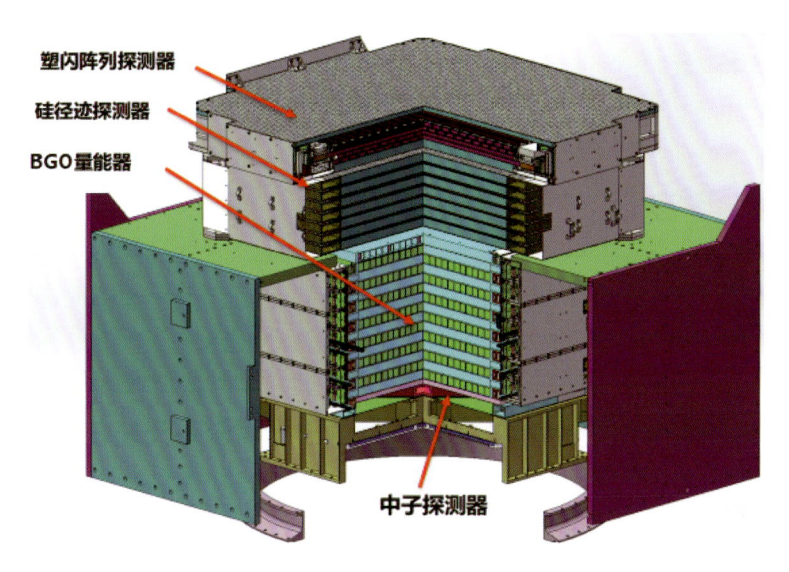

图 6.52 "悟空号"载荷探测器结构

图 6.53 是一个典型的 7.6 TeV 高能电子打到探测器以后的图像。利用硅径迹探测器将反冲粒子——反方向击中顶部的次级粒子本底鉴别开来,结合 BGO 量能器提供的元初

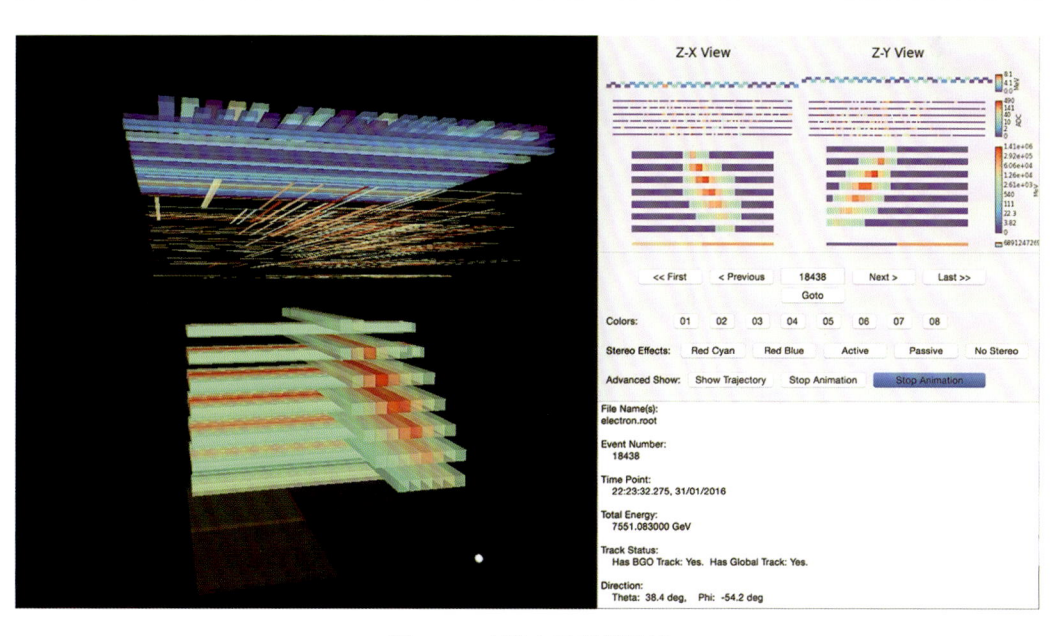

图 6.53 高能电子事例显示

粒子"种子"方向，可以得到元初入射粒子的方向和径迹，进一步结合顶部的塑料闪烁体探测器和硅径迹探测器沉积的能量可以测量入射粒子的电荷，BGO 量能器测量入射粒子的能量。根据这些信息，可以得到入射粒子的能量、方向、电荷等信息。"悟空号"作为一个高能粒子望远镜，除了可以探测暗物质粒子以外，还可以做宇宙线物理，同时也可以做 γ 射线天文。

针对空间宇宙线能谱的幂律分布（图 6.54），探测器进行有效探测面临三大挑战，这 20 年以来我们主要研究的就是解决这些挑战的关键技术。第一个挑战是粒子的鉴别，因为宇宙线的粒子多种多样，要把每一种粒子鉴别开来，需要探测器具备过硬的粒子鉴别能力，主要是电子和 γ 射线，它们和宇宙射线中的质子相比，流量要低一千倍到数百万倍，所以粒子鉴别是一个难度很大的挑战；第二个挑战是能量测量动态范围，为了测量暗物质粒子质量，需要探测器能覆盖尽可能宽的能区，这个要感谢中国科大的许咨宗教授和陈宏芳教授，我们这个项目立项要解决的最主要的问题就是提高动态范围，采用的方法比较复杂，最关键的一点就是光电倍增管打拿极的读出如何能够保持线性，把能量的动态范围延伸上去。许老师和陈老师在卫星的研制过程中一直指导我们，主要的工作是黄光顺老师和张云龙老师负责，他们把这个问题解决了；第三个挑战就是科学院的先导专项资源、经费有限，所以要在有限的重量、体积和功耗下，实现 7 万多个探测单元信号的测量。"悟空号"卫星是我们国家到目前为止在天上传感器最多、最复杂的卫星。我们有 7 万多路传感器，一个粒子打进去可能会产生 7 万多个传感器的信号，要把它们测量出来，对卫星的重量、功耗和体积是一个挑战。卫星 2011 年年底立项，2015 年年

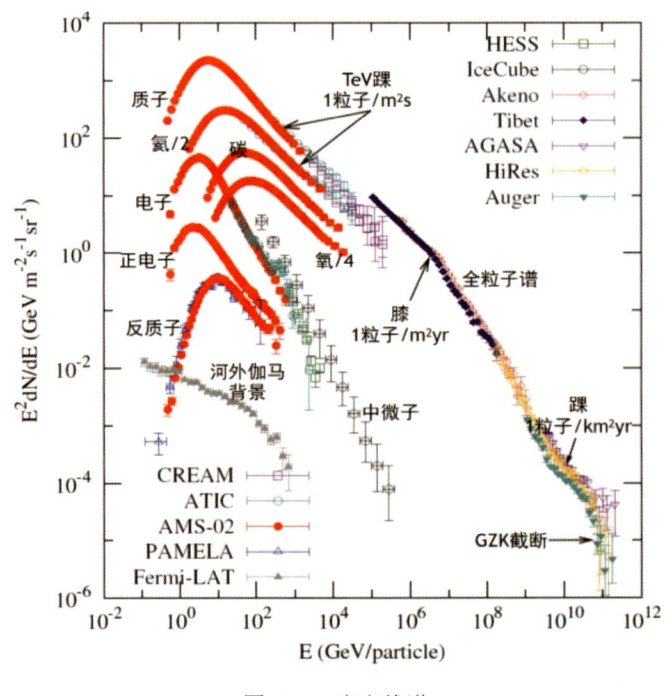

图 6.54 宇宙线谱

底发射，整个过程历时 4 年，完成了卫星的研制。中国科大起了特别重要的作用，尤其是 BGO 量能器，它是这个探测器里面最主要的一个部分，整个卫星重量 1.8 吨，探测器重量 1.4 吨，BGO 量能器就超过一吨。它由 308 根晶体、600 多个光电倍增管组成，每个光电倍增管 3 路读出，要把信号准确地读出来是一个很大的挑战。

卫星研制完成以后，我们把探测器拉到位于瑞士的欧洲核子中心进行探测器的标定（图 6.55），中国科大在其中也起了很大的作用，好多老师和学生和我们一起，先后在瑞士待了将近 6 个月时间（多次束流实验时间加在一起）。我们测量了卫星在天上可能的观测的目标——电子、质子、π 介子、γ 射线，包括重核，对探测器进行标定。标定结果证明了我们探测器的能量分辨，尤其是 BGO 量能器的能量分辨达到世界最高水平（图 6.56），角分辨水平与世界最高水平相当，电荷测量水平也与世界最高水平相当。卫星发射之前，科学院组织的评审验收报告指出，暗物质卫星具有目前最高的观测能段、最高的能量分辨本领、最强的本底抑制水平。

图 6.55　高能粒子束标定

但是卫星上天以后是不是能达到这个效果呢？上天以后，我们前期的主要工作是标定。卫星是 2015 年 12 月 17 日早晨发射的（图 6.57），它的轨道是一个 500 公里的太阳同步轨道，这样保证太阳从同一个方向照射到卫星上，维持卫星的温度稳定；轨道倾角是 97 度，每转一圈 95 分钟，每天大概转 15 圈。卫星入轨后，我们对这个探测器进行了详细的标定，对七万多个传感器每一个都进行了标定。首先是能量的线性，我们可以看

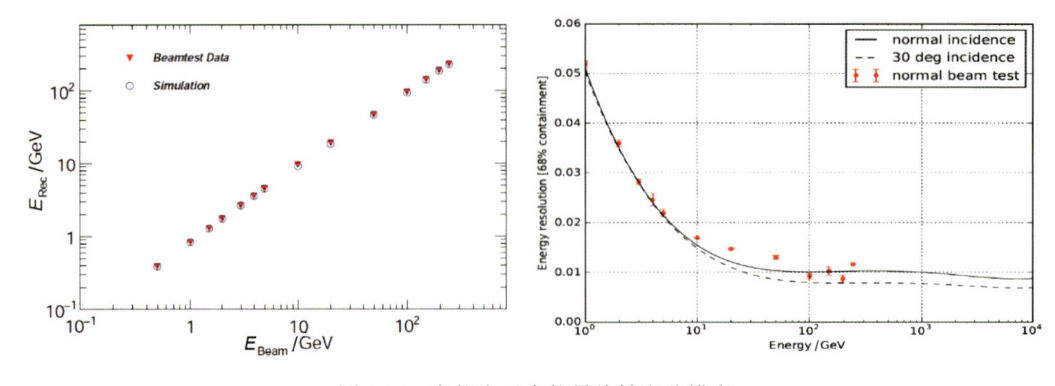

图 6.56 高能电子束能量线性和分辨率

图 6.57 "悟空号"成功发射

到暗物质卫星从低能到高能线性保持很好，我们知道 AMS-02 在 300 GeV 以上就有一些探测单元发生了饱和，而暗物质卫星，尤其是 BGO 量能器从低能到高能没有任何饱和现象（图 6.58）。卫星的能量分辨，在天上标定下来是 1%，是世界上在天上的能量分辨最好的一个粒子探测望远镜。粒子鉴别本领如图 6.59 所示，左边的图像是"悟空号"的电子和质子的本底，右上角的图像是日本的 CALET 的电子和质子的信号区分，FERMI 卫星就更差了，根本看不到电子和质子的区分，相当于一个鼓包。所以"悟空号"卫星粒子鉴别本领要远远好于 CALET 和 FERMI 卫星，这就保证在电子探测中本底水平达到国际最低。对于电荷测量，我们知道地球上所有的元素，天上都有这些元素的高能原子核，氢氦锂铍硼碳氮氧氟氖等。电荷分辨水平如图 6.60 所示，我们比国际上的同类探测器响应要好得多。这是日本 CALET 在 2 TeV 以上质子和 α 粒子的电荷分辨,因为高能粒子,尤其是质子和 α 粒子打到探测器以后会产生大量的反冲粒子,这些反冲粒子会击中顶部的电荷探测器产生额外杂散信号,导致电荷分辨能力降低。左图是"悟空号"在 2 TeV 以上质子和 α 粒子电荷分布,右图是 CALET 的,从这两张图上可以清楚地看到我们"悟空号"的电荷分辨水平高于国外同类探测器,角分辨水平与国外同类探测器相当。所以在轨测试总结评审时,科学院给"悟空号"打了满分 100 分,这表明所有的探测器都达到了设计指标,取得很好的效果。

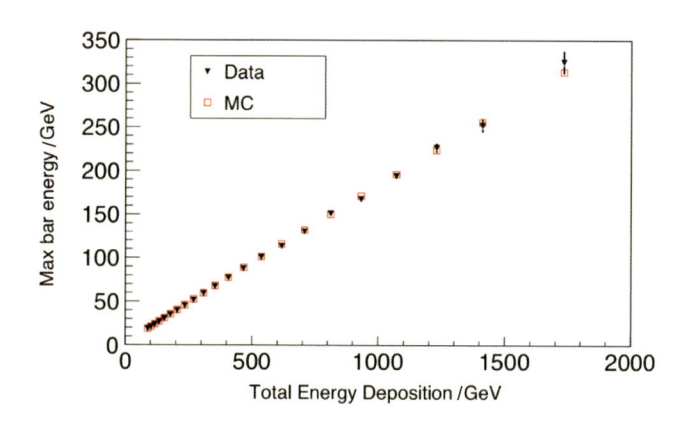

图 6.58 能量测量线性

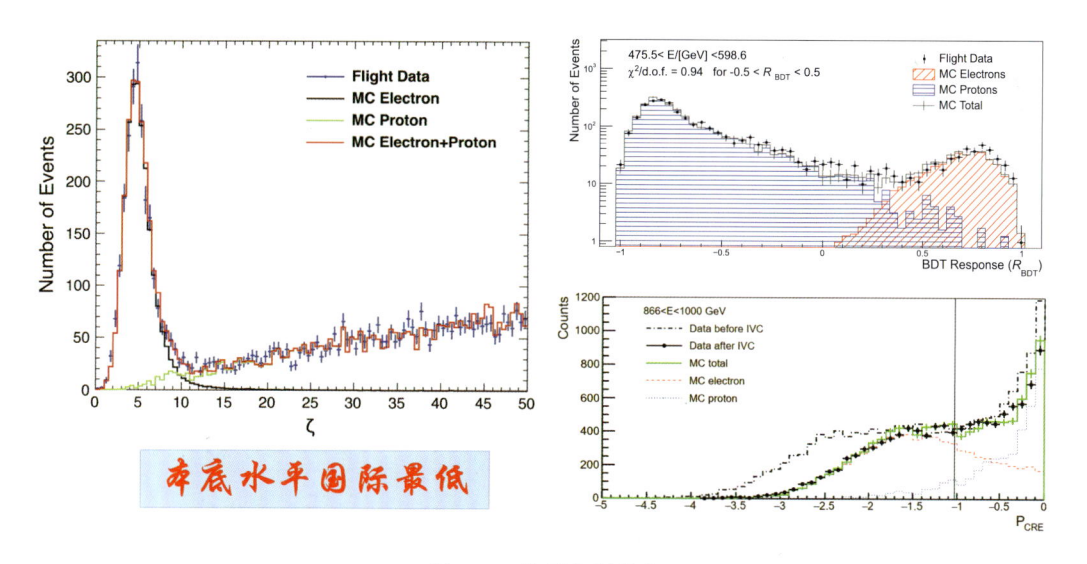

图 6.59 粒子鉴别能力

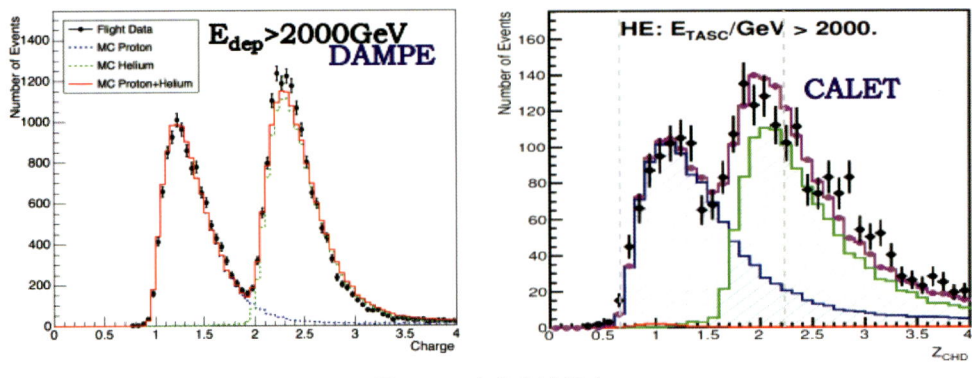

图 6.60 电荷分辨能力

"悟空号"的成功发射运行，要感谢中国科大的老师和学生，尤其是 BGO 量能器。"悟空号"的 MIPs 分辨大概是 50%，谱的半高宽度包括本征的（物理本身的）的展宽、统计误差和电子学随机噪声等，CALET 和 AMS-02 都接近百分之百，所以我们的能量分辨率要好两倍。噪声水平，与 CALET 相比，"悟空号"是 0.25 个 MIPs，CALET 是 3 个 MIPs，"悟空号"好一个数量级以上。所有的探测器都保持很好的水平，七万多个传感器组合在一起实现了高分辨的望远镜的要求。

4. "悟空号"的成果

"悟空号"的成果，主要包括 γ 射线源、γ 射线能谱、宇宙线能谱和暗物质间接探测方面的一些成果。这就是 γ 射线天图（图 6.61），从图中可以看到，宇宙中主要的 γ 射线来自银盘，我们看到了 200 多个源（图 6.62），主要是活动星系、脉冲星和超新星等。γ 射线谱线的寻找是暗物质探测的一个主要方法。γ 射线谱线的分析结果我们已经发表[1]，三年的灵敏度与 FERMI 卫星将近 6 年的结果相当。虽然我们的探测器要比 FERMI 卫星小得多，但我们的能量分辨比它高得多，所以在 γ 射线谱线搜寻方面，我们的灵敏度达到世界最好，看到了一些活动星系、超新星遗迹等。IceCube 探测到一个中微子源，我们也看到了这个中微子源发出的 γ 射线。

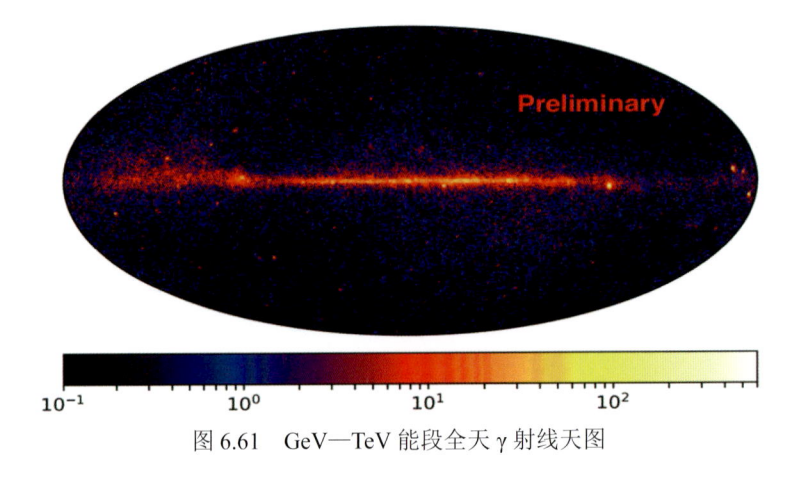

图 6.61 GeV—TeV 能段全天 γ 射线天图

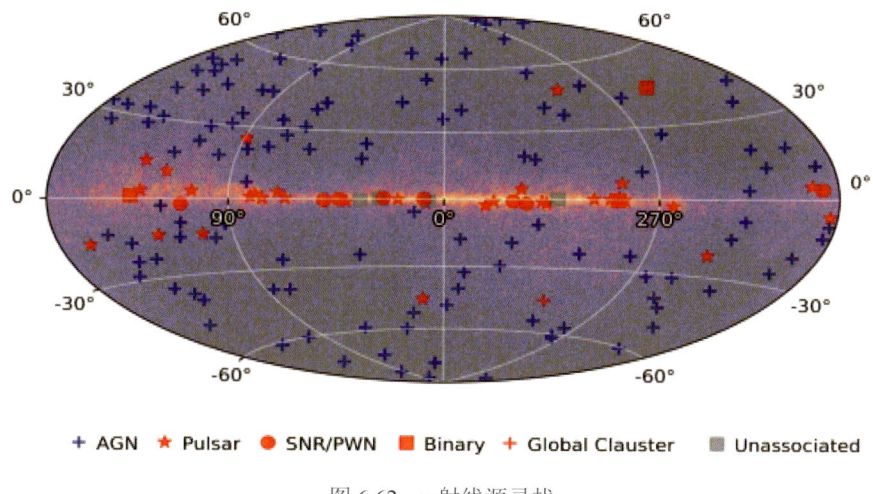

图 6.62 γ 射线源寻找

在暗物质探测方面我们仍然在继续分析数据。第一批成果是发表了 530 天"悟空号"的电子观测数据（图 6.63），我们可以看到"悟空号"测到的从低能到高能电子能谱，到了 TeV 以上突然有个拐折，现在谱线分析还在积累数据；还可以看到"悟空号"的能量测量范围比其他空间项目显著提高，开辟了空间探测的新的窗口，测量得到 TeV 电子的纯净度最高，并且首次在空间直接测量了 TeV 的拐折，这引起了国际上的广泛关注[2]。

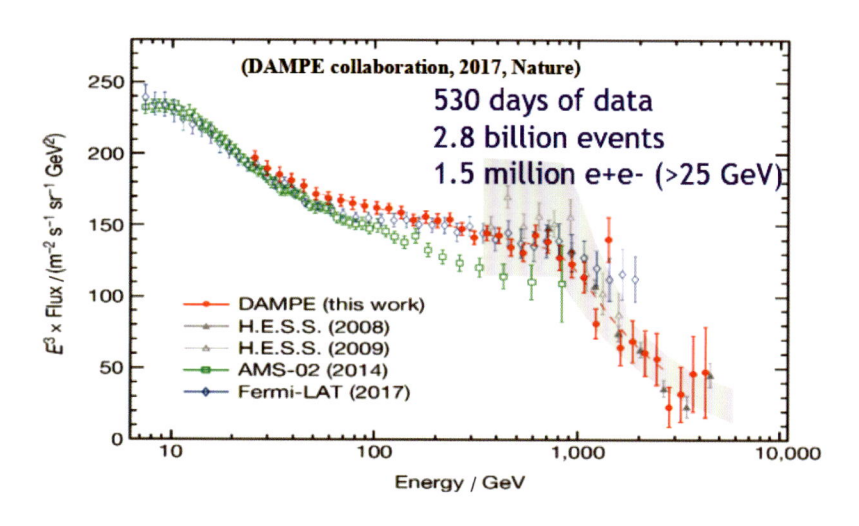

图 6.63 电子的观测结果

质子和氦核素能谱也有一些新的现象（图 6.64）。质子能谱从数百个 GeV 以上，能谱出现硬化，到 14 TeV 以上能谱又开始软化，一直延伸到 100 TeV 左右。日本 CALET 也观测到了能谱硬化的现象，但其在 TeV 以上能区，电荷分辨比较差，到目前为止还没发表 10 TeV 以上的结果，但是"悟空号"看到了 14 TeV 的拐折。我们测量的能段覆盖了 40 GeV 到 100 TeV，比 CALET 要高 10 倍，而且这个拐折对研究宇宙射线起源、加速有重要意义[3]。我们 2021 年发表的氦核能谱[4]，也有类似的结构，其起源可能与质子能谱的结构具有相同的物理过程，这篇文章被 PRL 列为亮点文章。

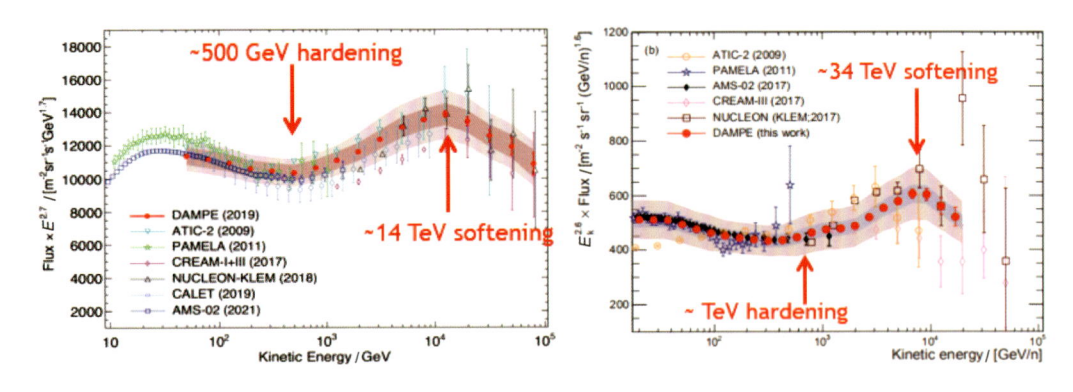

图 6.64　质子和氦核素的观测结果

今年即将发表宇宙射线能谱的硼碳比，也是比较有意思的物理量。我们的数据在低能段和 AMS 结果吻合很好，到 100 GeV 以上硼碳比开始硬化，一直延伸到数个 TeV。AMS 在接近一个 TeV 的地方误差棒就很大了（而且看不清新的结构），所以这也是新的现象。初步结果揭示了硼碳比例存在新的特征，这对宇宙射线传播过程的研究特别重要。这个数据和反物质密切相关。空间探测反物质，有一部分反物质是来自于高能宇宙线和星系介质产生的次级产物，要计算次级产物的能谱形状，硼碳比是一个重要的参量。

另外还有一个结果，中国科大团队通过"悟空号"数据去寻找分数电荷粒子（图 6.65），我们的灵敏度比国际上现有的空间实验数据要高 3 个数量级，这个结果即将发表。

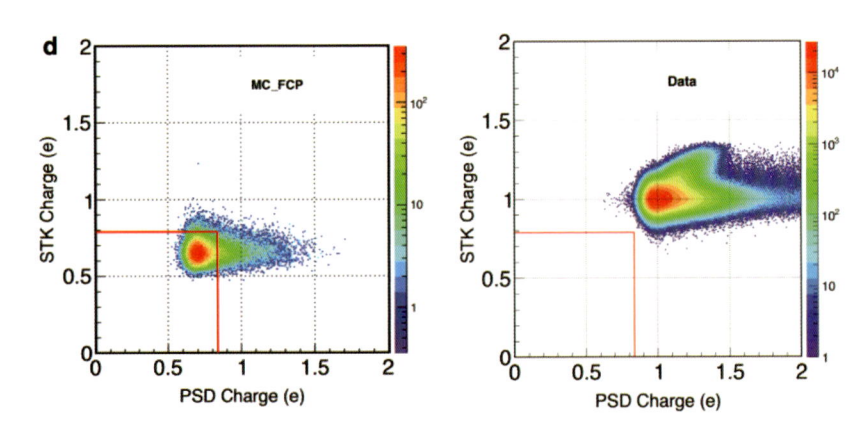

图 6.65　分数电荷粒子的寻找

"悟空号"卫星发射以后,得到了党和国家领导人的高度关注。习主席在 2016 年、2017 年新年贺词和党的十九大报告中均将"悟空号"作为科技创新的例证。*Science* 和 *Nature* 期刊都指出"悟空号"的观测结果表明中国在空间科学方面的崛起,第一个是高能电子能谱的结果,获得了中国科学院十大进展;2018 年度的"悟空号"的质子、氦核素结果被国际空间科学大会选为大会开幕式上第一个报告,也受到了丁肇中先生的认可。"悟空号"卫星的设计寿命是 3 年,现在已经运行 6 年半了,卫星还处于良好的观测状态(图 6.66)。目前已经收集到 135 亿个高能粒子数据。卫星所有的探测单元目前工作正常,还保持着卫星发射时的状态。所有的探测单元从发射到今天,它们的变化量都小于 1%,这些变化有的是由于温度效应,可以通过刻度进行修正。

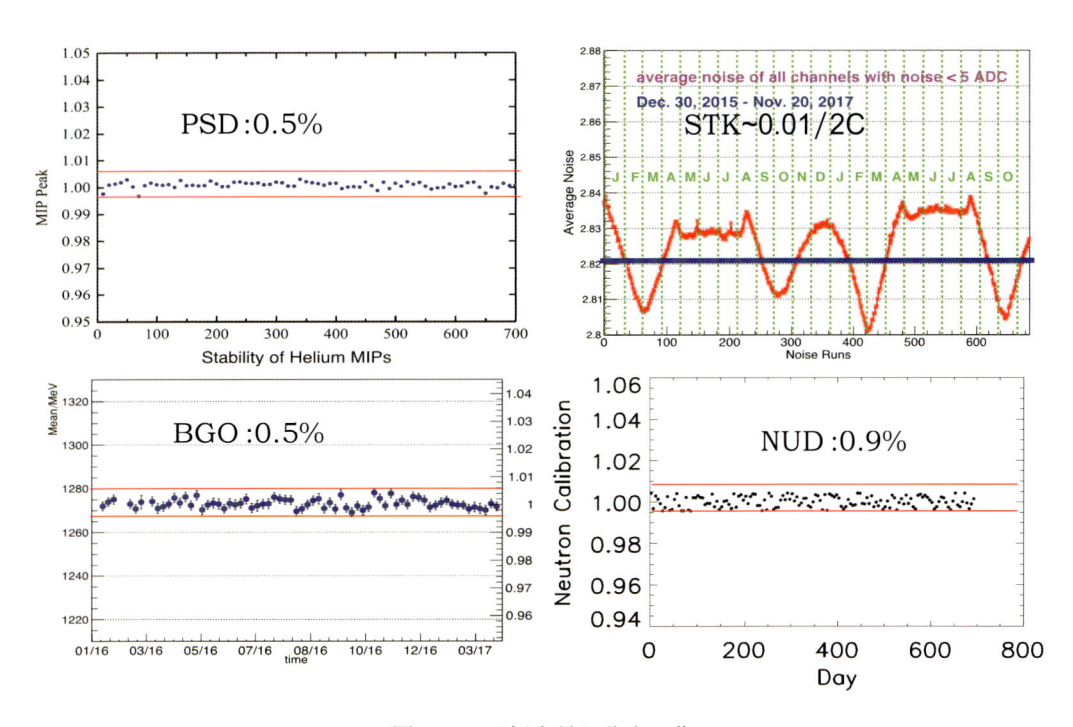

图 6.66 "悟空号"稳定工作

四、总结

总结一下,"悟空号"具有最高的观测能段、最好的能量分辨本领、最强的本底抑制水平(表 6.1)。卫星发射以后,一直保持着良好的状态。国际空间站上的 AMS-02 主要是通过探测反物质粒子来间接探测暗物质粒子,但因磁场限制,它的能量探测上限并不是很高,"悟空号"要比它高 1—2 个数量级。采用同样方法的有日本的 CALET 和美国的 ISS-CREAM。ISS-CREAM 是美国和韩国合作的国际空间站实验项目。很遗憾,该探测器发射一年以后,高压电源就发生了问题,现在已经停止工作了。目前国际上和我们具有合作竞争关系的实验分别是 AMS-02 和 CALET,而我们探测谱仪的几何因子,远远高于这两个探测器，比如高能电子观测，我们一天的观测数据相当于 AMS-02 一周的观测量，也相当于 CALET 将近一周的观测量。我们还将继续分析数据、积累数据。希望在不远的将来，能够在暗物质、宇宙线物理等方面取得一些重要的成果。

表 6.1 "悟空号"及同类实验载荷各项参数

卫星名称	观测能段	几何因子（m². sr）	能量分辨	本底抑制@TeV
PAMELA	~300 GeV	0.002	5%—10%	10^4
FERMI	~300 GeV	0.2	5%—15%	10^3
AMS-02	~1000 GeV	0.04	5%—10%	10^5
CALET	~3000 GeV	0.08	3%	10^5
ISS-CREAM	~3000 GeV	0.2	15%	10^3
DAMPE	~10,000 GeV	0.3	1%	2×10^5

谢谢大家！感谢中国科大的老师和学生，他们对暗物质卫星的成功发挥了不可替代的作用，谢谢大家！

参 考 文 献

[1] DAMPE Collaboration, Liang Y F. Search for gamma-ray spectral lines with the DArk Matter Particle Explorer[J]. Science Bulletin, 2022, 67(7): 679-684.

[2] DAMPE Collaboration. Direct detection of a break in the teraelectronvolt cosmic-ray spectrum of electrons and positrons[J]. Nature, 2017, 552(7683): 63-66.

[3] DAMPE Collaboration, An Q, Asfandiyarov R, et al. Measurement of the cosmic ray proton spectrum from 40 GeV to 100 TeV with the DAMPE satellite[J]. Science Advances, 2019, 5(9): eaax3793.

[4] Alemanno F, An Q, Azzarello P, et al. Measurement of the cosmic ray helium energy spectrum from 70 GeV to 80 TeV with the DAMPE space mission[J]. Physical Review Letters, 2021, 126(20): 201102.

6.4 高能重离子碰撞中反物质研究与CP问题 马余刚院士

马余刚，中国科学院院士，复旦大学核科学与技术系教授。

非常高兴今天有机会来参加赵忠尧先生诞辰 120 周年纪念会。今天赵忠尧先生的女儿赵维勤老师也在。赵维勤老师也是核物理领域的前辈。今天上午聆听了各位老先生对赵忠尧先生一生丰功伟绩的讲述，我觉得对我们晚辈是一个非常好的学习机会。

赵先生是我国核物理的开拓者和反物质研究的开创者。中国核物理团队，特别是高能核物理研究的团队这些年来参与一些重大的国际合作，沿着赵先生指引的路做了一些工作。

我今天汇报的内容主要分三个部分。第一部分简单地介绍"赵忠尧先生是反物质研究的开创者"；第二部分讲一些高能重离子碰撞中的新世纪以来反物质研究的情况；第三部分介绍高能重离子碰撞里面的 CP 对称性问题。

1. 赵忠尧先生是反物质研究的开创者

（1）反物质研究简史

前面几位老师的发言都已经对赵忠尧先生在反物质研究方面的贡献讲得非常透彻。我这里也就简单地提一下。

反物质研究的简史刚才邦角已经讲得很好了，包括从最早反物质猜想开始，到 1928 年狄拉克方程的建立预言了正电子的存在。1930 年赵忠尧先生从硬伽马射线和物质散射观察到了特殊的辐射，这实际上就是正负电子对的产生、湮灭过程。1932 年安德森用云室从宇宙射线里面观察到了正电子（图 6.67）。随后就涉及反物质原子核的层次，比如反质子的发现、反氘核的发现以及反氦三的发现。1995 年欧洲核子中心第一个实现了反氢原子的合成。21 世纪之后，美国布鲁克海文国家实验室 RHIC-STAR 合作组，包括我们中国 STAR 组，发现了首个反物质超氚核，随后我们又观察到迄今为止最重的反物质原子核-反氦 4 核。2015 年通过反质子-反质子的相互作用，实现了反物作用力的首次测量。2021 年，我们又对正反超氚核的质量进行了精确的测量，检验了 CPT 基本对称性。

图 6.67 安德森与云室

（2）狄拉克的反物质理论

狄拉克在研究量子力学跟狭义相对论的时候，从狄拉克方程里面发现有一个物质能量的负解，他就把能量的负解看成是一个反粒子（图 6.68）。

（3）赵忠尧先生与首个反物质粒子

赵忠尧先生用 γ 射线轰击重靶——铅靶上，观察到了除了康普顿散射之外，伴随着反常吸收还出现了一种特殊光辐射（图 6.69）。这种现象实际上就是正负电子对的产生与湮灭，这启发了同事安德森使用云室对宇宙射线进行研究，观察到了宇宙射线中的一个正电子。因此赵先生的工作是第一个真正意义上的对反物质粒子的实验观测。从此也奠定了赵忠尧先生在物理学界的崇高地位。

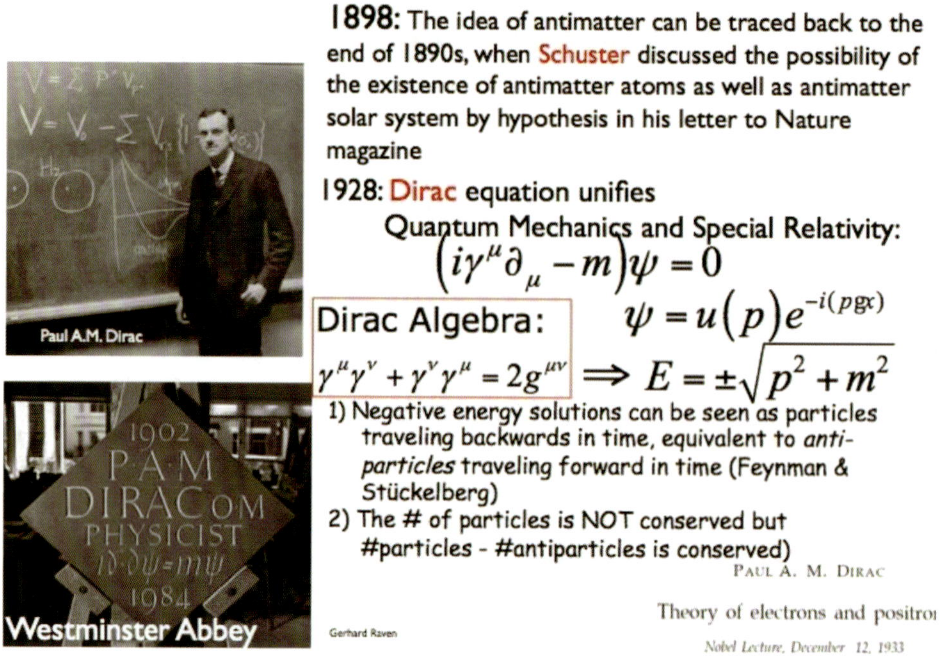

图 6.68　狄拉克、狄拉克方程及狄拉克方程预言正电子示意图

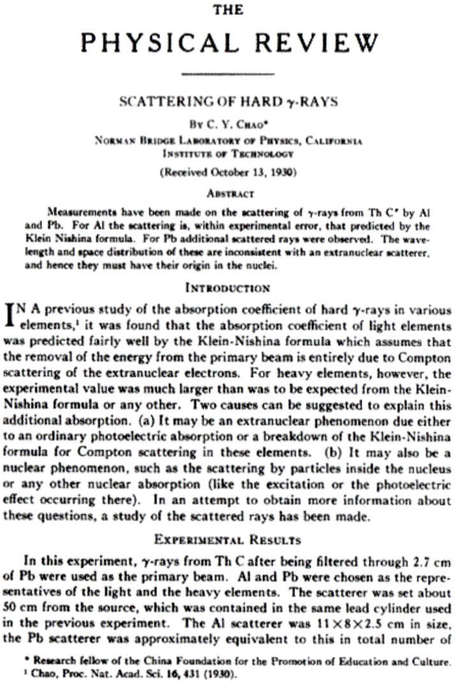

图 6.69　左图为赵忠尧先生像；右图为赵先生发现硬 γ 射线反常吸收时所著论文

（4）高能物理中的反物质

正反粒子在我们粒子物理、高能核物理里是可以通过对撞能量产生的，实际上赵先生的实验也是通过把伽马光的能量，转变成一个正负电子对（图6.70）。当然也可以有反过程，就像今天早上赵政国院士讲到的，可以把正负电子对的能量转换成物质，那么在这样的一个正负电子的湮灭过程中也会产生各种正反粒子。这些正反粒子主要由正反夸克组成。那么从质能方程（$E=mc^2$）中质量和能量相互转化的形式可以看出，可以从光产生物质，也可以从物质产生光。

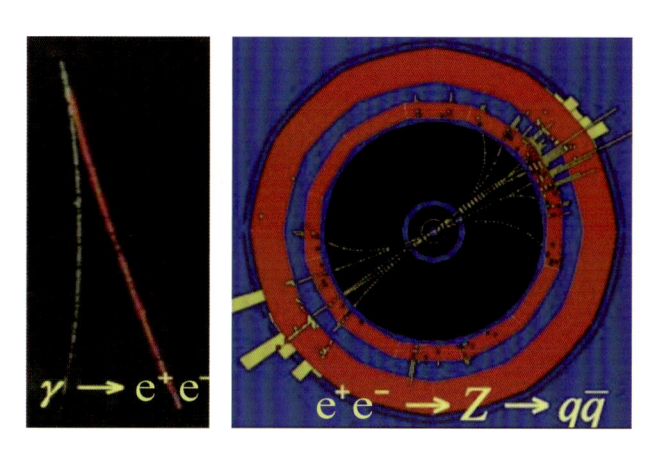

图6.70　左图为光子在原子核的电场下转变为正负电子示意图；右图为正负电子对撞机内产生正反夸克对后，探测器内的带点粒子径迹和量能器探测中性粒子示意图

（5）赵忠尧应用物理科技英才班

我之前在中国科学院上海应用物理研究所工作，2013年上海应用物理研究所和中国科学技术大学成立了"赵忠尧应用物理科技英才班"。时任中国科大的侯建国校长与中科院上海应物所李燕副所长出席了以赵忠尧先生冠名的"应用物理科技英才班"的揭牌仪式。在揭牌仪式上，赵维勤研究员做了开班致辞。今天早上很高兴又听到了赵老师发言。

2. 重离子碰撞中的反物质

第二部分，我想向大家介绍一下关于重离子碰撞中的反物质的研究。自从赵忠尧先生发现正电子以来，在20世纪60年代到80年代一直到2000年之前，科学家们已经发现了轻的反物质原子核，即从反质子到反氚3、反氚核，然后合成反氢原子。2000年之后，我们依托RHIC-STAR大型探测器，在RHIC对撞机上观察到了反超氚核、反氦4核，并实现了反物质之间相互作用测量、反超核质量的精确测量。

（1）相对论重离子对撞

关于正反物质方面的研究在高能重离子碰撞实验中得以实现。我们知道李政道先生是高能重离子碰撞的重要倡导者。他当时建议在美国布鲁克海文国家实验室建造相对论重离子对撞机。通过相对论重离子对撞机可以把原子核粉碎，开展对最基本层次的夸克物质的研究。

通过高能重离子对撞机可以产生温度高达几十万亿度的极端物质，比太阳中心的温度还高几十万倍，我们叫它夸克-胶子等离子体。它跟宇宙大爆炸初期形成的物质形态是紧密相关的。大家也可以从图 6.71 看到，宇宙大爆炸初期大概百万分之一秒时，有夸克物质的产生，也就是说几个微秒的时候宇宙中物质的主要成分就是夸克-胶子等离子体。这种夸克物质的产生也可以通过相对论重离子碰撞来实现。夸克-胶子等离子体随时间很快冷却，之后它形成了各种强子和轻子，并结合成正反原子核，最后被探测器俘获。物质的形成就是这样从一个微观的基本粒子逐步到宏观尺度的合成演化的过程。

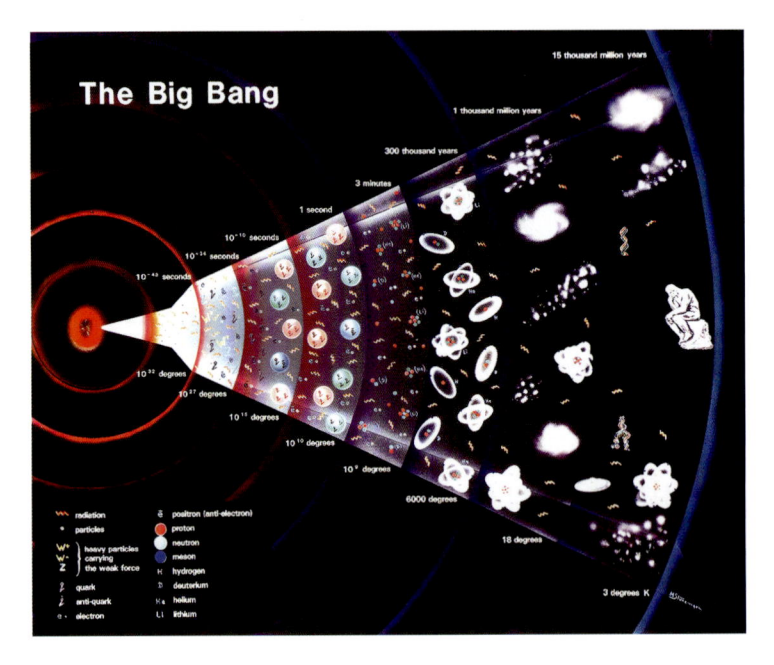

图 6.71　宇宙演化示意图

像图 6.74 这种大型高能粒子对撞实验，在 21 世纪有了新的发展。有两个重大的实验装置，一个是位于美国布鲁克海文国家实验室的相对论重离子对撞机 RHIC（图 6.74 上），环的周长有 4 公里。在金核-金核对撞实验中，它的质心系能量可以达到每个核子 200 GeV。我们中国主要参加 STAR 国际合作组，即 STAR 实验。早些时候 RHIC 对撞机上有 4 个实验组，STAR 探测器装置这 20 年期间已经进行了不断的升级，目前还在继续运行并采集实验数据。前几年 PHENIX 为了升级，暂时关掉了，很快将正式升级为一个叫超级 PHENIX 的探测装置并运行。另外一个就是在欧洲核子研究中心 CERN 的大型强子对撞机，即 LHC（图 6.72 下），它周长 27 公里。对于重离子方面的研究，有一个 ALICE 合作组或者叫 ALICE 探测器，其中铅核-铅核对撞能量可以达到 5 TeV。目前国内已有许多单位加入了 STAR 合作组和 LHC 的实验组。中国科大、复旦大学等都是 RHIC-STAR 合作组，以及 LHC-ALICE 实验组的成员单位。

图 6.72　上图为 RHIC 的束流环；下图为 LHC 的束流环

（2）RHIC-STAR（螺旋管径迹探测器）

图 6.73 显示了 RHIC-STAR 探测器的剖面图，图下方标出了 STAR 中国组对 STAR 探测器的贡献。探测器的原名是螺旋管径迹探测器。它的核心探测器叫时间投影室 TPC，利用时间投影室我们可以把粒子的径迹重建出来。TPC 外面是飞行时间探测器 TOF，TOF 是中国合作组主导研制的。飞行时间探测器外面是桶部电磁量能器 BEMC，再外面是缪子望远镜 MTD，还有端盖的飞行时间探测器 eTOF、电磁量能器 EEMC 以及事件平面探测器 EPD。我们中国 STAR 合作组在硬件方面做了很大的贡献，这些包括飞行时

间探测器、缪子探测器、内径迹的时间投影室、端盖的飞行时间探测器以及事件平面探测器等。感谢多年来基金委、科技部以及中国科学院对我们的大力支持，在 RHIC-STAR 这样一个重大的国际合作的探测器的升级项目中，让我们中国的研究队伍发挥了非常大的作用。

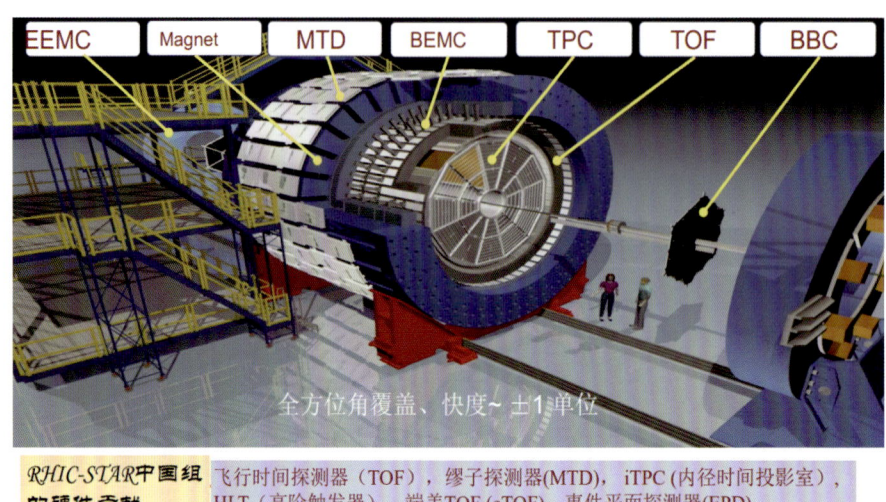

图 6.73　STAR 探测器的剖面图

（3）MRPC-TOF 研制　（USTC & Tsinghua, STAR 中国组）

值得一提的是飞行时间探测器。我们 STAR 的飞行时间探测器是利用多气隙电阻板室（MRPC）技术（图 6.74）。中国科大在这方面的研发发挥了最主要的作用，近代物理系的陈宏芳教授（图 6.75）领导了飞行时间探测器的研制。另外，清华大学也是 MRPC 硬件制造的重要单位。

图 6.74 上中下依次为 TOF 制作、安装和测试时的照片

图 6.75 陈宏芳教授（1938 年 1 月 21 日—2017 年 12 月 14 日）

图 6.76 给出了仅用时间投影室测量的带电粒子动量和电离能量损失的二维分布，由于不同带电粒子与时间投影室的介质作用大小不同，能量损失不同，可以鉴别粒子。如果仅用时间投影室，对粒子的分辨是比较差的，比如说对于 π 介子、K 介子，动量到了一定值后，它们基本上并合在一起无法分辨了。但是增加飞行时间探测器之后，粒子的径迹就非常好辨认，如图 6.77 所示，上图为不同粒子动量和 $1/\beta$ 的二维分布，不同粒子

由于质量不同，相同动量下速度不同，粒子鉴别能力提高；下图，在所有动量区间对于电子和 π 介子都有很好的分辨，π 介子、K 介子都是非常干净清楚的。所以 STAR 安装高时间分辨的飞行时间探测器之后，π 介子、K 介子的分辨从原来的 0.6 GeV/c，可以提高到 1.6 GeV/c，对质子的分辨可以从 1.2 GeV/c 上升到 3 GeV/c。如果 TPC 和 TOF 联合使用，可以把粒子鉴别提升到更高的动量范围。在这方面，中国科大的近代物理系做出了非常大的贡献。

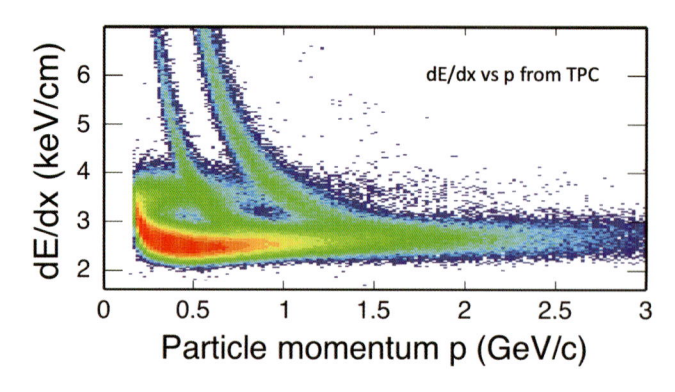

图 6.76　时间投影室带电粒子动量和电离能量损失的二维分布

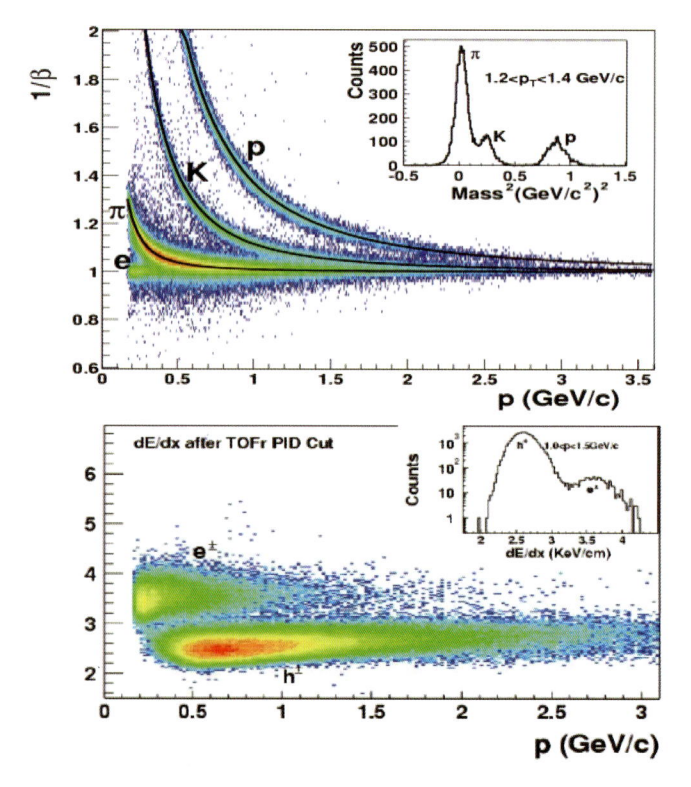

图 6.77　时间投影室联合飞行时间探测器所给的按动量分布的粒子鉴别结果

（4）相对论重离子碰撞演化与核物质相图

相对论重离子对撞（图 6.78）的初期由于速度很高，金离子可以看作洛伦兹收缩的一个圆盘，两个圆盘进行对撞，大概在 10^{-23} 秒的短时间内对撞。在如此高能高密的条件下，金核核子中的夸克退禁闭，从而形成夸克-胶子等离子体状态。状态冷却之后就变成了强子气体，被我们 STAR 探测器捕获到。图中右侧蓝色部分显示的是 STAR 探测器从端盖沿对撞束轴向看到的粒子径迹图。

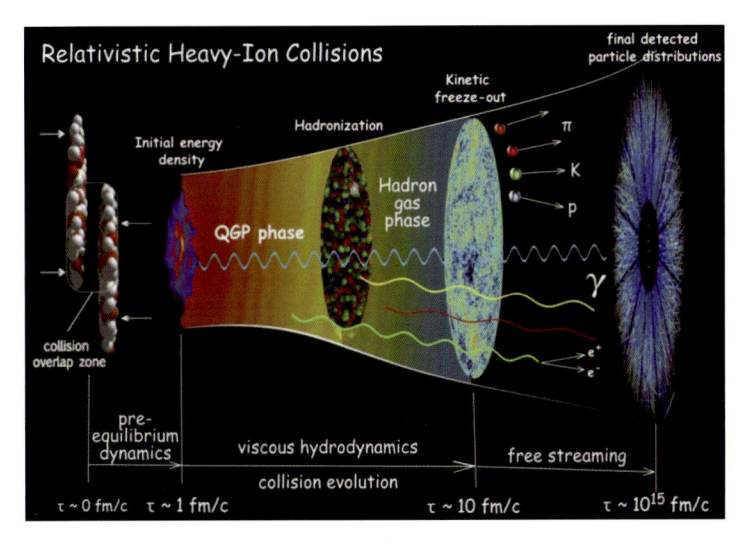

图 6.78　相对论重离子碰撞演化示意图

对撞机的能量可以调节，范围可以从 200 GeV 下调到几 GeV（7.7 GeV 以下采用固定靶实验），这样就可以调控碰撞系统的温度和重子数密度。根据观测量和温度、重子数密度的关系可以研究核物质的相是如何变化的。比如说什么时候从强子气体相到夸克-胶子等离子体相。目前，在高能的重离子碰撞中普遍认为，从强子物质到夸克-胶子等离子体是一个连续过渡的状态变化。另外一些理论预言，随着重子数密度的增高，温度稍微变低的时候，存在一个所谓的一级相变的临界终点（临界点）。图 6.79 是核物质相图。图中蓝色区域和绿色区域分别为 RHIC 和 LHC 所能覆盖的范围。强子气体经过红色虚线相变到 QGP 为连续相变，经过白色实线相变到 QGP 为一阶相变。红色虚线和白色实线的交界处即为临界点，至于实验上临界点究竟是在哪一个温度和重子数密度，目前还没有明确的结论。

我们 STAR 实验组已在这方面做了很大的努力，特别是通过变化束流的能量。刚才我讲到从 200 GeV 一直往下降，降到 3 GeV 左右，然后我们去寻找临界点在什么地方。目前有一些迹象表明在 10 GeV 左右可能会存在一级相变的临界点。当然我们还要继续在这方面努力才能确定 QCD 相变的临界点，包括 QCD 相变边界的一些信息。

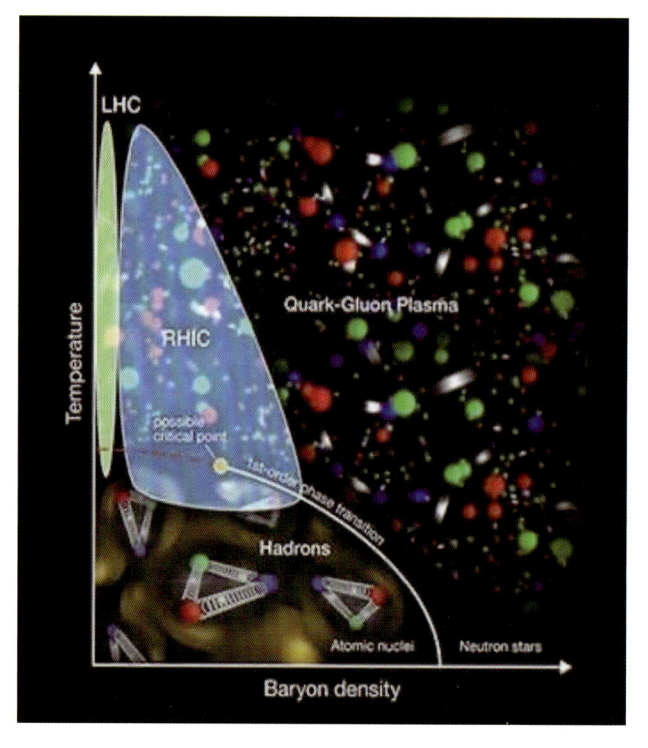

图 6.79 核物质相图

（5）STAR 二十年：2000—2020

2001 年中国 STAR 合作组成立，首批包括中国科大、清华大学、华中师范大学、北京大学、中科院近代物理研究所、中科院上海应用物理研究所、复旦大学、山东大学、湖州师范学院等单位也先后加入了 STAR 合作组。我们在这 20 年里面开展了大量的研究，取得了很好的成绩，特别是通过这样的一个项目培养了一批年轻的有国际视野的高能核物理的研究队伍，提高了我们中国核物理的国际学术地位，扩大了我们中国核物理的影响。图 6.80 显示的是从合作起初到 20 年后的一些照片。

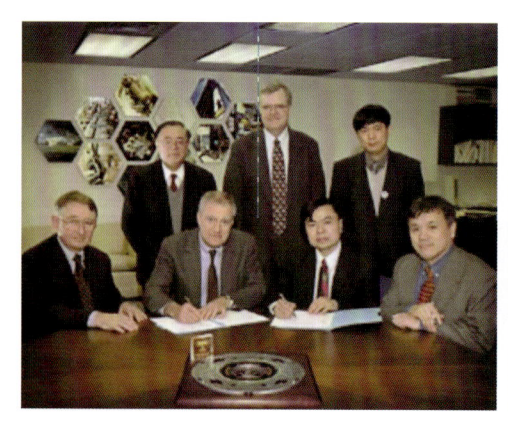

图 6.80　STAR 与 STAR 中国组的一些照片

（6）新世纪的反物质原子核发现与测量

图 6.81 给出了各个反物质首次发现（合成）时间与其质量数，图中棕色半透明所框出的反物质的发现为 STAR 中国组的主要贡献。

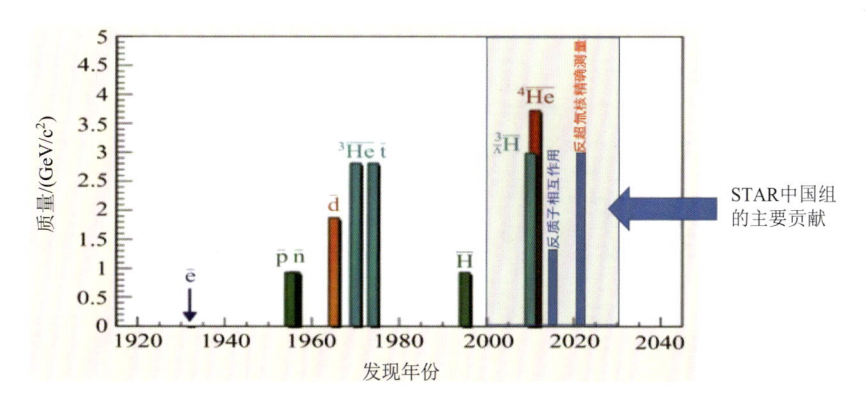

图 6.81　各个反物质首次发现（合成）时间与其质量数

（7）首个反超核的发现

2010年我们发现了首个反物质超核，就是反超氚核。我们知道通常的原子核内部的结构是由普通的核子，即质子和中子组成的（图6.82上）。假如其中的一个中子被超子，比如被Λ超子所替代的话，这样的一个原子核，我们就叫它超核。超核里面除了传统的轻夸克u夸克、d夸克，还引入了叫s夸克的奇异夸克。最简单的超核实际上就是一个超氚核（图6.82下），由一个中子、一个质子和一个Λ超子组成。实验中较早就发现了这种超氚核，后来还发现了更多的超核，比如质量数为4、5、6和7的超核，甚至更奇异的带有两个Λ的氦6的双超氢核也被实验发现了。

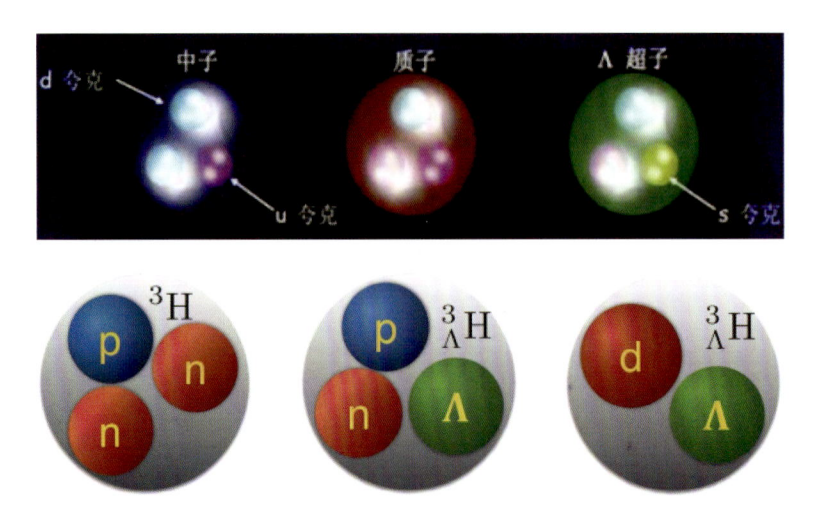

图6.82　上图：中子、质子、Λ-超子夸克组分示意图；下图：氚核与超氚核组分示意图

我们常见的核素图是由中子、质子构成的，引入奇异（s）夸克之后就有这些超核的存在（图6.83）。但是在2010年之前，在反奇异夸克自由度的超核区域，一直没有发现

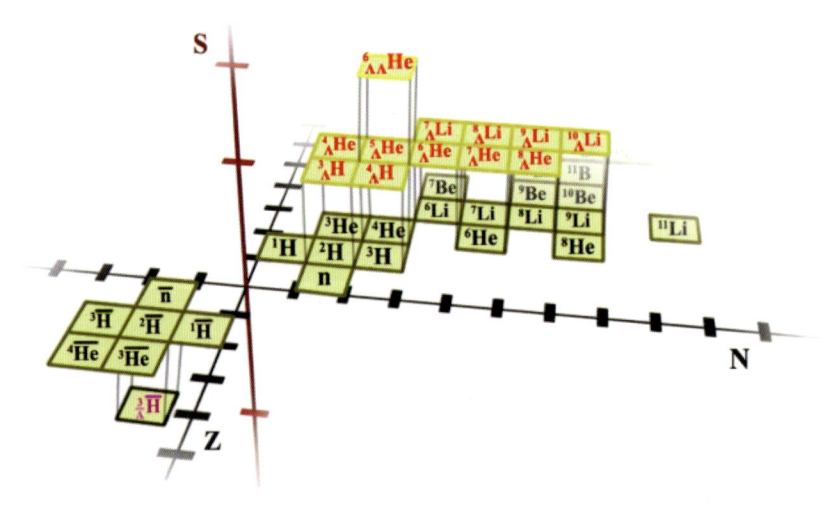

图6.83　引入s夸克自由度的核素表

原子核。我们团队通过 STAR 探测器里面产生的丰富的粒子，去组合反氦 3 与正的π介子得到一个不变质量的分布，如图 6.84 所示。假如没有新的粒子产生，它应该就是一个比较宽的分布，没有什么结构。但是在对应超氚核质量的位置上发现了信号，这信号实际上就是反超氚核，在反超氚位置上可以看到明显的峰，它的质量与超氚核的质量是相同的。在 RHIC 200 GeV 能区，反超氚的产额大概只有超氚产额的 70%。我们是第一次观察到了有反奇异夸克的超核，反超氚核，它是由反中子、反质子、反Λ 组成的一个体系。这项工作入选 2010 年度"中国科学十大进展"。

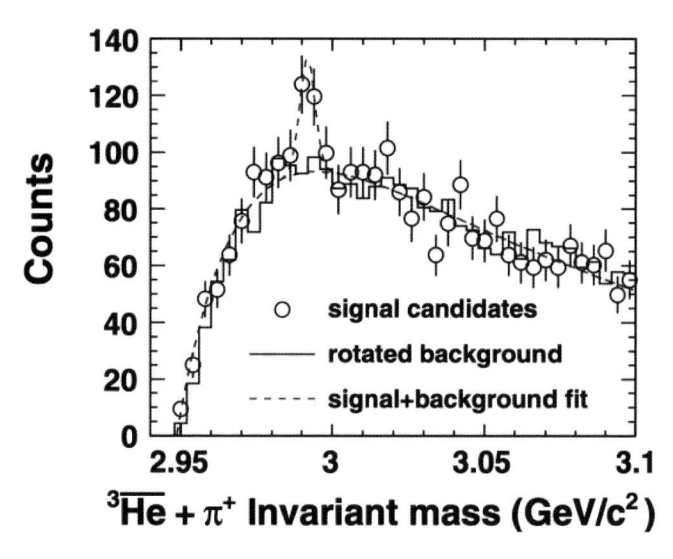

图 6.84　反氦 3 与 π$^+$ 的不变质量谱

发现反超氚核后，我们就想有没有可能在实验中观测到比其更重的反物质原子核，例如反氦 4 核。今天早上丁肇中先生报告中也讲到了反氦 4 核，他早期发射 AMS 磁谱仪到太空中，一个重要的目标就是在宇宙空间中去寻找重的反物质原子核，比如说反氦 4 核。然而，目前在太空中还没有一个明确的证据表明反氦 4 核被发现。2011 年我们在 STAR 的实验数据中寻找到了反氦 4 核的径迹。其中的一个最直接的方法就是测量能量损失。考虑到 STAR 探测器是具有强磁场的螺旋管径迹探测器，在磁场作用下可以分辨正反粒子。图 6.85 给出了不同粒子在 TPC 中单位距离能损与动量的分布。图中曲线是根据 Bethe-Bloch 计算的不同粒子按动量分布的单位距离能损，曲线上标注了粒子种类。右侧显示的是氦 4 核（α 粒子）、氦 3、氚等正粒子，左侧是反粒子。左侧的最外层的线上有两个点，位于反氦 4 核能量损失的曲线上面，应该是反氦 4 粒子。

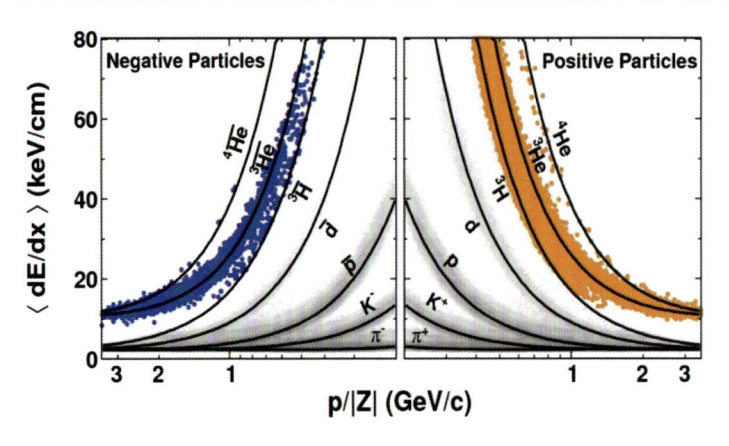

图 6.85　不同粒子在 TPC 中单位距离能损与动量的分布

那么，我们能不能在更高动量范围里面，寻找到更多的反物质粒子？这就需要我们中国合作组研制的飞行时间探测器来进行它质量的确认。通过高时间分辨的飞行时间探测器，使能量损失混合在一起无法分辨的粒子得到区分。图 6.86 清楚地显示，左边一堆粒子是（反）氦 3，而右边的一堆粒子是（反）α 粒子。通过这样的办法，我们大概在 5,000 亿个带电粒子中一共找到了 18 个反氦 4 原子核。反氦 4 原子核是迄今发现的最重的反物质原子核。这项工作入选了科学院改革开放 40 年的 40 项的标志性的科技成果当中。

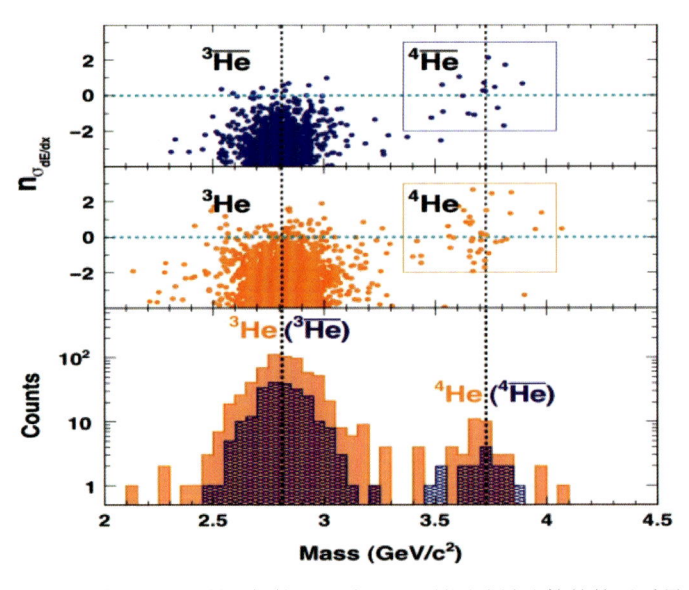

图 6.86　根据 TOF 所测得的 $1/\beta$ 与 TPC 所测动量计算的粒子质量

图 6.87 显示了（反）核子数跟（反）物质原子核的产额的关系，可以看到在 RHIC 200 GeV 能区从反质子到反氘，只加了一个反中子，它的产额下降了 10^3，从反氘到反氦 3 也差不多下降了 10^3，从反氦 3 到反氦 4 也是下降了 10^3。因此，要进一步寻找更重的反

物质原子核，比如说质量数等于 5 的反锂 5，目前的对撞机能量是不可能的。所以我们把研究思路调整到反物质性质的研究，以及反物质粒子质量的精确测量。

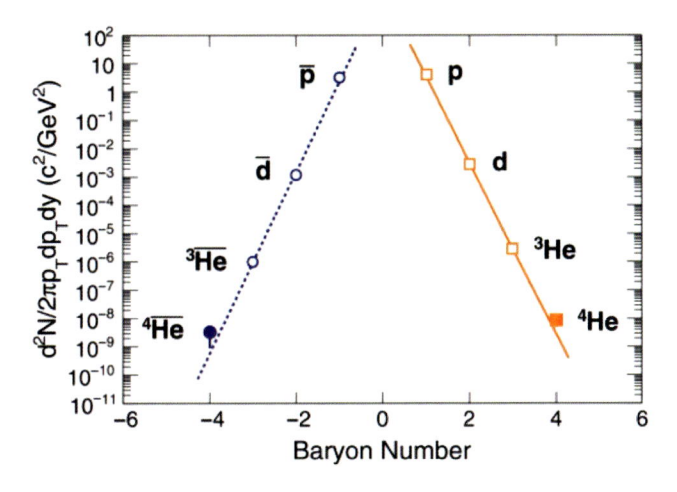

图 6.87　不同轻核在 RHIC 200 GeV 能量下的不变产额

反氦 4 核的研究成果发表之后，我们在中国科大开会。图 6.88 这张照片是我们站在赵忠尧先生的雕像面前拍的。这里面很多都是科大的老师：唐泽波、邵明、李澄、孙勇杰、汪晓莲、陈宏芳。中国科大培养了一批高能核物理的国际领军人才，比如中国科大物理系培养的许怒、中国科大近代物理系培养的许长补、阮丽娟，他们先后成为 RHIC-

图 6.88　发现反氦 4 核论文发表后，在赵忠尧雕像前所摄照片

STAR 国际合作组的三位发言人。我们都很高兴,在 2011 年以我们为主发现了反阿尔法粒子。反阿尔法粒子的发现与卢瑟福先生发现阿尔法粒子正好相隔 100 年,所以我们特意在赵先生的雕像前拍摄这样的一张照片留作纪念。

  刚才我讲到了我们要进一步去寻找更重的反原子核的话,是很困难的,因为目前对撞机的能量条件不允许我们找到更重的反原子核。这样,我们就把研究思路调整到反质子相互作用的测量,因为 STAR 探测器里有非常丰富的反质子的产生。我们研究反质子-反质子之间的动量关联函数,从动量关联函数里提取它的有效力程和散射长度。图 6.89 的中图是反质子-反质子的动量关联函数,上图显示的是在同样的实验数据里面,我们找到的质子-质子的动量关联函数。从中可以看到它的形状结构,包括大小都是完全等同的。从中提取的反质子之间的有效力程和散射强度,和质子-质子的实验数据比较发现在误差范围里是等同的,如图 6.90 所示。这说明了反质子之间的相互作用力在比较高的精度上,跟质子-质子的作用力是一样的,也就是说反质子-反质子之间也存在着强相互作用的吸引力。这项工作也可以说我们从强相互作用力的层次上验证了 CPT 的对称性。

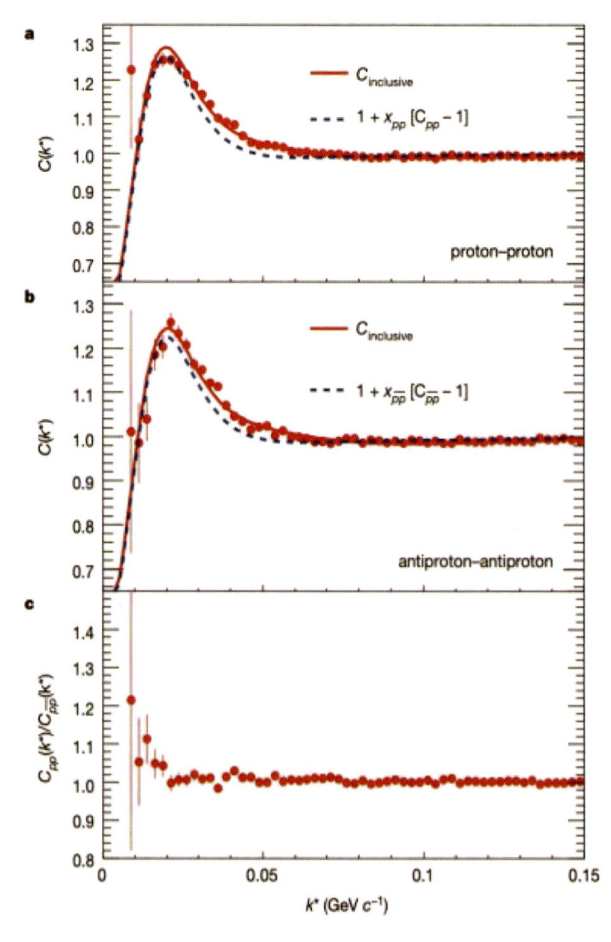

图 6.89 从上到下依次为质子-质子、反质子-反质子的动量关联函数及两者的比值

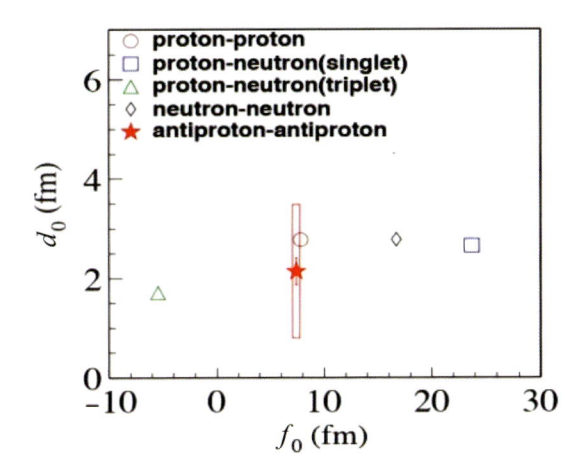

图 6.90 根据动量关联函数提取(反)质子-(反)质子作用的有效力程（d_0）和散射长度（f_0）

值得一提的是，这个工作的主要分析者，年轻的张正桥博士（图 6.91 左）是首届赵忠尧英才班的学生。他的博士论文《反质子间相互作用测量》，获得了 2018 年度的中国科学院的优秀博士论文奖。他现在在美国布鲁克海文实验室继续做博士后的研究。

图 6.91 张正桥博士（左）和唐爱洪博士（右）

完成反质子相互作用的测量之后，我们又开展正反原子核精确质量的测量。在这之前，LHC-ALICE 合作组曾经测量过氦 3 和反氦 3 的质量差、氚与反氚的质量差，结果发表在 2015 年 Nature Physics 上，结果显示在较大的误差范围内，其质量差在零附近。而我们测量了大样本的反超氚与超氚核的质量，发现反超氚与超氚核的质量是非常接近的，即在 10^{-4} 的精度下，其质量差在 0 附近，如图 6.92。图 6.93 显示了不同实验所测的正反原子核的质量差：氦 3 和反氦 3 的质量差以及氚核和反氚核质量差（用黑色圆点显示的是 ALICE 的结果，红色星形点的是 STAR 的超氚核与反超氚核质量差的实验结果）。这项工作是对含有反奇异夸克的原子核的质量的首次测量，在 10^{-4} 的精度里验证了 CPT 的对称性在超核上是成立的。这也是迄今为止，对于 CPT 对称性检验的最重的反物质原子核。

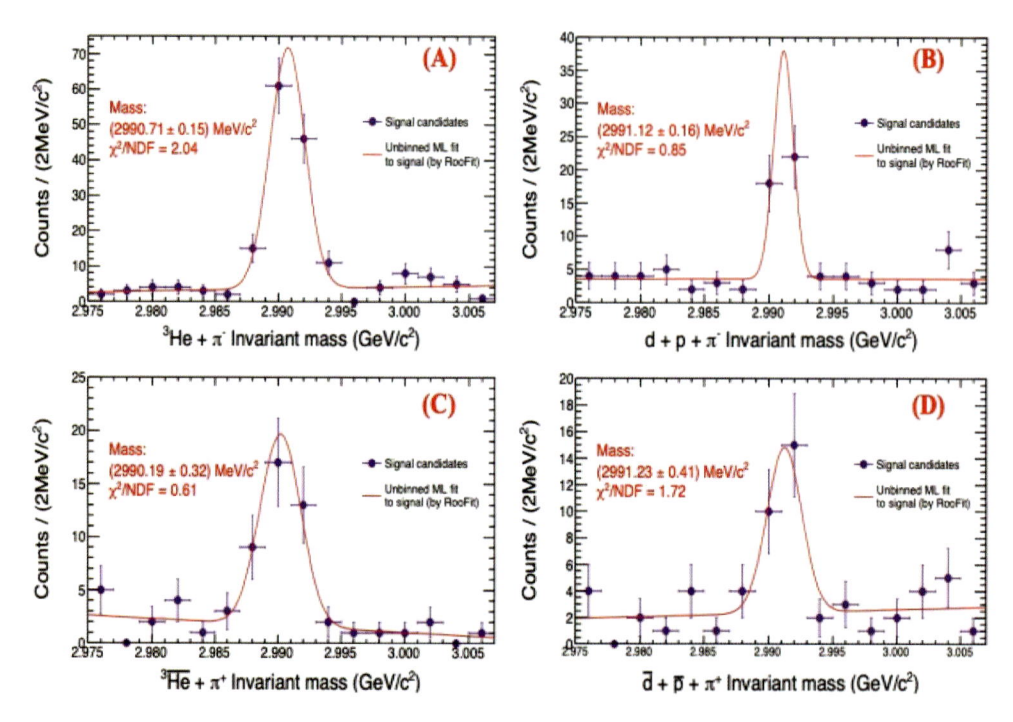

图 6.92　分别通过两体衰变和三体衰变产物重构的不变质量谱
（A）和（B）为超氚、（C）和（D）为反超氚

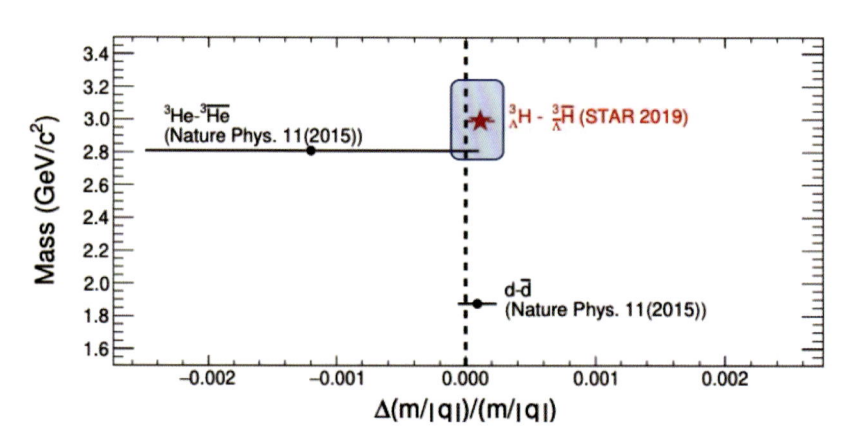

图 6.93　不同实验所测的正反原子核的质量差

3. 重离子碰撞中的强 CP 问题

第三部分我向大家介绍关于重离子碰撞的一些强相互作用的 CP 问题。在粒子物理、核物理中，对称性是一个非常重要的课题，比如说电荷的对称性，就是正粒子跟反粒子。宇称就是左右镜像的一个反演的对称性，涉及空间跟物质的基本对称性。比如我们电荷进行变换之后粒子变成反粒子，另外它的宇称或粒子从左手的手征性跟右手的手征性变换了之后，它的规律是不是一样的，这一直是物理学探索的一个重要课题。

（1）CP 对称性和对称破缺

李政道、杨振宁先生在早期理论研究中发现弱相互作用存在宇称的不对称性，或说宇称对称性破坏。吴建雄先生得到了明确的实验证据。1964 年，另外两名科学家 Cronin 和 Fitch 进一步发现，不光是 P 宇称发生破缺，电荷和宇称联合的对称性也被破坏（图 6.94）。他们是在中性的 K^0 介子里面直接观测到了这样的一个 CP 对称性的破坏，因此获得了诺贝尔物理学奖。CP 破坏主要还是由弱相互作用引起的。在量子场论，物理量在电荷-宇称-时间一起变换的时候是不变的，这就是著名的 CPT 对称性。

图 6.94　从左向右依次为李政道、杨振宁、吴健雄、Cronin 和 Fitch

（2）正反物质对称性与 CPT 守恒

图 6.95 显示，一个钟表（左上角），首先给它一个电荷的对称性变换，随后对它宇称作一个变换，再对时间反演之后就变成左下角这样。在量子场论，CPT 联合变换之后，即从左上角这个状态到左下角这个状态，它的物理规律是不变的。但是对于分立的这些对称性，刚才讲到了 P 对称性的破坏，CP 对称性的破坏都是有可能的。从反物质的研究来说，是可以研究这些对称性的问题。

弱相互作用中，宇称 P 和 CP 对称性发生破缺已经被观测到了，但是强相互作用里面有没有存在这些 P 或者 CP 破缺，目前来说结论还不是特别明确。当然更强的对称性，CPT 对称性是量子力学的基本要求，通常被认为是必需的。一种检验的方法是通过反物质原子核精确测量其性质来实现。刚才我也提到了通过正反粒子的质量的测量，正反粒子的相互作用的测量，这些都可以来检验这些 CPT 的对称性。

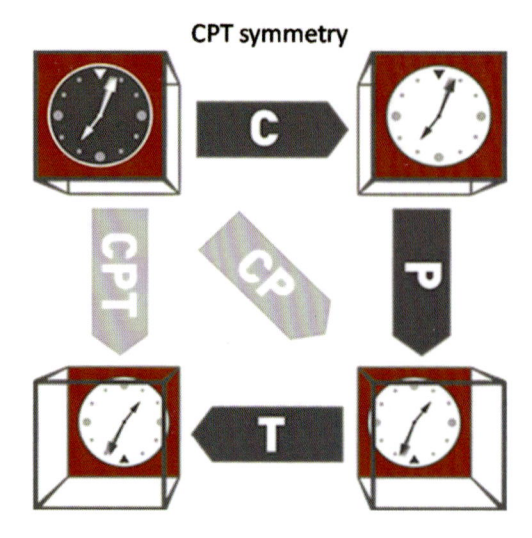

图 6.95　C、P、T 分立与联合变换示意图

（3）相对论重离子碰撞早期能产生超强磁场和超强涡旋场

目前，强相互作用中 P 或者 CP 破坏，还没有一个明确的定论。21 世纪初，理论学家提出相对论重离子碰撞中可以产生夸克-胶子等离子体，有可能会存在这种强相互作用局域 CP 对称性的破坏，可以引起的可观测的效应，称手征反常效应。

因为相对论重离子的电荷数很高，它又是高速运动的状态。通过理论计算，可以发现在相对论重离子碰撞里面，它的磁场可以达到 10^{15} 特斯拉，此时夸克-胶子等离子体可能产生整体极化。梁作堂和王新年对整体极化做了理论预言[1]。2017 年的 STAR 实验数据证实了这个预言。在 10^{15}—10^{16} 特斯拉的超强磁场里面，已经产生了超强的涡流场。从 Lambda 超子的极化的实验数据，人们可以推出这样的涡旋场转速可以达到每秒钟 10^{21}。在这样的一个极强的磁场和涡流场，人们可以研究轻夸克的手征效应。

图 6.96 给出了重离子碰撞中能量沉积区域所产生的强磁场和强涡流示意图。重离子对撞中强磁场的理论计算如图 6.97 所示。重离子碰撞中的超子极化测量结果见图 6.98。

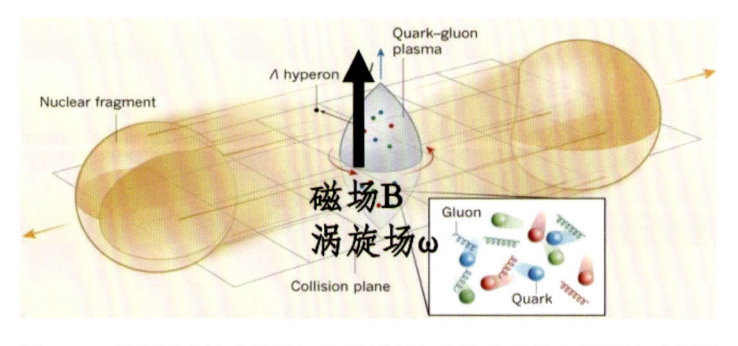

图 6.96　重离子碰撞中能量沉积区域所产生的强磁场和强涡流示意图

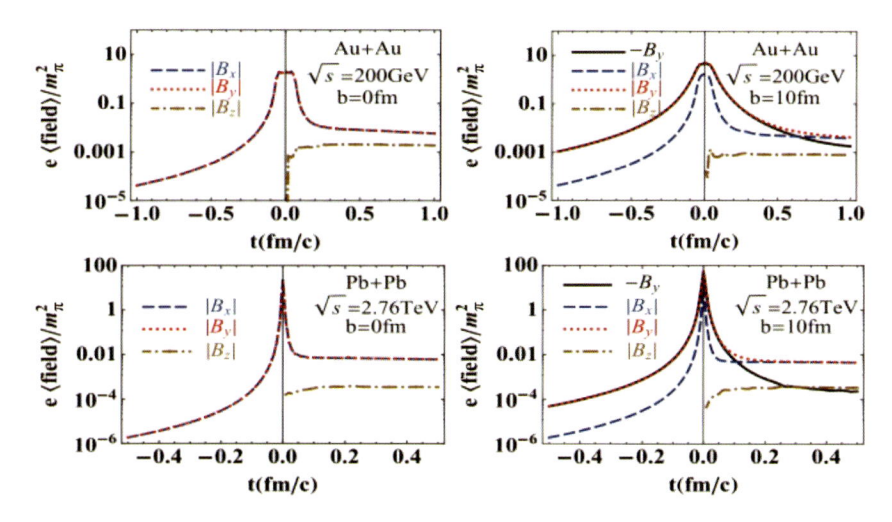

图 6.97 重离子对撞中强磁场的理论计算[2]

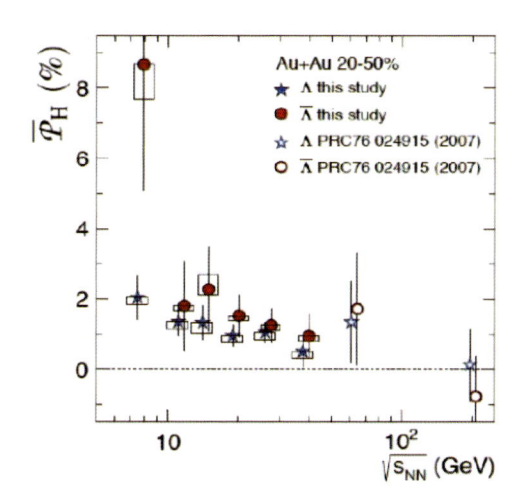

图 6.98 重离子碰撞中的超子极化[3]

（4）物质的手征性

手征性是微观粒子的基本内禀属性。我们定义粒子的自旋方向与动量方向相反为左手螺旋，称作左手性粒子，定义粒子的自旋方向与动量方向平行为右手螺旋，称作右手性的粒子，如图 6.99 所示。通俗一点说，手征性也是自然界的基本属性，在宏观世界里有左手螺旋的和右手螺旋的海螺；在生物里，DNA 分子的双螺旋结构也带有手征性，还有氨基酸也是有手征性的；在生命体中只有左旋的氨基酸和右旋的糖、右手的双螺旋 DNA 结构；化学里有手性分子和手性药物；在粒子物理、核物理中，对无质量的费米子可以定义它的左手性和右手性，如图 6.100 所示。

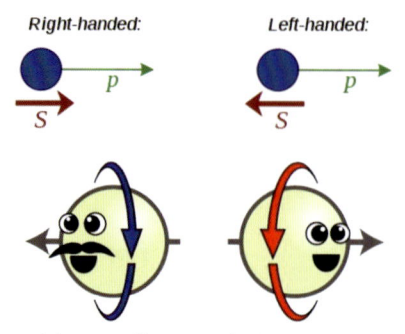

图 6.99　粒子手征性定义示意图

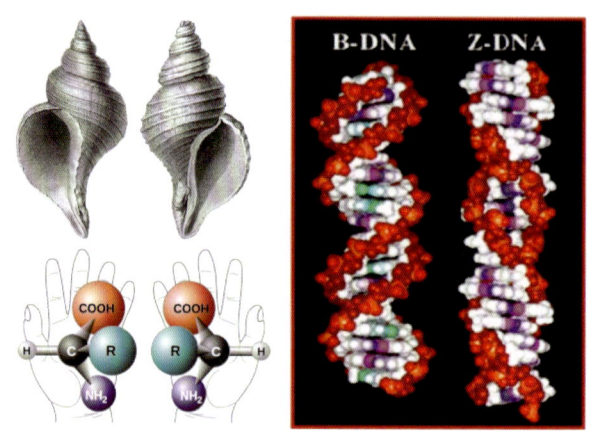

图 6.100　自然界中手征性的例子

（5）手征反常效应

通常来说，在局域真空状态下，CP 对称性是保证左手手征性的粒子和右手手征性的粒子是一样多的。但是由于重离子碰撞实验中，外部的磁场非常强，可以高达 10^{15} 特斯拉，它的涡旋场也非常强。此时，QCD 胶子场有可能出现非平凡拓扑构型的量子涨落，就会打破局域的手征平衡，导致特定的手征性粒子在某一个局范围里面增多，如图 6.101

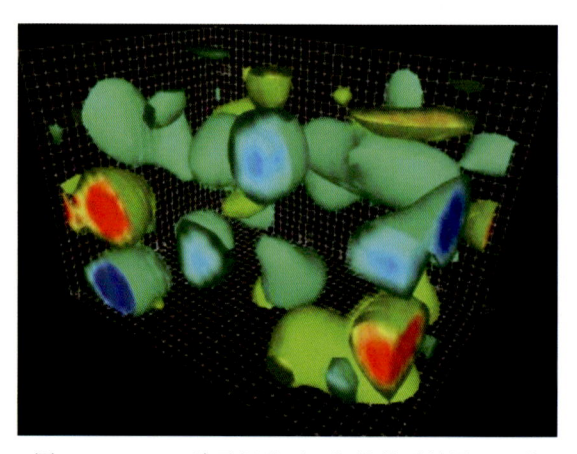

图 6.101　QCD 胶子场非平凡拓扑构型的量子涨落

所示。在这种情况下，就会产生两种可观测的效应：一个是所谓的手征磁效应，沿着强磁场方向，产生正电荷与负电荷的分离；另一个是沿着涡旋场的方向，产生重子电荷的分离。这是 2006 年左右由 Kharzeev 提出的[4]理论。

（6）手征反常效应的实验寻找

Kharzeev 是位非常著名的核物理理论家，他提出了夸克手征效应的可观测量。一种办法是在凝聚态里面去寻找手征反常效应，这方面做得还是比较多的。像图 6.102 所展示的结果是 Kharzeev 和凝聚态物理学家合作的文章成果，发表在 Nature Physics 上[5]。他们是在狄拉克半金属 ZrTe5 实验中发现的，当电场跟磁场平行的时候，测量到了手征磁效应的电导率满足与磁场平方的依赖性（图 6.104）。蓝色圆圈为 ZrTe5 的磁阻，蓝色曲线为手征磁效应预言的曲线。内插图内圈点为磁导率 $\sigma = \sigma_0 + \sigma_{CME} = \sigma_0 + a(T)B^2$ 中的 $a(T)$ 系数，蓝色曲线为 CME 预言给出。

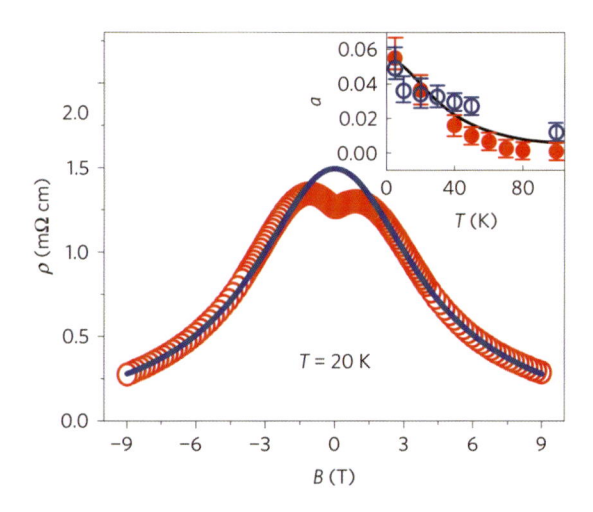

图 6.102　手征磁效应的电导率满足跟磁场平方的依赖性

这是在凝聚态方面对手征反常的观测。除了在狄拉克半金属 ZrTe5 之外，还在其他的半金属，如 Weyl 半金属里面都有所发现。中国的凝聚态物理学家在这方面有很多重要的工作。手征磁效应已经在凝聚态物质中发现，具有十分重要的潜在应用前景。

相对论重离子碰撞可能提供了产生手征磁效应的条件。2009 年，STAR 合作组在 PRL 发表了文章[6]，通过带电粒子的方位角关联去探测局域的强作用的宇称破坏（图 6.103）。这个工作主要是观测电荷同号跟电荷反号的关联，发现电荷反号的关联要远远弱于电荷同号的关联。理论上的一种解释是与强相互作用的宇称局域破坏相关联。2013 年，ALICE 铅-铅碰撞的实验数据也观测到了类似的实验结果（图 6.104）[7]。

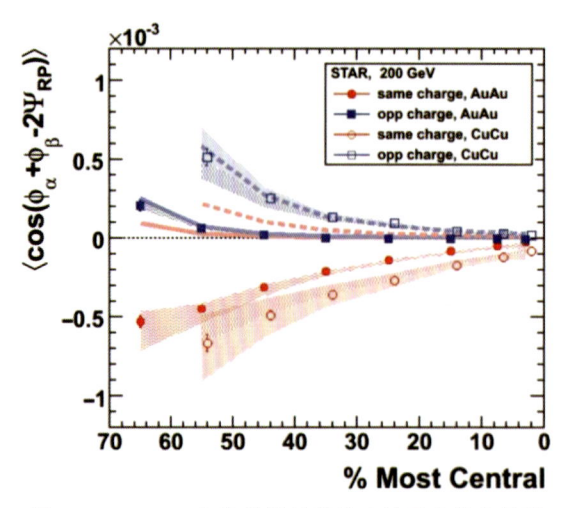

图 6.103 STAR 合作组测量的带电粒子方位角关联

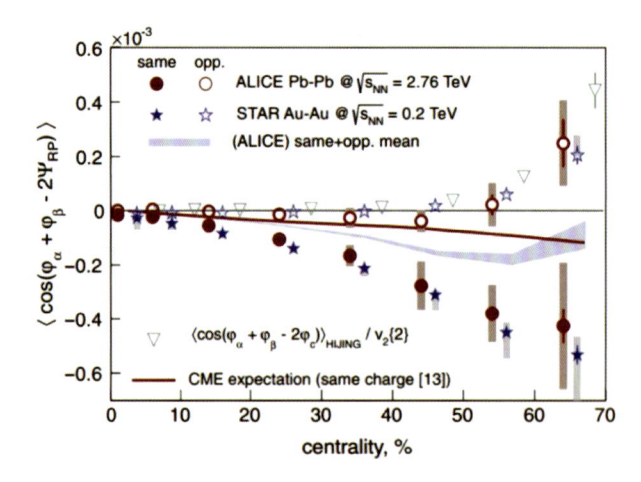

图 6.104 ALICE 测得带电粒子方位角关联

(7) 测量中存在的背景

图 6.105 的 (a) 图为 CME 所导致的电荷方位角关联，(b) 图为 CME 和横动量守恒共同导致的电荷方位角关联，(c) 图为 CME、横动量守恒、电荷守恒共同导致的方位角关联。除了 CME 之外，横动量守恒和局域电荷守恒背景均可导致类似的方位角关联。

图 6.105 带电粒子的方位角关联

所以当时认为强相互作用宇称破坏的现象被观测到了，但是进一步实验发现这可能是很大的背景造成的。这个背景从这两篇工作可以看得很清楚[8,9]。后来通过研究质子-重离子对撞的小系统得到了进一步确认。因为质子-重离子对撞的小系统也会产生磁场，但这种磁场跟碰撞的区域没有方向上的关联，所以不会产生特定方向的电荷分离现象。但是实验结果表明（图6.106和图6.107），大系统跟小系统的结果基本差不多：质子-铅碰撞的是方块实心的实验数据，铅-铅碰撞的是空心的实验数据，基本上是一样的。STAR的实验数据也是如此，质子-金碰撞、氚-金碰撞与金-金碰撞的实验数据都没有特别大的区别。这样就面临一个新的课题，如何在实验中去分离出信号与背景。

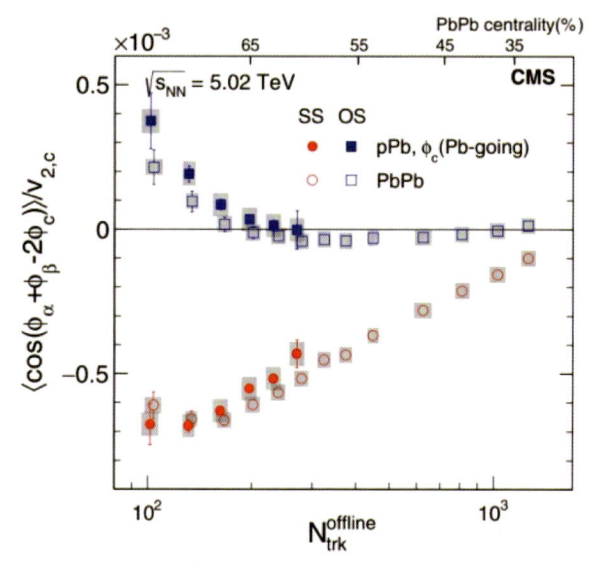

图 6.106　CMS 对小系统（质子-铅碰撞）与大系统（铅-铅碰撞）测得的带电粒子方位角关联

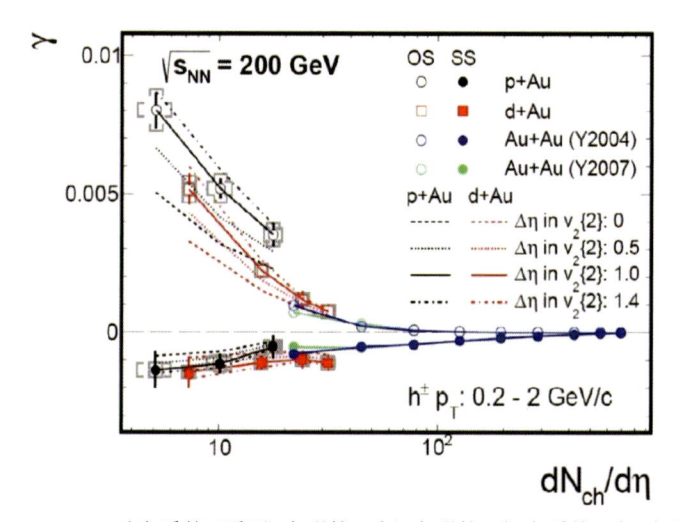

图 6.107　STAR 对小系统（质子-金碰撞、氚-金碰撞）与大系统（金-金碰撞）测得的带电粒子方位角关联

（8）分离信号和背景

为了分离出信号与背景，STAR 做了很大的努力，其中一个重要的实验就是同质异位素的碰撞。同质异位素具有相同的质量数，但电荷数或者说质子数是不一样的。不同的电荷数引发的磁场是很不一样的，而同样的质量数产生近似相等的集体流效应。通过同质异位素（Ru+Ru、Zr+Zr）的碰撞，产生磁场可以有10%的差别，而把集体流的背景预设成一样的，因此手征磁效应信号有可能从集体流的背景里面分离出来。STAR 实验组有很多不同的实验小组，有五六个实验小组分别独立地去做同样的分析，最终发现两个系统的一些观测量的比值都小于 1（图 6.108），表明目前在重离子同质异位素的碰撞里并没有明确地观测到手征磁效应。也就是说，至少在目前，通过金-金碰撞、铅-铅碰撞，包括小系统碰撞、同质异位素的碰撞，都没有明确的手征磁效应的实验证据。总之，通过对多种观测量、测量方法的全面研究，目前 STAR 实验还没有观测到明确的强相互作用 CP 局域破坏的信号。

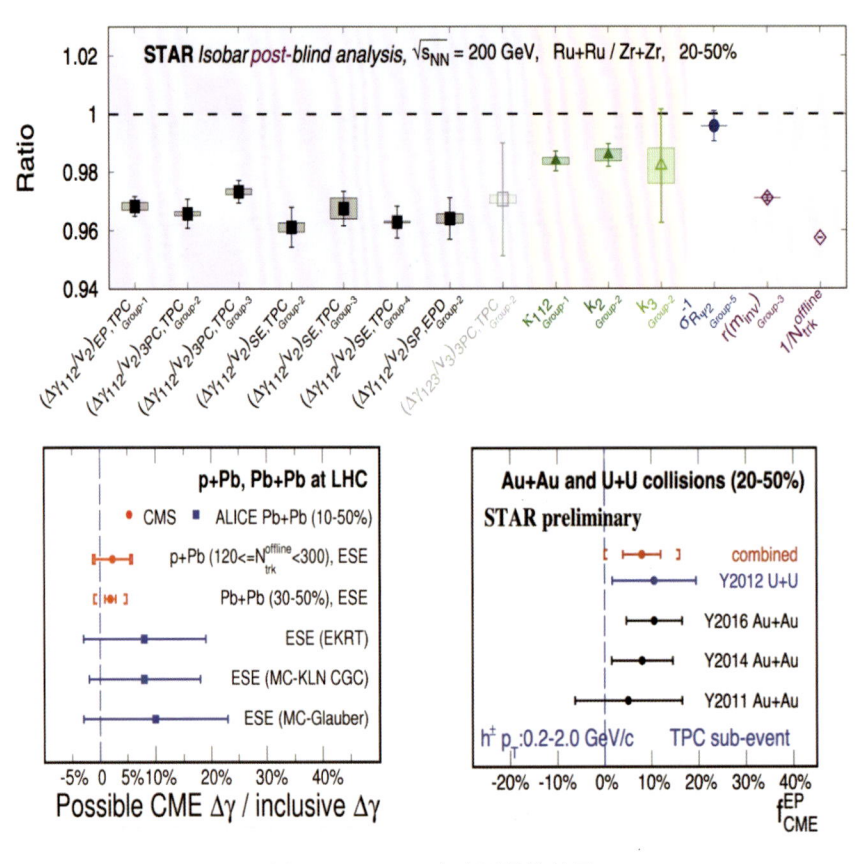

图 6.108 CME 实验测量的结果

（9）矢量介子的自旋排列

最后我提一下矢量介子的自旋排列。在重离子碰撞里面 STAR 实验组已经观测到了

Λ 超子的整体极化现象。对于矢量介子也可能存在类似的整体极化现象：自旋排列，通过对 ϕ 介子、K^{*0} 介子去测量它们衰变产物的角分布，可以提取出表征自旋极化的 ρ_{00} 值（图 6.109）。矢量介子的末态粒子角分布由图中左下角公式给出，可以看到从角分布中能计算出 ρ_{00}（矢量介子自旋密度矩阵中的纵向-纵向分量）。假如 ρ_{00} 值等于 1/3 就不存在矢量介子的自旋排列，大于 1/3 或小于 1/3，说明矢量介子有自旋排列的情况存在。

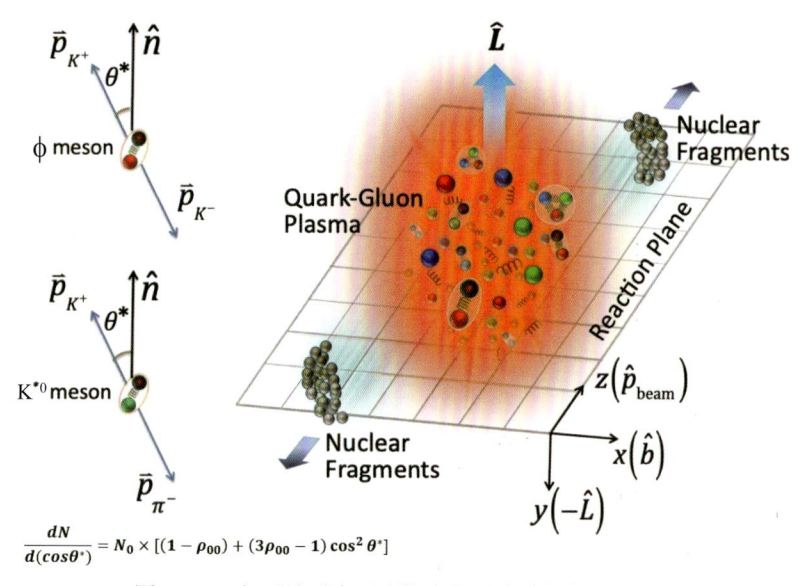

$$\frac{dN}{d(\cos\theta^*)} = N_0 \times [(1-\rho_{00}) + (3\rho_{00}-1)\cos^2\theta^*]$$

图 6.109　相对论重离子碰撞中矢量介子极化示意图

经过 5 年多的实验分析研究，我们观测到 ρ_{00} 值随着能量的下降，ϕ 介子是有非常明显的自旋排列的。而对于 K^{*0} 粒子，没有观测到它的自旋排列（图 6.110）。这个工作我们做了好多年，发表在 *Nature* 正刊上。我们中外七位工作人员是主要完成者，其中的一位博士后，是第二届赵忠尧英才班的学生。

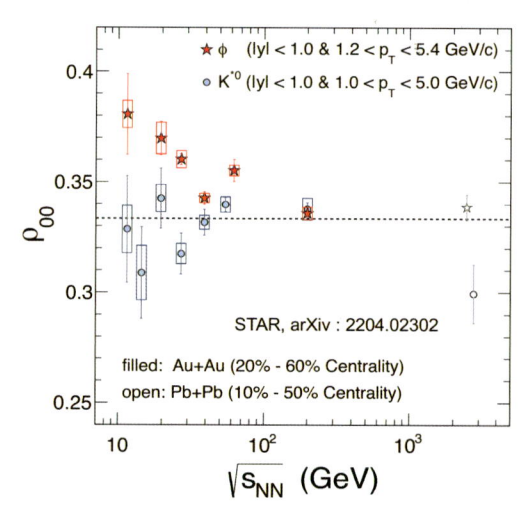

图 6.110　ϕ、K^{*0} 介子极化密度矩阵分量 ρ_{00} 随对撞能量变化

从理论的解释来说也是很复杂的，我们在实验上初步观测到了这样的一个明确的 φ 介子自旋排列的现象后，理论中做了很大的努力去解释，比如说有人用夸克组合（quark coalescence）去解释自旋排列的因素，另外电场、碎裂反应、局域自旋排列、湍流色场的效应都会对自旋排列产生一定的影响。但从目前与实验的比较来看，中国科大的王群老师跟盛欣力等提出的矢量介子强场的理论计算，跟我们的实验结果吻合最好。图 6.111 左边表中给出了不同矢量介子极化机制以及其所预言的 ρ_{00} 大小。右上图中红色星形点为 φ 介子 ρ_{00}，蓝色空心圆点为 K^{*0} 介子 ρ_{00}；右上图中红色曲线由左边表中最下方青色方框中极化机制所给出。这条红色线就是王群老师他们的理论结果，也就是说在重离子碰撞里面奇异夸克和反奇异夸克构成的一个 φ 介子场，使 φ 介子产生了自旋排列。

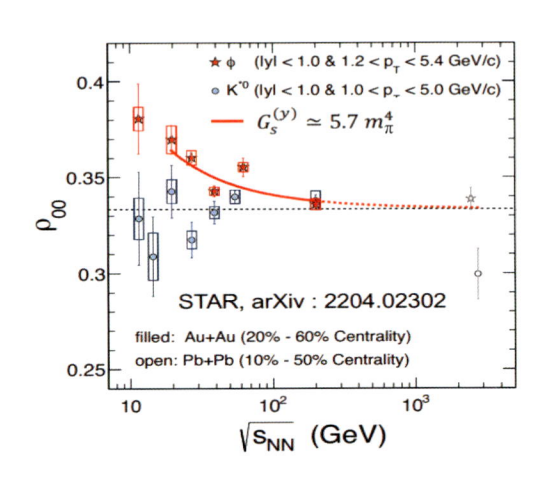

图 6.111　不同矢量介子极化机制以及其所预言的 ρ_{00} 大小

4. 结论

赵忠尧先生是反物质研究的开创者，中国核物理研究的开拓者。正电子的发现极大地推动了对反物质原子核的实验寻找甚至反物质原子的合成。正电子的技术，已经取得了广泛的应用，这在叶邦角老师的报告中讲到了许多，未来反物质原子核的应用也是值得期待的。我想随着科学技术的进步，有朝一日可能实现反物质原子核的一些应用。

在赵先生反物质开创性的工作指引下，中国高能核物理的队伍积极参与了国际对撞机大型实验组的合作。我们在反物质原子核的研究上也取得了一些成绩，包括观测到首个反物质超核，迄今最重的反物质原子核反氦4核，首次测量了反物质间相互作用，精确测量了正反超氚核的质量等等一系列工作。反物质还是检验强相互作用CP问题与CP对称性的重要探针。

赵忠尧先生毕生献给了祖国，献给了人民，献给了科学和教育事业。他的成就永远镌刻在科学史册上。他毕生追求科学真理，朴实无华，激励一代代科学人奋斗拼搏、矢志不渝。

再次祝中国科大物理学科继往开来，取得新的辉煌！

谢谢大家。

参 考 文 献

[1] Liang Z T, Wang X N. Globally Polarized Quark-Gluon Plasma in Noncentral A+A Collisions[J]. Phys. Rev. Lett, 2005, 94: 102301.

[2] Deng W T, Huang X G. Event-by-event generation of electromagnetic fields in heavy-ion collisions. Phys. Rev. C, 2012, 85: 044907.

[3] The STAR Collaboration. Global Λ hyperon polarization in nuclear collisions. Nature, 2017, 548: 62-65.

[4] Kharzeev D. Parity violation in hot QCD: why it can happen, and how to look for it[J]. Phys. Lett. B, 2006, 633: 260-264.

[5] Li Q, Kharzeev D, Zhang C et al. Chiral magnetic effect in ZrTe5[J]. Nature Physics, 2016, 12: 550-554.

[6] STAR Collaboration. Azimuthal Charged-Particle Correlations and Possible Local Strong Parity Violation[J]. Phys. Rev. Lett, 2009, 103: 251601.

[7] ALICE Collaboration. Charge separation relative to the reaction plane in Pb-Pb collisions at $\sqrt{s_{NN}}$=2.76 TeV[J]. Phys. Rev. Lett, 2013, 110: 012301.

[8] CMS Collaboration. Observation of charge-dependent azimuthal correlations in p-Pb collisions and its implication for the search for the chiral magnetic effect[J]. Phys. Rev. Lett, 2017, 118: 122301.

[9] STAR Collaboration. Charge-dependent pair correlations relative to a third particle in p + Au and d + Au collisions at RHIC[J]. Physics Letters, 2019, B798: 134975.

6.5 强流高功率离子加速器大科学装置及其发展 赵红卫院士

赵红卫,中国科学院院士,中国科学院近代物理研究所党委书记、副所长,兰州重离子加速器国家实验室副主任。

各位专家、领导、老师和同学们,大家好!

非常感谢中国科大物理学院邀请我来做这个报告,我将简单回顾赵忠尧先生与近代物理研究所的渊源,然后介绍强流高功率离子加速器大科学装置及其发展,以此纪念赵忠尧先生诞辰120周年。

1. 赵忠尧先生与近物所的渊源

(1) 赵忠尧先生在近物所主持了我国首台质子静电加速器建造工作

赵忠尧先生是我国核物理研究和加速器技术的开拓者。1955年他主持建成我国第一台700千电子伏的质子静电加速器。我们近代物理研究所的首任所长杨澄中先生,还有金建中先生、邬恩九先生等都参与了这个项目。

(2) 赵忠尧先生指导了近代物理所的发展

赵忠尧先生曾任近代物理研究所学术委员会委员,图6.112所示的是中国科学院在1963年9月19日批复的几个研究所学术委员会的成员,可以看到,赵先生是我们近物

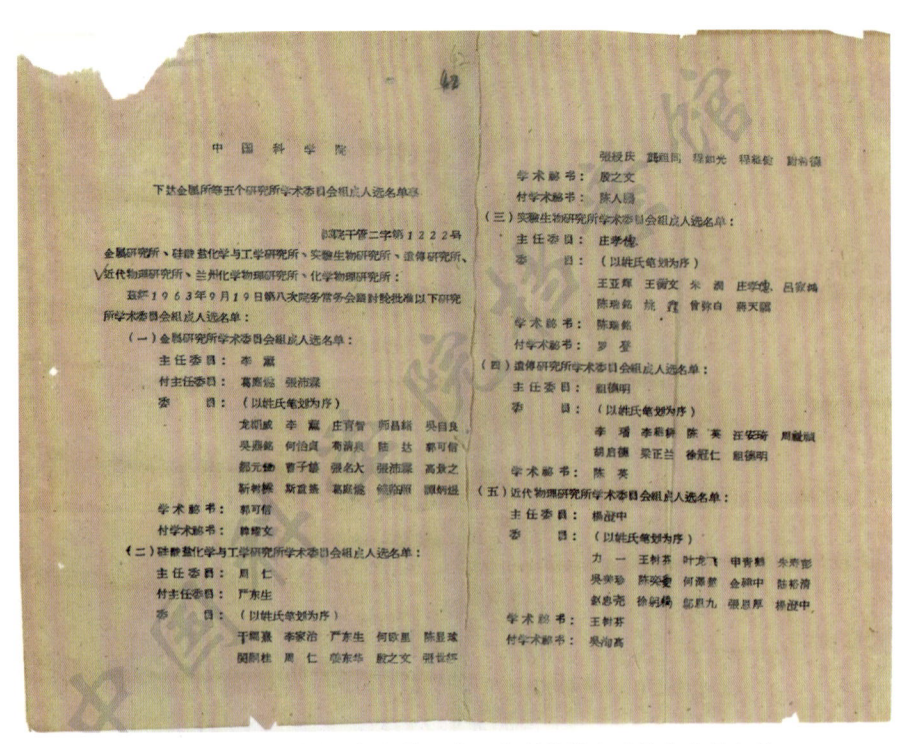

图6.112 中国科学院批复的五个研究所的学术委员会成员名单

所的委员，他对于近物所的发展，以及在1963—1964年的1.5米回旋加速器和400千伏高压倍加器的建造，还有近代物理研究所的青年科学工作者的培养，都曾给予了指导性的意见。图6.113展示的是1963年10月14至19日，近物所学术委员会会议的纪要，其中有一段是赵先生说的话，他指出："目前世界物理学方面争领先，不外以下三个方面，一是争设备大、人数多；二是争物理水准高；三是争实验技术好。前一种毕竟受条件限制，但后两种是可以做到的。这就需要青年同志们把基础打好；有了基础，任务也可迎刃而解了。"这段话在当时有很大的指导意义，即便发展到今天，也仍然非常适用，可以继续指引我们做好核物理和加速器物理方面的工作。

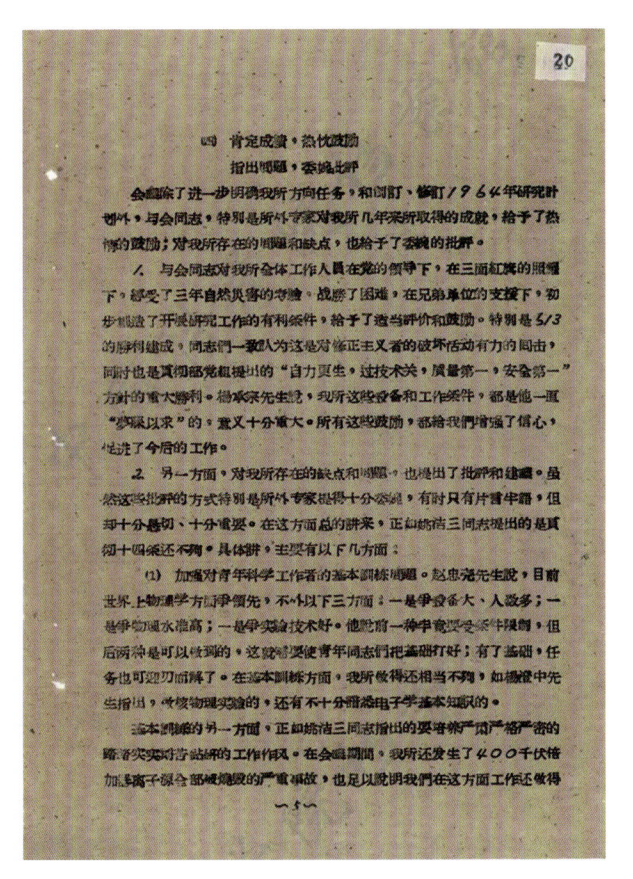

图6.113　1963年10月，近物所学术委员会会议纪要

2. 强流高功率离子加速器及其发展

对于强流高功率离子加速器，我主要介绍三个方面内容：一是强流高功率离子加速器，这里面包括了高功率的质子加速器和重离子加速器，以及国内外的现状和发展；二是向各位介绍目前我们近代物理研究所正在建设的两台"十二五"国家重大科技基础设施——强流重离子加速器HIAF和加速器驱动的嬗变装置CiADS的建设进展，以及其中

一些关键技术的预研结果;三是介绍强流高功率离子加速器的未来发展。

(1)强流高功率离子加速器及其现状

为什么需求高功率的离子束?离子束应用一般就是利用离子束来打靶,这个靶可以是固定的靶,也可以是运动的靶(打运动的靶,就是离子束和离子束之间的碰撞),通过核反应产生大量的产物,或者是高通量的次级粒子。这些产物或者次级粒子包括了次级的放射性粒子束,或者是稀有的同位素,或者是产生的中子、光子、中微子、缪子(μ子)等粒子束。利用粒子加速器产生的离子束,其关键参数包括离子束的能量、束流强度或者是亮度、束流品质,对于重离子来说还有电荷态。粒子束的能量决定了研究的物质微观结构层次和深度;而束流强度或亮度决定了反应事件率即产物的多少;而束流的品质决定了实验测量的精度。对于重离子加速器来说,束流的电荷态决定了加速器的能量、体积以及性价比或者成本。由于一般反应截面都非常低,要提高反应事件率,关键是提高束流强度和束流功率,核反应产物多少或次级粒子产额基本正比于束流强度和束流功率。

强流高功率离子加速器主要有哪些方面应用呢?这里介绍三个方面,如图6.114所示。一是在高能物理、核物理和高能量密度物理的基础研究方面,主要是强度或者是亮度的前沿,再包括中微子工厂、缪子源、对撞机产生的基本粒子源以及稀有同位素的产生、次级放射性束物理等,这些研究都是需要强流高功率离子束的。二是在材料科学和生命科学中,通过强流高功率离子束打靶产生中子束、中子源,或者是缪子束、缪子源。产生的中子束或者缪子束可以用来做材料或者生命科学里面的一些检测、探测,也包括材料的辐照,还可以用来做同位素制备,以及粒子成像等等。三是在先进核能方面,包括核废料的嬗变处理。利用强流高功率质子束来驱动和开展核废料的嬗变研究,或者是用加速器驱动的质子束来做先进核裂变能这方面的研究,也可以用于重离子束驱动的惯性约束聚变研究,目前这在国际上也是很热的。另外,在磁约束聚变中利用高功率离子束做中性束的加热,这需要负氢离子束,最后中和,得到的中性束的束流功率还是非常高

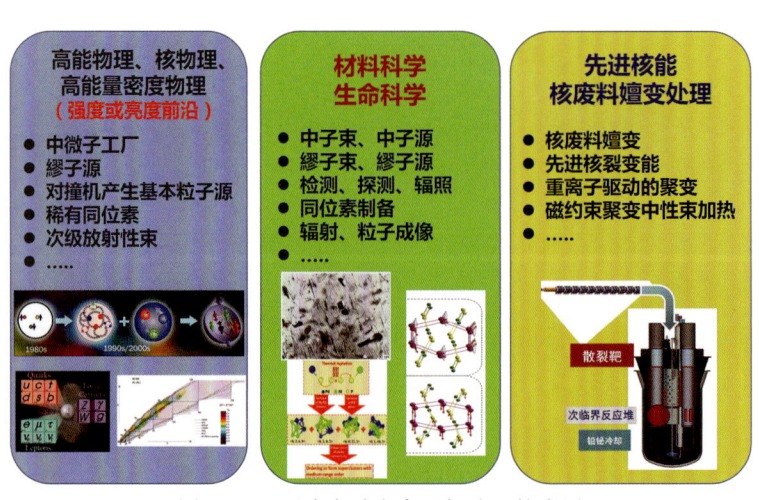

图6.114 强流高功率离子加速器的应用

的。因此在全世界范围内，有很多强流高功率离子加速器正在运行或建造，束流功率从几十千瓦到兆瓦量级，如图 6.115 中列了很多美国的、欧洲的、日本的还有我们国家的（离子加速器），我后面还会再举例介绍。

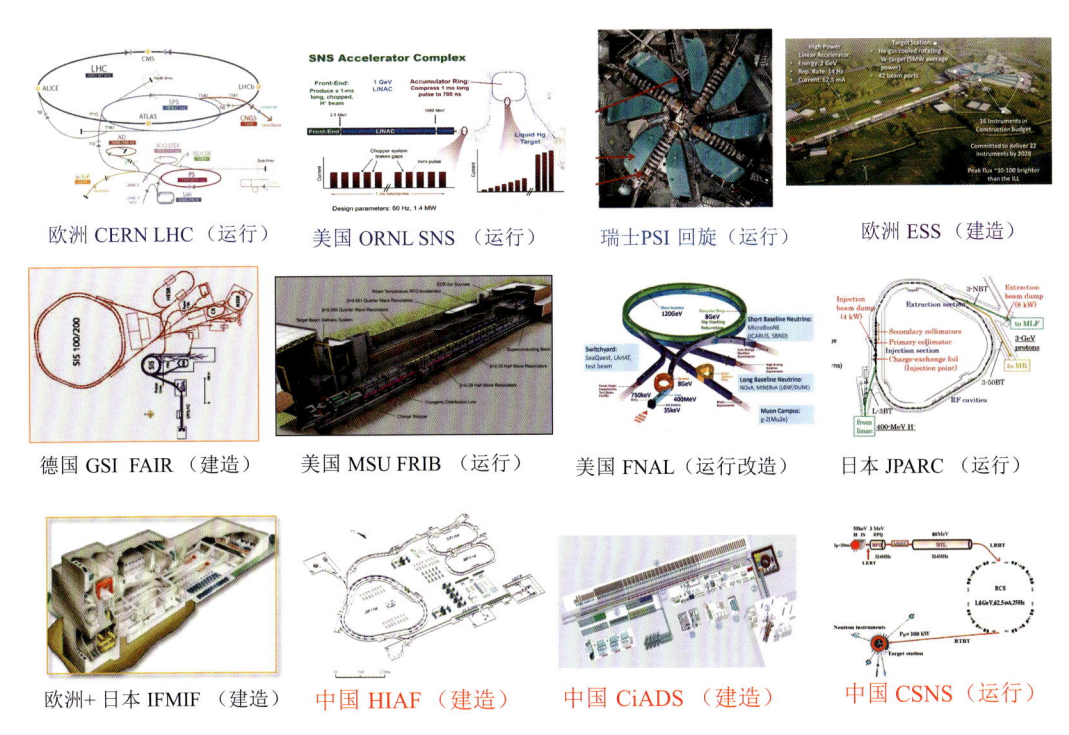

欧洲 CERN LHC（运行）　　美国 ORNL SNS（运行）　　瑞士 PSI 回旋（运行）　　欧洲 ESS（建造）

德国 GSI FAIR（建造）　　美国 MSU FRIB（运行）　　美国 FNAL（运行改造）　　日本 JPARC（运行）

欧洲+日本 IFMIF（建造）　　中国 HIAF（建造）　　中国 CiADS（建造）　　中国 CSNS（运行）

图 6.115　世界范围内强流高功率离子加速器（功率在 kW—MW 量级）

对于强流高功率离子加速器来说，主要是有两条技术路线，一个是高流强前沿，也就是强流高功率的方向，这种技术路线主要是超导离子直线加速器，束流功率基本上是在 0.2Z—10 MW 量级，这种技术路线能量相对比较低，例如一般质子束能量小于 3 GeV。图 6.116 上半部分展示了典型的强流高功率质子超导直线加速器的一个整体示意结构：在前端（低能量端），从离子源产生质子束，通过 RFQ 加速器进行初步加速，后面是一连串的适应不同质子速度的不同类型的超导腔，例如半波长超导腔、轮辐腔、椭球腔，最终可以把质子束的能量加速到 1 GeV，甚至接近 3 GeV，这是强流高功率的方向。还有一种就是高能量、高功率的方向，也就是高能量的前沿，如图 6.118 下半部分所示，主要是利用快循环同步加速器，它可以加速的束流功率是 1—5 MW，质子束能量可以超过 3 GeV，甚至几十 GeV。一个典型的技术路线就是利用直线加速器作为注入器，利用同步加速器首先作为增强器或者累积环，后面再接几台同步加速器或者储存环，逐步累积加速达到所设计的束流强度和能量。目前世界上正在运行的兆瓦级质子加速器，有美国的散裂中子源、瑞士的 PSI 回旋加速器，还有 J-PARC 和费米实验室加速器装置，正在建造的有欧洲散裂中子源 ESS 和近代物理研究所正在建造的 CiADS。

■ 强流高功率——超导离子直线加速器 (0.2—10 MW，< 3 GeV)

强流高功率质子超导直线加速器整体结构示意

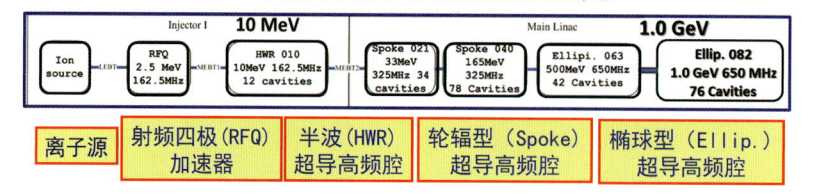

离子源　射频四极(RFQ)加速器　半波(HWR)超导高频腔　轮辐型（Spoke）超导高频腔　椭球型（Ellip.）超导高频腔

■ 高能量高功率——快循环同步加速器 (1—5 MW，> 3 GeV)

超导直线加速器　同步加速器增强器、累积环　同步加速器储存环、聚束器

图 6.116　高功率离子加速器的两条技术路线——高流强前沿、高能量前沿

对于兆瓦级功率的强流质子直线加速器，或者是离子直线加速器，主要的物理问题和技术上的挑战有几个方面。一个是强流束动力学，这里面最关键的就是束流损失控制，通过动力学模拟的 lattice 计算，一定要把束流损失降到很低，损失率基本上要控制在 10^{-4}—10^{-6}。还有一个是高性能超导腔体的设计、加工、表面处理、机械稳定性，这里面涉及大量的关键技术。还有就是在长期运行的时候，束流的频率、相位、幅度是动态变化的，这是一个动态稳定的过程，包括腔体的调谐、束腔相互作用，最难实现的是这种兆瓦级功率的束流长期稳定可靠地运行。在这个过程中，"束流动力学—低电平控制—束流损失探测—机器保护"这种反馈系统或者是故障自动恢复系统是比较关键的，这是确保兆瓦级束流功率长期稳定运行的关键。近代物理研究所由于先导专项和 CiADS 项目的需求，通过 20 MeV、10 mA 的超导质子直线加速器的研制和调试，积累了很多经验，基本上解决了这里面所涉及的大部分束流动力学和高功率下运行的核心技术问题。目前国际上质子超导直线加速器的束流功率没有超过 1.5 MW，未来期望能够达到 5—20 MW。

对于高能量、高功率的这个方向，就是兆瓦级的高能量质子同步加速器，主要物理问题和技术的挑战是这几个方面：一个是强流高功率质子束快循环 3D 涂抹注入、累积和储存，因为是快循环同步加速，所以有快 ramping 引起的强涡流效应和束流不稳定性问题。另外就是在强束流下，束流损失的控制，在快 ramping 的同步加速器里面，质子束有 10^{14}—10^{15} ppp（ppp：每个脉冲束团的离子数），这个束流强度是相当高的。在这么高的束流强度下，束流的集体不稳定性、束团的压缩和聚束等束流动力学的问题都必须解决，包括强流高功率下束流的慢引出。在高功率运行的情况下，"束流动力学—低电平控制—束流损失探测—机器保护"这种故障的自动探测、反馈和恢复，都是关键核心技术。目前国际上质子同步加速器束流功率也没有超过 1.5 MW，未来可能达到 4—5 MW。

下面举例说明国际上正在运行或建造的几台高功率离子加速器。图 6.117 上半部分是目前美国橡树岭国家实验室散裂中子源（SNS）的加速器装置，它利用了 1 台超导直线加速器作为注入器，能量是 1 GeV，平均束流强度 1 mA，束流注入这个累积储存环或者累积压缩环，进行束流累积，最后制备出所需要的高功率的脉冲质子束，然后打靶产生中子，它出来的束流平均功率达到了 1.4 MW，这个散裂中子源是世界上目前运行的束流功率最高的。图 6.119 下半部分是过去十几年来 SNS 的运行情况、束流使用以及使用率，基本上从 2010 年开始，它就在 1 MW 左右，长期稳定运行，特别是 2018 年一直到现在，每年基本上是能够在1.3—1.4 MW 的束流功率下稳定运行，每年运行时间是 5000 小时左右，它的使用率高达 95%，这确实是做得非常好的。

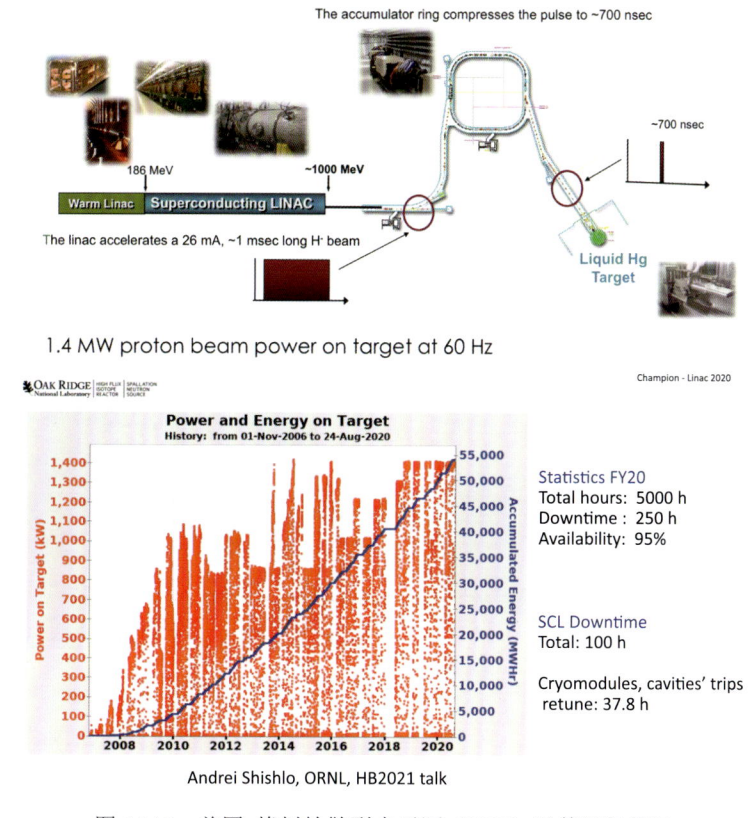

图 6.117 美国-橡树岭散裂中子源（SNS）及其运行状况

图 6.118 上半部分所示的是瑞士 PSI 两台回旋加速器串在一起的加速器装置，这台质子回旋加速器最后出来的能量是 590 MeV，它的束流强度，也就是 CW 连续波的束流强度是 2.4 mA，它的束流功率基本可以达到 1.3—1.4 MW。图 6.120 下半部分展示了过去 20 多年来，这个装置在这么高的功率下运行的情况。大家可以看到，基本上从 1998 年开始，束流功率就能达到 1 兆瓦，特别是最近这十几年，基本上维持在 1.2—1.4 MW，

那么整体来说，它运行的效率或束流使用率是非常高的，维持在 85%—95%这么一个水平。美国 SNS 和瑞士 PSI 回旋加速器这两台应该是目前世界上束流功率最高的质子加速器，而且是运行水平最高的。

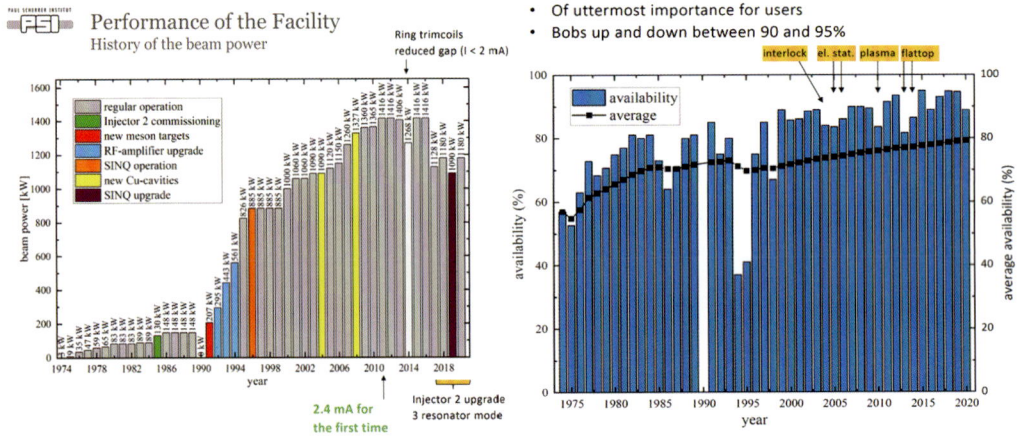

图 6.118　瑞士 PSI 质子回旋加速器及其运行状况

图 6.119 所示的日本的 J-PARC，这台快循环的质子同步加速器，它日常供束的束流功率是 740 kW 左右，最近这两年最高的束流功率曾经达到 1 MW，但是在 1 MW 下还不能稳定供束，大部分情况下还是七八百千瓦。

图 6.120 所示的美国费米实验室的高能质子加速器集群装置，它是由几台直线加速器作注入器、好几台快循环的同步加速器或储存环构成。目前它的质子束最高能量是 120 GeV，运行的束流功率大概是 0.8 MW，粒子数是 $5.4×10^{13}$ ppp。它现在正在升级，期望能够达到束流功率 1.2 MW，粒子数达到 $7.5×10^{13}$ ppp。未来计划是到 2027 年，希望在 120 GeV 的能量下，束流功率能够达到 2.4 MW，主要将用于长基线中微子的项目。

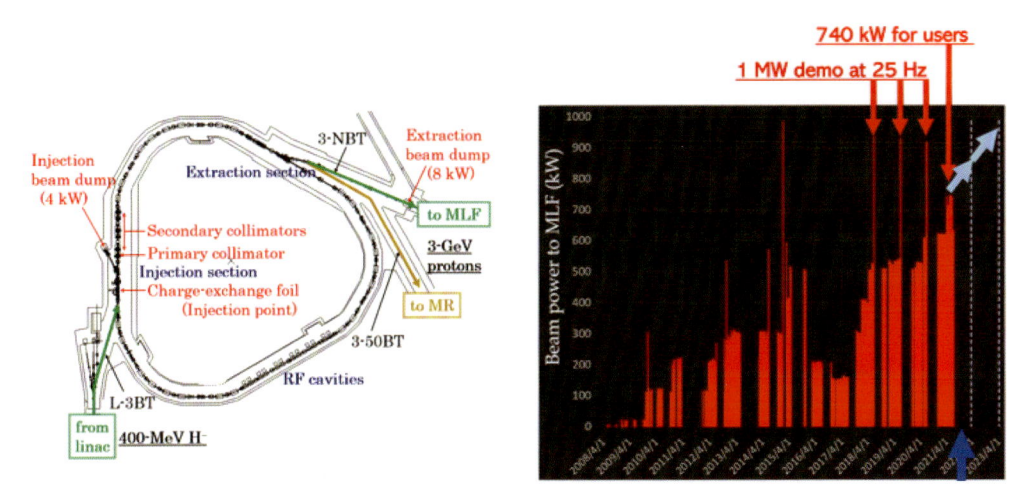

图 6.119　日本 J-PARC 快循环质子同步加速器及其运行状况

图 6.120　美国费米实验室高能质子加速器集群装置

欧洲散裂中子源（ESS）正在建设，如图 6.121 所示，这是一台 2 GeV，平均束流强度 2.5 mA，束流功率 5 MW 的超导直线加速器，全长 350 m 左右，前段也是 RFQ，然后是常温段（90 MeV 是常温段）的直线加速器，后段是用超导腔加速，这是正在建设的世界上束流功率最高的超导直线加速器，也是束流功率最高的中子源。

图 6.121　欧洲散裂中子源 ESS

图 6.122 展示的是我们国家高能所在东莞建设的散裂中子源，正在运行的束流功率是 100 kW，二期工程升级到 0.5 MW，质子束的能量是 1.6 GeV。

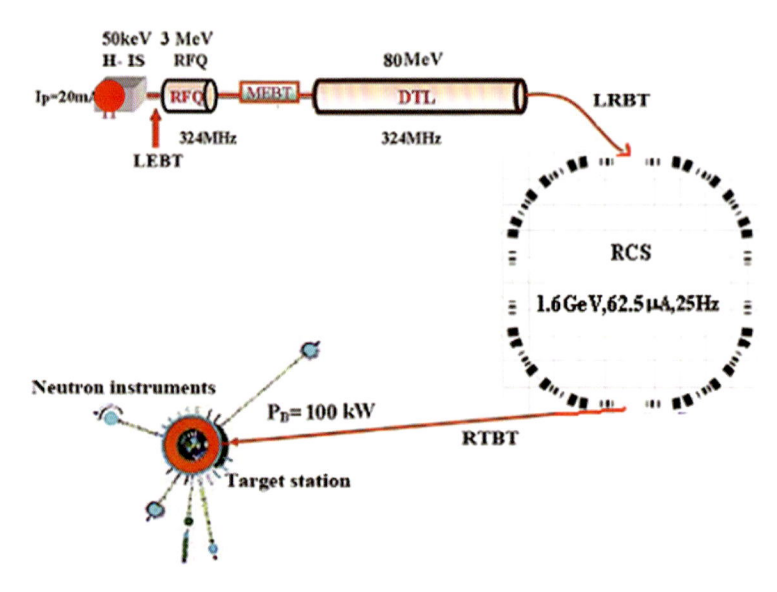

图 6.122　中国东莞散裂中子源 CSNS

近代物理研究所在惠州正在建设的加速器驱动的嬗变研究装置，它的直线加速器是一个能量 500 MeV、连续波质子束束流强度 5 mA、束流功率 2.5 MW 的质子超导直线加速器。它的总长度 300 多米，如图 6.123 所示，实验终端包括反应堆，还有材料辐照终端。这可能是 10 年内我们国家唯一可能超过 1 MW 的强流高功率离子加速器。

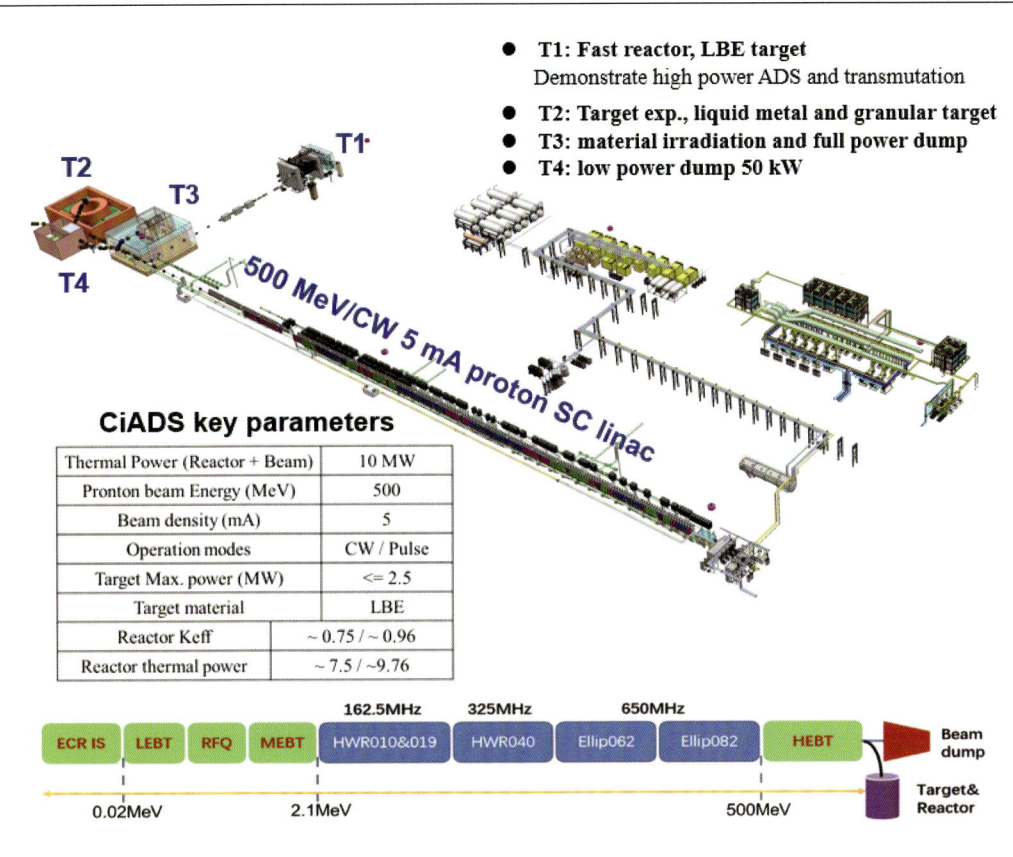

图 6.123　中国惠州加速器驱动嬗变研究装置 CiADS

美国密歇根州立大学的稀有同位素束流装置 FRIB，经过 7—8 年的建设，已经投入运行，如图 6.124 所示，它的重离子束流功率达到 400 kW，束流的能量是 200 MeV 每核子。这个加速器已经建成，最近已经投入运行，开始实验束流强度还是比较低的，尽管

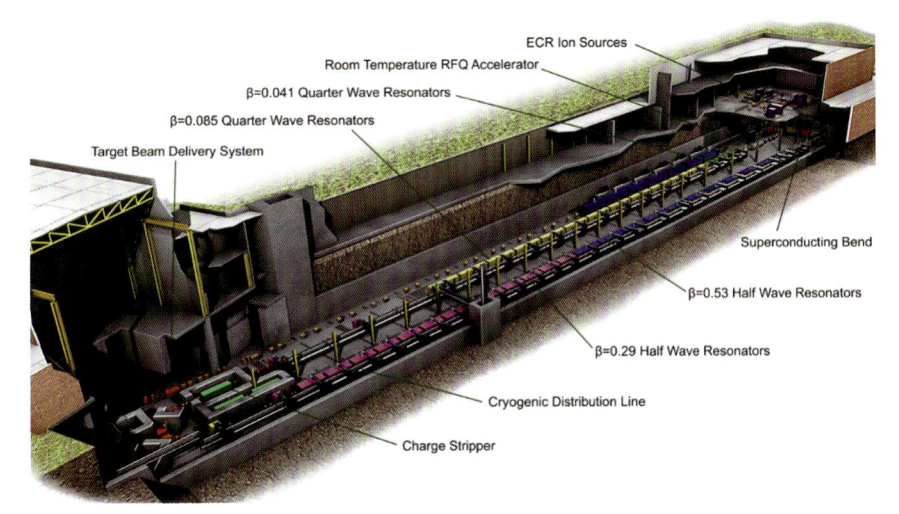

图 6.124　美国高功率重离子加速器 FRIB

它的能量已经达到了 200 MeV 每核子，但是束流强度比设计的大概低 2 个量级。现在是在几十千瓦的情况下正在运行，然后慢慢地，他们会把束流功率逐步提高。

德国 GSI 正在建设一台反质子包括高能量的重离子加速器装置 FAIR，如图 6.125 所示，它是以已有的加速器作为注入器，然后再建设三个同步加速器储存环，设计目标是 $^{238}U^{28+}$ 离子束能量达到 1.5 GeV 每核子，希望 SIS100 这个环里面的束流强度能够达到 5×10^{11} ppp。

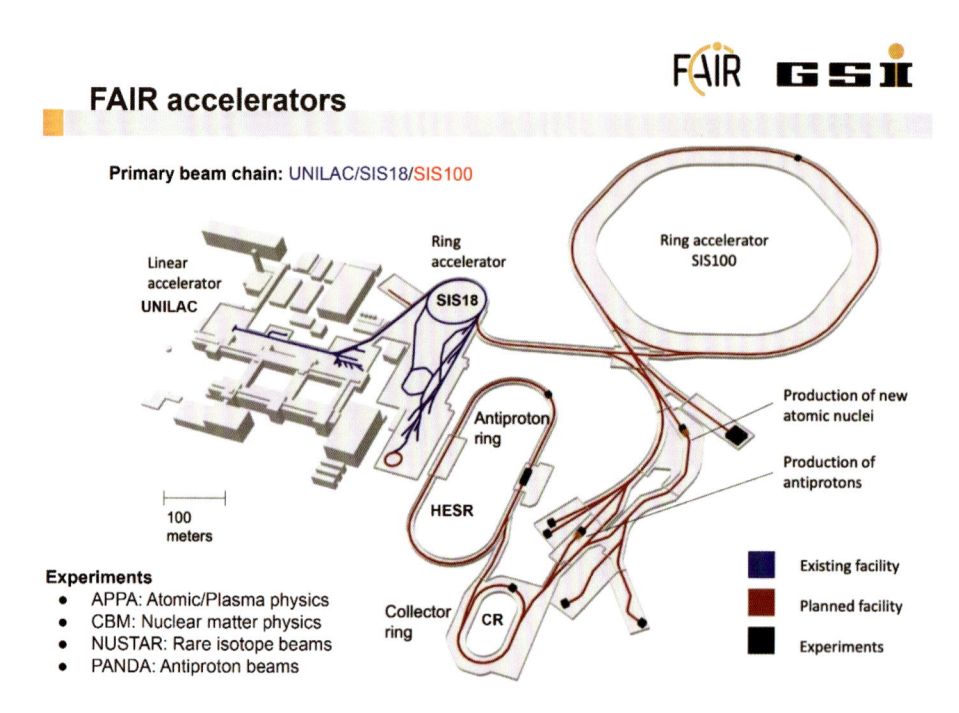

图 6.125 德国强流高能量重离子加速器 FAIR

在惠州，目前我们建设的"十二五"重大科技基础设施，强流重离子加速器装置 HIAF（图 6.126），也是一台重离子加速器，利用一台超导重离子直线加速器作为注入器，能量是 17—25 MeV 每核子（对于 U 束），后接一个快循环的同步加速器，再接一个储存环。我们期望 U 离子束的能量达到 0.8 GeV 每核子，束流强度达到 0.5×10^{11}—2×10^{11} ppp。

（2）HIAF&CiADS 建设进展及关键技术预研

接下来介绍一下 HIAF 和 CiADS 建设进展以及一部分关键技术预研的情况。HIAF 和 CiADS 这两台基于强流离子加速器的大科学装置目前正在广东惠州进行建设，HIAF 的总造价是 28 亿，建设时间是 2018 年开工的，期望 2025 年建成；CiADS 总经费是 40 亿，2021 年 7 月份开工，期望 2027 年建成。CiADS 主要目标是核废料的嬗变处理研究，而 HIAF 主要目标是用于核物理、高能量密度物理、原子物理及重离子束应用等研究。

如图 6.126 所示，HIAF 前端的注射器完全是一个重离子超导直线加速器，对 U 束能量是 17—25 MeV 每核子，这个快循环的同步加速器 BRing 周长约 570 m，最高能量 $^{238}U^{35+}$ 离子可以达到 835 MeV 每核子，BRing 后面既是一个储存环，也是一个高精度的谱仪，可以做核物理研究，也可以做电子和离子复合原子物理研究；这两个环之间是一个放射性束流线，也是一个高能量的分离器（fragments separator）。HIAF 加速器周围有好几个实验终端，是低能量的研究核结构和辐照终端，外靶实验终端包括研究核物质、超核、高能量辐照探测器，以及放射性束物理以及高能量密度物理研究终端。目前 HIAF 整个基建工程已经完成了约 50%，HIAF 的大部分设备已经开始批量生产。

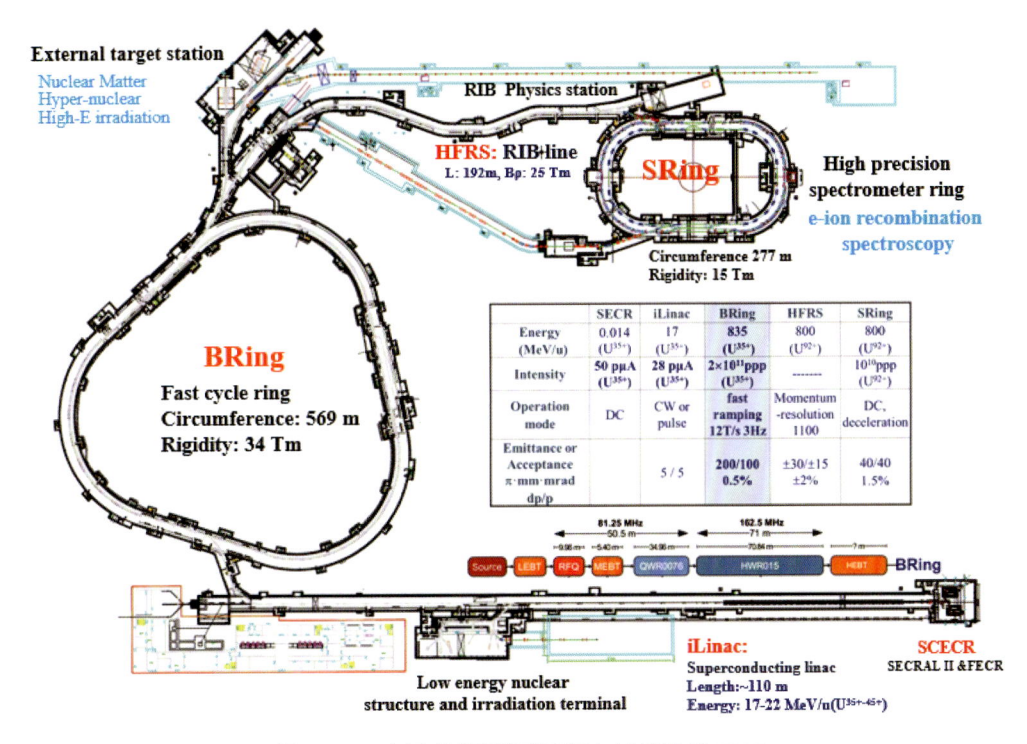

图 6.126　中国惠州强流重离子加速器装置 HIAF

图 6.127 所示的是在惠州的建设现场，HIAF 在左，CiADS 在右，周围是一些辅助设备以及测试大厅。

CiADS 是用一个连续波质子束能量 500 MeV、束流强度 5 mA 的加速器作为驱动，后面有 4 个终端，一个是快的次临界反应堆，是用液态的金属铅铋靶验证这种高功率的 ADS 和嬗变处理装置。同时还有一些液态金属靶或者是颗粒流靶的实验平台、材料辐照的实验终端等等。这台 500 MeV 的质子超导直线加速器的设计全长 300 多米，前端利用 RFQ 进行加速，后面利用半波长的超导腔和椭球腔进行加速，把质子束加速到能量 500 MeV。目前 CiADS 正在进行基建，主体设备在进行工程设计，一部分设备已开始加工，还有一些关键核心技术正在预研和验证。

图 6.127　HIAF 与 CiADS 建设现场

最近这几年我们针对 HIAF 和 CiADS 开展了一系列的关键核心技术的预研，有些研究结果还是比较好的，验证了当时设计的关键核心技术。我这里讲 4 个方面，一个是强流高电荷态重离子束的产生。在过去几年，我们建造了两台 24—28 GHz 的超导高电荷态 ECR 离子源，一方面是为 HIAF 这种需要强流且非常高电荷态的重离子束产生做预研，另一方面，正在运行的兰州重离子加速器装置也需要高流强的高电荷态重离子束。这两台超导离子源在过去几年产生了目前绝大部分高电荷态重离子束的束流强度世界纪录——图 6.128 中红字部分全是世界纪录的束流强度，O，Ar，Kr，Xe，Bi，U，这里面大部分的离子束已经为兰州重离子加速器运行供束。这是其中一个例子，如 Kr^{26+} 离子束，250 μA，连续 27 天没有中断运行供束，展现出很好的长期供束的稳定性与可靠性，这 27 天基本上没有去动它，束流没有中断。

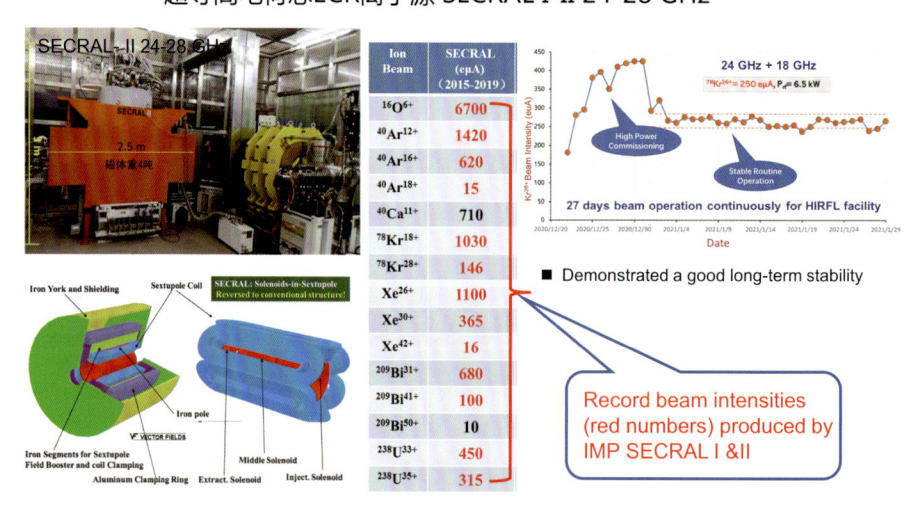

图 6.128　超导高电荷态 ECR 离子源 SECRAL

同时我们正在建设世界上首台第四代超导高电荷态 ECR 离子源（FECR），如图 6.129 所示，这台离子源主要是基于铌三锡高场磁体技术和 45 GHz 高功率微波技术。这里面最大的挑战，是这个高场铌三锡超导磁体，该磁体最高磁场达到了 11.8 特斯拉。45 GHz 微波功率是 20 kW。该 45 GHz 离子源建成后所产生的高电荷态重离子束流强度可能是前面 28 GHz SECRAL 所产生的世界纪录的 3—5 倍，也就是说束流强度和电荷态都有较大幅度的提高。项目开始于 2015 年，当时我们主要是和美国伯克利实验室合作，进行了超导磁体概念性设计和初步结构设计，从 2016 年开始，美国就禁止合作了，所以后面所有的工程设计、样机研制和测试都是我们独立开展的。我们花了 5 年时间做了样机磁体，它是一个六极铁和两个螺线管构成的磁体，样机磁体结构、主要尺寸大小和这个铌三锡真机磁体一样，只不过长度是真机铌三锡磁体的一半。经过 5 年的设计建造、工艺摸索，六极磁体样机单独加电励磁的时候，最高可以达到设计值的 90%，然后六极磁体和螺线管同时加电励磁，六极铁最高可以达到 77% 的设计目标。在图 6.130 中可以看到，几乎没有磁体锻炼效应，而且发现有线圈损伤和性能衰退，主要是有两个六极线圈损伤了，我们知道基本的原因。所以通过样机的研制，我们验证了整个磁体的设计结构和装配工艺，同时也通过对样机磁体做的 8 次装配和励磁测试学到了很多东西，也有很多教训。现在这个正式的超导磁体已经基本上装配完成，整个研制过程到现在差不多历时 8 年。在正式低温励磁测试之前，我们对失超保护（quench protection）等还会再做进一步的验证。这个磁体是通过西部超导公司联合研制加工的，装配和低温励磁测试主要是由我们所负责。

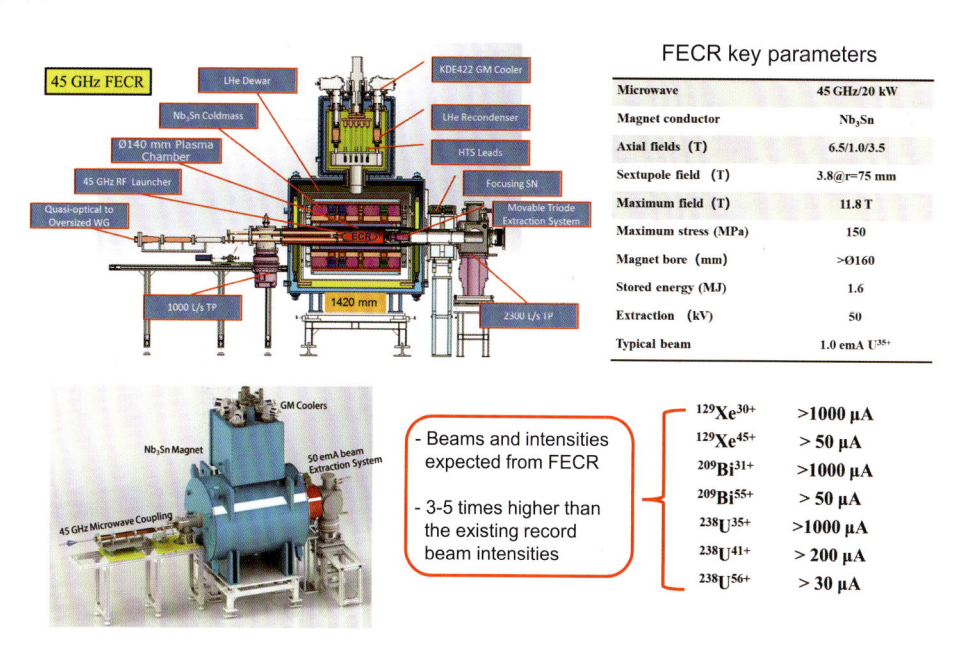

FECR key parameters	
Microwave	45 GHz/20 kW
Magnet conductor	Nb_3Sn
Axial fields (T)	6.5/1.0/3.5
Sextupole field (T)	3.8@r=75 mm
Maximum field (T)	11.8 T
Maximum stress (MPa)	150
Magnet bore (mm)	>Ø160
Stored energy (MJ)	1.6
Extraction (kV)	50
Typical beam	1.0 emA U^{35+}

- Beams and intensities expected from FECR
- 3-5 times higher than the existing record beam intensities

$^{129}Xe^{30+}$ >1000 μA
$^{129}Xe^{45+}$ > 50 μA
$^{209}Bi^{31+}$ >1000 μA
$^{209}Bi^{55+}$ > 50 μA
$^{238}U^{35+}$ >1000 μA
$^{238}U^{41+}$ > 200 μA
$^{238}U^{56+}$ > 30 μA

图 6.129　第四代超导高电荷态 ECR 离子源 FECR

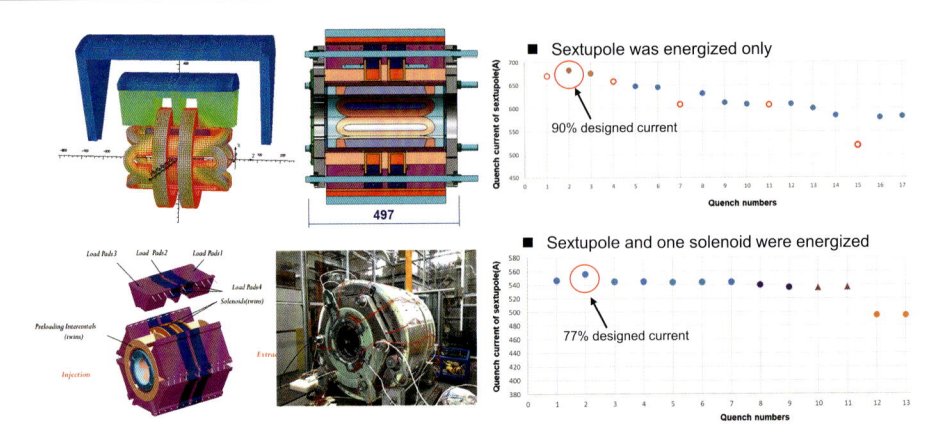

图 6.130 FECR 铌三锡超导样机磁体性能测试结果

另外就是 HIAF 所需要的二级铁快 ramping 高功率电源。由于空间电荷效应和动态真空效应的影响，为了减少束流损失，HIAF 的这个快循环同步加速器需要非常快的 ramping（二极铁需要非常快的上升），每一秒是 12 特斯拉，那么对应所需要的电源功率很高，3900 A，3600 V，3Hz，ramping 速率（上升和下降的速率）是 38000 A/s，而且要非常高的跟踪精度、非常低的电流纹波，电压稳定度要求很高，达到 5×10^{-5}（纹波也是 5×10^{-5}），最终我们采用了全储能这个比较创新的技术方案。经过了一台全功率的二极磁体电源样机的研制，最后与 4 台二极铁串联起来进行测试，全真模拟了 HIAF-BRing 二极铁 ramping 的过程，测试时电源达到了 4000 A，ramping 的速率达到了 38000 A/s，测试持续了 72 个小时，跟踪精度（$\pm 9.65\times10^{-5}$）接近设计指标，如图 6.131 所示。这可能是加速器领域采用这种技术首次达到这么快的 ramping 速率了，特别是在这么高的功率条件下。

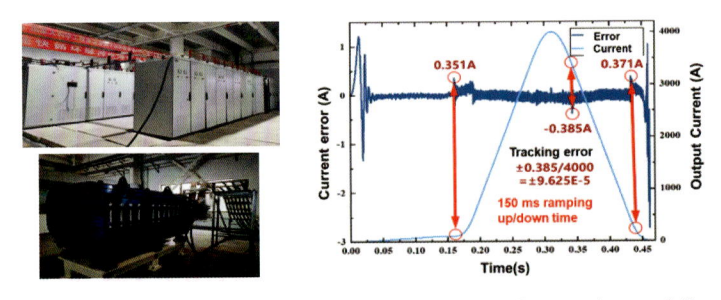

图 6.131 HIAF 二极铁快上升全储能电源样机测试结果

还有一项关键技术是磁合金高频腔。HIAF 需要的加速腔总电压是 240 kV，上升时间非常短，要小于 10 μs。为了达到这样的要求，我们采用这种大尺寸的磁合金加载的射频腔。但是这种大尺寸的磁合金环，国外无论是美国还是日本，都是对中国禁运的。在这种情况下，我们只能自主研制，我们所和青岛的一家公司联合起来共同研制，建立了生产线，采用了很多新的技术，经过将近 10 年的努力，从这种 96 mm 的小磁环，到 460 mm、750 mm 一直到 780 mm 直径的这种大磁环，做了一系列的研究和研制。我们 HIAF 需要的是 750 mm 直径的大尺寸磁合金环，最后研制成功。我们研制的大尺寸磁合金环，它的性能比目前世界上做得最好的日本东芝大尺寸磁合金环性能还好。图 6.132 是我们自己做的大尺寸磁合金环与日本东芝的性能对比，左下图是 Q 值，横坐标是频率；右下图是 μ′pQf 值，这个值实际上是与腔体的阻抗相关，这些可以看出我们的性能确实是比日本东芝的好。日本东芝坚决禁止给中国出口这种大尺寸的磁合金环，在某种程度上也是一个垄断、卡脖子的技术。

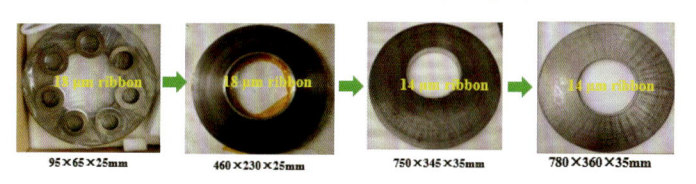

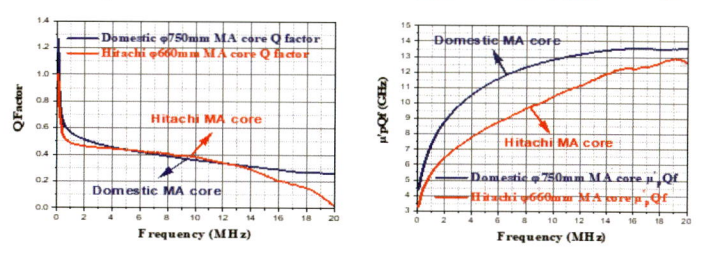

图 6.132　高性能超大尺寸磁合金环研制及测试结果

利用 750 mm 的大尺寸磁合金环，我们做了一个 HIAF 的高频腔样机系统，测试的结果是每一个腔体的电压可以达到 50 kV，频率是 0.3—2.1 MHz。为了达到 240 kV，总共设计了 6 个腔体，性能还是比较好的。

最后介绍一下强流高功率质子超导直线加速器预研的情况。由于 CiADS 高功率超导直线加速器的要求，我们经过几年的努力，成功研制世界上首台束流能量 17—20 MeV，5—10 mA 的连续波质子超导直线加速器。这项工作实际上是分了两个阶段。第一个阶段在 2011—2017 年，在科学院先导专项的支持下，近代物理所和高能所通过合作，在 2017 年建成了 25 MeV 质子超导直线加速器，CW（连续波）质子束流情况下，束流强度可以达到 0.2—1.1 mA。它有几个里程碑：2015 年达到了 5 MeV/3 mA，连续波，这已经是世界上首次了；2015 年 10 MeV/1.1 mA；2017 年 25 MeV/0.2 mA。第二个阶段是 2018～

2021 年，我们又利用其他项目的支持，对这个加速器进行了改造，希望能够实现 20 MeV 连续波 10 mA 质子束的稳定加速，对相关关键技术进行验证。实际上 2019 年我们达到了 16 MeV，在连续波的情况下，束流强度 2 mA；到 2021 年 3 月份，我们实现了在 17—20 MeV 的质子束能量下，连续波 5—10 mA 的稳定加速。

图 6.133 是 2021 年 1 月 20 日至 3 月 10 日这台加速器两个多月连续的束流强度的历史记录，纵坐标是利用在高能束线上的 DCCT 测量的束流强度，横坐标是没有中断的时间记录，可以看出，一开始束流强度是 2—3 mA，然后慢慢地提高到了 5—6 mA，曾经短时间调试并达到过 10 mA，然后基本上稳定在 6—7 mA。科学院组织了现场测试，请了 20 多个专家，开始了 100 多个小时的现场连续束流测试，质子束流能量是 17.18 MeV，束流强度是 7.5 mA，连续进行了 108 个小时连续无中断束流测试，这是当时现场测试计算机上的硬拷贝记录。连续 108 个小时测试后，又把束流强度提升到了 10 mA，在 10 mA 的情况下，连续测试了 12 个小时，能量 17 MeV 左右。在 108 个小时连续的束流运行过程中，束流强度 7.5 mA 情况下，束流可用效率达到了 93.6%；在 10 mA 的情况下，连续地进行测试 12 个小时，最终把束流能量提高到 20 MeV，达到总的束流功率 205 kW，当然在 205 kW 下，由于束流收集器很难承受更高的功率，所以束流只是维持了几分钟。我们成功地进行了 10 mA 连续波质子束稳定加速，并在约 120 kW 束流功率下连续进行了 100 多个小时的束流稳定性测试，这在连续波质子超导直线加速器领域属国际首次。在 108 个小时长时间（17 MeV/7.5 mA）的这个实验测试过程中，出现的故障主要是来自于真空泵故障，还有控制系统一些故障，这些问题都是可以解决的。

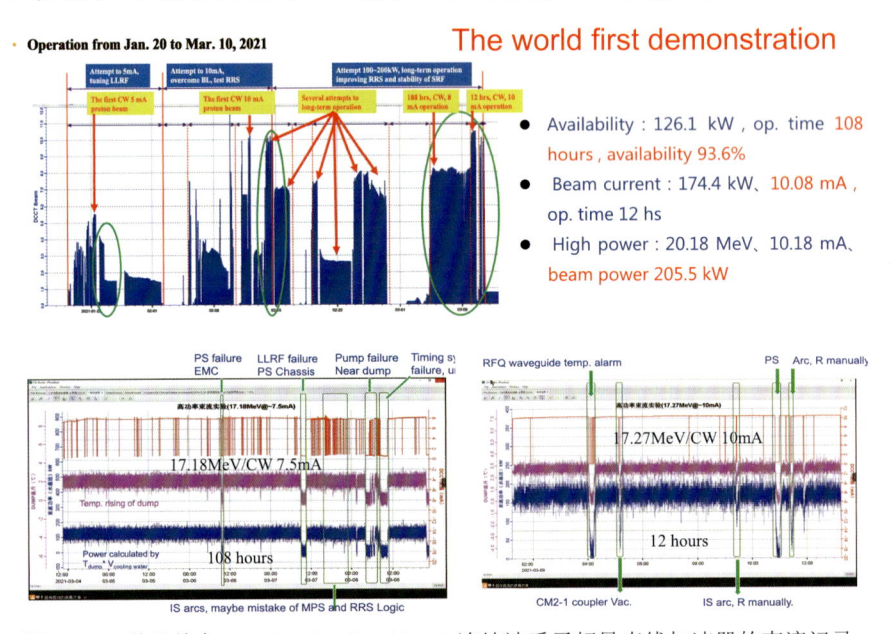

图 6.133 世界首台 17—20 MeV/5—10 mA 连续波质子超导直线加速器的束流记录

（3）未来发展

目前全世界来说，这种高功率的，特别是 4—5 MW 的高功率质子加速器，它的驱动力主要来自于缪子对撞机、中微子工厂等需求。美国以及欧洲现在计划的中微子工厂和缪子对撞机，它的驱动加速器基本上是需要几个 GeV 的质子束，4—5 MW 的高功率质子加速器，这是国际上高功率质子加速器发展的主要驱动力，现在无论是美国还是欧洲都在开展这种高功率的质子加速器的研究。

未来近代物理研究所将 HIAF 建成以后，希望能够将 iLinac 注入器的能量从 17 MeV/A 升级到 150 MeV 每核子，并在 BRing 同一个隧道里面再增建一个全超导的同步加速器，然后在 SRing 储存环里也增加一个全超导的储存环，希望能够将整个 HIAF 的 U 束的离子能量从 0.8 GeV/A 提高到 2.95 GeV 每核子，束流强度能够从 1×10^{11} 提高到 1×10^{12} ppp，这是未来的升级计划。

CiADS 现在的质子束能量是 500 MeV，未来希望能够把它升级到 2 GeV，束流强度也能够升级到 5—10 mA，质子束流功率最高到 20 MW，这可能是世界上束流功率最高的质子直线加速器。如果按照计划升级，HIAF 未来有可能是世界上束流强度最高的重离子同步加速器装置。

在惠州基于 HIAF 和 CiADS 将可能建成强流离子加速器集群装置。升级后的 CiADS 可以与 HIAF 连在一起，利用这个高功率的 CiADS 作为驱动来产生放射性束，CiADS 束流功率非常高，产生的次级放射性束流种类很多、束流强度很高，将用于放射性束流物理研究。利用这个升级后的 HIAF——因为它束流强度很高、能量也比较高——可以开展重离子驱动的高能量密度物理研究，甚至开展重离子驱动的惯性约束聚变的前期研究。升级后的 HIAF 也可以作为注入器，再增建一个电子离子对撞机，就是 EicC 装置，即建设比美国 EIC 能量稍微低一点的高亮度电子离子对撞机，进行核子结构的研究。利用升级的 CiADS 和 HIAF 装置，还可以产生缪子束开展相关物理和应用方面的研究。

3. 结束语

强流高功率离子加速器在粒子物理和核物理前沿基础研究以及诸多的国家需求方面应用非常广泛，目前世界上有多台兆瓦级的高功率质子加速器在运行。近代物理所正在惠州建设 HIAF 和 CiADS，我们开展了一系列的关键核心技术预研，取得了预期的效果，验证了核心技术：产生了重离子束流强度的世界纪录；快 ramping 的二极磁铁电源研制成功，ramping 速率达到了 38000 A/s；突破了垄断的卡脖子技术，研制成功大尺寸磁合金环，研制成功 HIAF 磁合金高频腔系统；在世界上首次建成了 17—20 MeV/5—10 mA 的连续波质子超导直线加速器，验证了 10 mA 连续波质子束稳定加速。可以说，在强流高功率离子加速器部分关键技术或一些点上，或一些分系统上，我们国家实际上已经开始处于领先地位。只有 HIAF 和 CiADS 建成并达到设计指标，能够稳定运行，中国在强流高功率离子加速器方面才能处于世界前列。如果 HIAF 和 CiADS 按计划进一步升级，并以此为基础建成规划中的这种离子加速器集群装置，那么到这个时候才能说，我们国家强流高功率离子加速器整体水平处于世界引领。

谢谢大家，欢迎批评指正。

7 代表作品

7.1 Scattering of hard γ-rays, The Physical Review 36（1930）1519

Second Series *November 15, 1930* *Vol. 36, No. 10*

THE
PHYSICAL REVIEW

SCATTERING OF HARD γ-RAYS

By C. Y. Chao[*]

Norman Bridge Laboratory of Physics, California Institute of Technology

(Received October 13, 1930)

Abstract

Measurements have been made on the scattering of γ-rays from Th C″ by Al and Pb. For Al the scattering is, within experimental error, that predicted by the Klein Nishina formula. For Pb additional scattered rays were observed. The wavelength and space distribution of these are inconsistent with an extranuclear scatterer, and hence they must have their origin in the nuclei.

Introduction

IN A previous study of the absorption coefficient of hard γ-rays in various elements,[1] it was found that the absorption coefficient of light elements was predicted fairly well by the Klein-Nishina formula which assumes that the removal of the energy from the primary beam is entirely due to Compton scattering of the extranuclear electrons. For heavy elements, however, the experimental value was much larger than was to be expected from the Klein-Nishina formula or any other. Two causes can be suggested to explain this additional absorption. (a) It may be an extranuclear phenomenon due either to an ordinary photoelectric absorption or a breakdown of the Klein-Nishina formula for Compton scattering in these elements. (b) It may also be a nuclear phenomenon, such as the scattering by particles inside the nucleus or any other nuclear absorption (like the excitation or the photoelectric effect occurring there). In an attempt to obtain more information about these questions, a study of the scattered rays has been made.

Experimental Results

In this experiment, γ-rays from Th C after being filtered through 2.7 cm of Pb were used as the primary beam. Al and Pb were chosen as the representatives of the light and the heavy elements. The scatterer was set about 50 cm from the source, which was contained in the same lead cylinder used in the previous experiment. The Al scatterer was 11×8×2.5 cm in size, the Pb scatterer was approximately equivalent to this in total number of

---

[*] Research fellow of the China Foundation for the Promotion of Education and Culture.
[1] Chao, Proc. Nat. Acad. Sci. **16**, 431 (1930).

electrons. The scattered rays were studied by means of an ionization chamber with 20 atmospheres pressure at a distance of about 20 cm from the scatterer. The work consisted of three parts.

(a) The comparison of the intensities scattered from Al and Pb is shown in Table I. Here $\lambda + \Delta\lambda$ gives the wave-length of the scattered rays according to Compton's fomula, μ'_{Al} and μ'_{Pb} are their absorption coefficients in Al and Pb respectively. $S_{K\&N}$ gives the theoretical intensity distribution, expressed in terms of the number of the scattered quanta, according to the Klein-Nishina formula for $\lambda = 4.85$ x.u. (i.e. $\alpha = 5$), S_D gives that according to Dirac's old formula. S_{Al} is the observed distribution of quanta scattered by Al. Corrections are made for the absorption in the scatterer of both the primary and scattered rays and for the change of efficiency of ionization for different wave-lengths (the latter correction is made by assuming that the efficiency of ionization is proportional to the absorption coefficient in light elements). By comparing $S_{K\&N}$ and S_{Al}, we see that the agreement between the theory and the experiment is indeed fairly good.

Now, since we are mainly interested in the comparison of the scattered intensities from Al and Pb, a set of measurements was made which gives directly the ratio of the ionization currents due to the scattered rays from the two scatterers. If the scattered rays from Al and Pb are of the same hardness, the ionization current i should be proportional to the energy E of the scattered rays passing through the ionization chamber. In the table, $(E_{Pb}/E_{Al})_1$ is calculated by assuming that the scattered intensity at a definite angle is proportional to the number of the extranuclear electrons per cc, i.e. the value predicted by the Klein-Nishina formula. Here again correction is made for the absorption in the scatterer of both the primary and scattered rays, the variation of the ratio for different angles being due to this correction (i_{Pb}/i_{Al}) is the observed ratio of the ionization currents. It is to be noted here that in the forward direction (i_{Pb}/i_{Al}) is fairly close to $(E_{Pb}/E_{Al})_1$, but in the backward direction (i_{Pb}/i_{Al}) is much greater than $(E_{Pb}/E_{Al})_1$ and is even greater than $(E_{Pb}/E_{Al})_2$ which is calculated by assuming that the scattered intensity at a definite angle is proportional to the absorption coefficient at the scatterer. From this fact we can infer that in the case of Pb, beside the normal Compton scattering there is still a kind of anomalous scattering. This anomalous scattering, in fact, gives about three times as much ionization current as the normal scattering does at $\theta = 135°$, as shown at the end of Table I.

TABLE I. *Absorption coefficient of the primary rays*, $\mu_{Al} = 0.109$, $\mu_{Pb} = 0.515$. *Mean wave-length, deduced from* $\mu_{Al} = 5.2$ X.U.

Angle of Scattering	22.5°	35°	55°	90°	135°
$\lambda + \Delta\lambda$	7.0	9.6	15.5	29.4	47
μ'_{Al}	.129	.153	.193	.25	.29
μ'_{Pb}	.61	.74	1.02	2.0	4.8
$S_{K\&N}$		1	.493	.249	.180
S_D		1	.277	.061	.037
S_{Al}		1	.504	.254	.188
$(E_{Pb}/E_{Al})_1$	.70	.72	.70	.57	.38
(i_{Pb}/i_{Al})	.695	.75	.80	.96	1.44
$(E_{Pb}/E_{Al})_2$	.965	.995	.97	.80	.53

(b) The hardness of the scattered rays is shown in Table II. Here i_0 is the ionization current due to the initial scattered rays, i' is that due to the scattered rays after passing through a Pb-absorber of 0.68 cm thickness. From Table II we see that the hardness of the scattered rays from Al agrees very well with that which is to be expected for ordinary Compton scattering, but the scattered rays from Pb are harder than is predicted by the simple theory for these angles. Later on, a separate investigation of the scattered rays from Pb was made with a thicker Pb-scatterer (1.36 cm) and less filtering (1.4 cm) of the primary rays in order to obtain greater intensity. The result of this investigation is shown in Table III. Here, the anomalous scattered rays seem to be almost monochromatic to the limit of accuracy of the present experiment.

TABLE II.

Angle of Scattering	90°		135°	
Scatterer	Al	Pb	Al	Pb
$(\mu'_{Pb})_{cal.}$	2.0		4.8	
i_0	310	297	75	108
i'	69	101	4	43
$(\mu'_{Pb})_{obs.}$	2.2	1.6	4.3	1.4

TABLE III.

Thickness of Absorber	0	68	1.36	204 cm
90° $\{i$	894	308	109	45
$\;\;\;\;\mu'_{Pb}$		1.6	1.5	1.3
135° $\{i$	448	151	55	19
$\;\;\;\;\mu'_{Pb}$		1.6	1.5	1.6

(c) Assuming the absorption coefficient of the anomalous scattered rays to be 1.5 in Pb (It is probably too low owing to the fact that the absorbers were set at a distance of only 4 to 5 cm from the ionization chamber.), we can deduce the wave-length of these rays to be 22.5 X.U. From the result of Table I, we can now compute the intensity distribution of the anomalous scattered rays as given in Table IV. Since the absorption coefficient of the scattered rays plays a very important rôle in such calculations and the ratio of the anomalous scattered intensity to the normal scattered intensity is very small in the forward direction, these values can only give a rough idea.

TABLE IV. *Intensity distribution of the anomalous scattered rays.*

Angle	35°	55°	90°	135°
Intensity Distribution	.05	.06	.07	.08

DISCUSSION

In view of these results we shall consider the different possible causes as to the origin of the anomalous scattering.

(a) *Extranuclear hypothesis*: Under this heading we can include the following subdivisions. (1) The ordinary photoelectric effect. The anomalous scattering can not be explained in this way because, first, it should be very small theoretically, and, secondly, the scattered radiation is much harder than the K-radiation of Pb, which is the hardest that can be obtained from the change of the extra-nuclear electronic configuration. (2) The extranuclear Compton scattering. Since the intensity distribution of Al-scattering agrees fairly well with the Klein-Nishina formula and the intensity distribution of Pb-scattering is widely different, the anomalous scattering does not comply with this hypothesis, Still more important is the fact that the change of the wave-length is much smaller than is predicted for Compton scattering, this prediction is independent of any intensity formula. One might expect the scattering of the tightly bound electrons of inner shells to be different from the ordinary Compton scattering at first thought, but it does not seem adequate for the explanation in considering the fact that we have 2.7×10^6 volts photon against 7.5×10^4 volts for the binding energy of the K-electrons of Pb. Furthermore the change of wave-length found experimentally is not to be expected in the scattering of the tightly bound extranuclear electrons.

(b) *Nuclear hypothesis*: Under this heading we have again (1) the scattering process, the mechanism of which is not yet well known, (2) the re-emission after photoelectric absorption or nuclear excitation. Since inside the nucleus the separation of energy levels is greater, the change of wave-length can be accounted by either process. But in considering the fact that the intensity distribution of the anomalous rays is almost uniform in different directions, it seems more probable that it originates from the re-emission process.

Although the final solution of this problem is not yet reached, nevertheless from the present experiment it is fairly evident that the additional absorption as well as the anomalous scattering of hard γ-rays by heavy elements, at least Pb, originates in the nucleus.

The author wishes in this occasion to express his sincere thanks to Professor R. A. Millikan and especially Professor I. S. Bowen for their valuable suggestions and also to Professor W. V. Houston for his interest in this problem.

7.2 The abnormal absorption of heavy elements for hard γ-rays, Proc. Roy. Soc. A135（1932）206

*The Abnormal Absorption of Heavy Elements for Hard γ-Rays.**

By C. Y. Chao.†

(Communicated by Lord Rutherford, O.M., F.R.S.—Received October 23, 1931.)

Introduction.

By absorption measurements of the hard γ-rays from ThC″, which are the most homogeneous type of γ-rays obtainable, we can now, in the case of light elements, prove the validity of the theoretical scattering formula of Klein and Nishina, and for heavier elements find the existence of an extra-absorption which is not yet accounted for in that formula.‡ There are several factors which might contribute to the abnormally large absorption coefficient of hard γ-rays in heavy elements, and at present we know fairly definitely that at least two of them do exist. They are: (1) the photo-absorption of the shell-electrons; (2) nuclear absorption. L. H. Gray has elsewhere§ given the evidence for the first effect. The existence of the nuclear absorption in the case of heavy elements has been confirmed by the discovery of a new scattered radiation,‖ that is, a secondary radiation which is other than that predicted by the Klein-Nishina formula. It is not the intensity of the new radiation that establishes the nuclear absorption, but the change of wave-length, which could hardly be explained in any other way. This change of wavelength suggests immediately that the nucleus is perhaps first left in an excited state by the interaction, which might be a disintegration or merely an excitation, and then the emission of one or more new quanta follows. Should such a mechanism exist we should also expect the existence of a nuclear excitation potential or a disintegration potential. Now, the investigation of excitation potentials (or disintegration potentials) requires a continuous range of wavelengths which is not easy to obtain. This can, however, be secured by the use

---

* Chao, 'Naturwiss.,' vol. 19, p. 752 (1931).

† Research Fellow of the China Foundation.

‡ G. T. P. Tarrant, 'Proc. Roy. Soc.,' A, vol. 128, p. 345 (1930); L. Meitner and H. H. Hupfeld, 'Z. Physik,' vol. 67, p. 147 (1931); J. C. Jacobsen, 'Z. Physik,' vol. 70, p. 145 (1931); Chao, 'Proc. Nat. Acad. Amer.,' vol. 16, p. 431 (1930), *loc. cit.* 1.

§ L. H. Gray, 'Proc. Camb. Phil. Soc.,' vol. 27, p. 103 (1931).

‖ G. T. P. Tarrant and L. H. Gray, 'Proc. Roy. Soc.,' A, vol. 132, p. 344 (1931); L. Meitner and H. H. Hupfeld, 'Naturwiss.,' vol. 19, p. 775 (1931); Chao, 'Phys. Rev.,' vol. 36, p. 1519 (1930), *loc. cit.* 2.

of the scattered rays when a beam of homogeneous γ-rays from ThC″ falls on a light scatterer. From Compton-Debye's theory we have

$$\lambda = \lambda_0 + \frac{h}{mc}(1 - \cos\theta),$$

where λ_0 and λ are the wave-length of the primary and scattered rays, and θ is the angle of scattering. In this way we have an available range of λ from 4·7 to 4·7 + 48·5 XU, and we can measure the absorption coefficient of a heavy element for different wave-lengths within this range. As we pass from the short to the longer wave-lengths we should find a sudden change of the absorption coefficient if there exists a sharp excitation (or disintegration) potential, *i.e.*, if the nuclear absorption suffers a sudden change at a certain wave-length. Although it may be that no sharp nuclear excitation potential exists, a point of view which is not unreasonable when we consider the continuous nature of the β-ray spectra, such experiments are nevertheless important for two reasons: (1) it is interesting to know the variation of the nuclear absorption with λ; (2) the same experiment gives information on the magnitude of the ordinary photo-effect for short λ. The difficulty of such an experiment lies in the weak intensity of the scattered rays, and in the lack of a high degree of homogeneity, since a narrow range of the scattering angle results in an enormous loss of intensity. By the use of a pressure ionisation chamber and a sensitive Hoffmann electrometer measurements have, however, been made which lead to interesting results.

The Experimental Arrangement.

A Rd-Th preparation of 5 mg. Ra-equivalent was used in this experiment. It was set in a block of Pb 10 × 10 × 24 cm. in size as shown in fig. 1A. This block was again surrounded by other Pb blocks 10 × 10 × 20 cm. in size as shown in fig. 1B, so that the radioactive source was screened in the forward

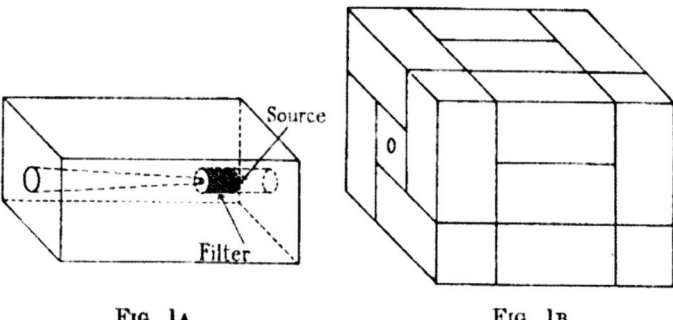

FIG. 1A.   FIG. 1B.

direction by 20 cm. Pb and in the other directions by 15 cm. Pb approximately. The conical canal which defined the γ-ray beam had, at the external end, a diameter of 2·4 cm. The scatterer was an Al-block (4 cm.)³; Al was chosen in order to avoid any scattered radiations other than the Compton scattered rays. It was set at about 40 cm. distance from the source at small scattering angles and 35 cm. at greater angles. The ionisation chamber, filled with CO_2 at 30 atmosphere pressure, was 5 cm. in external diameter and 10 cm. in length, with a cylindrical net of 4 cm. diameter in order to eliminate the majority of the wall effect. The chamber was mounted on the Hoffmann electrometer at about 32 cm. away from the centre of the scatterer in the case of small scattering angles and 30 cm. for greater angles. The range of the scattering angle was indeed fairly wide at such a setting, but one could not make it much narrower owing to the limited strength of the source. With the above setting we have at small angles an average deviation from the mean scattering angle of about ± 3·5°. Since the complete homogeneity of the γ-rays from ThC″ is not very certain (see discussion at the end of this paper), the primary rays were first filtered through 3 cm. Pb to secure a fairly homogeneous beam. The effect of the surrounding radioactivity and of penetrating radiation was avoided to a certain extent by screens of Fe and Pb blocks 10 cm. thick. The distance between the screening and the ionisation chamber was kept sufficiently great to make the effect of the tertiary rays negligible. Naturally, the side of the screening towards the scatterer was open and also an opening was left to allow the free passage of the primary rays.

The Measurement.

Even at small scattering angles the ionisation current due to the scattered rays in the above arrangement was not more than one quarter of the normal effect, due to surrounding radioactivity and penetrating radiation. Such a weak intensity could only be measured by observing the ionisation current alternately with and without the scatterer in position. Since the Hoffmann electrometer is exceedingly sensitive and stable, the difficulty of measurement was due not to the small magnitude of the ionisation current but to its fluctuations. To make a measurement the electrometer system was allowed to charge up to a certain deflection by means of the ionisation current after being disconnected from earth, and the time was recorded. The inverse of this time is a measure of the ionisation current. Readings were taken at about 20-30 minute intervals. Ten readings with and ten without the scatterer in position were grouped into one set, the readings being, of course, taken alternately in order to eliminate the time change of the normal effect. To make one measurement of the intensity, three or more such sets of readings were taken. From the mean deviation of the result of each set we can find the probable error of the final result due to statistical fluctuations, by assuming that the relative error $\Delta I/I \sim 1/\sqrt{N}$, where N is the number of observations made. Even if the nuclear absorption of a heavy element does suffer a sudden change for a certain value of λ, it would not be very easy to detect it by measuring the absorption coefficient of the heavy element alone owing to the fact that the scattering power of the shell-electrons increases with λ. Furthermore, it is a well-known fact that a narrow beam of rays is essential in order to determine the absolute value of the absorption coefficient accurately. If this condition were to be satisfied rigorously, the present experiment would be hopeless because of the weak intensity of the scattered radiation. To overcome these difficulties, it is desirable to use a differential method. This depends on the measurement of the absorption coefficient of a heavy element relative to that of some light element which is known to have very little extra-absorption. We take the difference of the absorption coefficients per shell-electron (*i.e.*, the measured absorption coefficient divided by the number of shell electrons per cubic centimetre) between the two elements and call this quantity the extra-absorption $\Delta \mu_e = (\mu_e)_1 - (\mu_e)_2$. Then, in this quantity, the increase of the scattering power of the shell-electrons with λ does not enter, and the error introduced in the measured absorption coefficient by radiations re-scattered from the absorber is to a large extent cancelled for wave-lengths which are not too long. There is also the advantage that any error which might be introduced by the tertiary radiation from the screening around the ionisation chamber is also largely reduced. The absorbers of different elements were $(5 \text{ cm.})^2$ in area and their thickness was chosen so that each absorbed almost an equal amount of radiation. Pb was chosen to be the heavy element investigated, and Al and Mg to be the light elements. The absorption coefficient was measured by first determining the initial intensity of the scattered rays and then the intensity of these rays after having passed through the absorber, which was set approximately in the midway between the scatterer and the ionisation chamber.

Results.

The measured intensities represented by the ionisation current are given in Table I, where I_0 is the initial scattering intensity, I_{Pb} the intensity of the rays after having passed through the Pb-absorber and so on. The thickness of the absorbers together with the densities are also given below.

Table I.

Scattering angle.	18°.	23°.	30°.	36°.
$I_0 \times 10^{16}$ (amp.)	6·75	5·12	5·23	3·18
I_{Pb} ,,	4·17	3·19	2·90	2·32
I_{Al} ,,	4·39	3·10	3·03	1·75
I_{Mg} ,,	5·22	3·82	3·80	2·24

Absorbers:	Pb.	Al.	Mg.
Density	11·36	2·70	1·715
Thickness	0·98	4·24	4·00

The intensities at different angles are not comparable because the position of the scatterer was not always the same. The value I_{Pb} at 36° was measured with an absorber of thickness 0·495 cm.

In Table II, the first line gives the angle of scattering, the second line the mean wave-length of the scattered rays expected from the homogeneous component $\lambda = 4\cdot 7$ XU, $(\mu_e)_{Pb}$ gives the measured absorption coefficient per shell-electron in Pb, etc.; $\Delta\mu_e$(Pb–Al), $\Delta\mu_e$(Pb–Mg) are the difference of the absorption coefficient per shell-electron between Pb and Al, and Pb and Mg respectively. τ_e is the estimated photo-effect of shell-electrons from the extrapolated empirical law deduced by L. H. Gray. After 2·7 cm. Pb-filtration of the primary rays the extra-absorption of Pb against Al was found previously to be $0\cdot 51 \times 10^{-25}$ per shell-electron, which was greater than the corresponding value $0\cdot 46 \times 10^{-25}$ after 6·8 cm. Pb-filtration.* For the absorption coefficient of the primary rays, the old values determined after 2·7 cm. Pb-filtration are used in Table II. Although the present work on the scattered rays was carried out with 3 cm. Pb-filtration, this small difference produces a negligible effect in the present experiments. Strictly speaking, the value $\Delta\mu_e$ given in the table does not correspond exactly to the value λ in each column owing to the small amount of inhomogeneity of the primary rays still existing, therefore at least an amount of the order of magnitude of $(0\cdot 51 - 0\cdot 46) \times 10^{-25} = 0\cdot 05 \times 10^{-25}$ should be deducted therefrom.

* Chao, *loc. cit.* 1 and *loc. cit.* 2.

Table II.

Angle of scattering.	Primary rays.	18°.	23°.	30°.	36°.
λ	4·7	5·9	6·6	7·9	9·3
$(\mu_e)_{Pb} \times 10^{25}$	1·89	1·80	1·77	2·21	2·34
$(\mu_e)_{Al}$,,	1·38	1·29	1·50	1·64	1·79
$(\mu_e)_{Mg}$,,	—	1·25	1·43	1·56	1·70
$\Delta\mu_e$ (Pb–Al) $\times 10^{25}$	0·51 ±0·05	0·51 ±0·10	0·27 ±0·10	0·57 ±0·10	0·55 ±0·10
$\Delta\mu_e$ (Pb–Mg) ,,	—	0·55 ±0·10	0·34 ±0·10	0·65 ±0·10	0·64 ±0·10
$\tau_e \times 10^{25}$	0·13	0·19	0·23	0·32	0·43

It should be mentioned that the value of the absorption coefficient for the scattered rays here measured must be lower than the true value because the condition of having a narrow beam was not satisfied. The value of this correction can be estimated, but since it is largely eliminated by comparison of the absorption for a heavy and a light element, we need not go further into the calculation. Since the absorption coefficient of the primary rays was measured with a narrow beam and is therefore free from this error, there is an apparent decrease of the value μ_e between $\lambda = 4 \cdot 7$ and $5 \cdot 9$ XU, which is not real.

The values of $\Delta\mu_e$ for Pb and Al are plotted as crosses in fig. 2, and the values for Pb and Mg as circles. The probable error due to statistical fluctuations in the case of Pb and Al is represented by short vertical lines at each point.* In the same figure the estimated ordinary photo-effect according to L. H. Gray is plotted as a dotted line. It is also seen in Table II that $(\mu_e)_{Al}$ is always greater than $(\mu_e)_{Mg}$. This does not necessarily mean that an extra-absorption always exists in Al but it was in part due to the fact that the absorption by the Mg-plate was less than for the Al-plate. Consequently, the relative percentage of the radiation re-scattered from the Mg-absorber and entering into the ionisation chamber was relatively greater, thus lowering the measured absorption coefficient.

Discussion.

In fig. 2, between $\lambda = 5 \cdot 9$ and $6 \cdot 6$ XU, there seems to be a jump of the value $\Delta\mu_e$ suggesting the existence of an excitation or disintegration potential. This jump may even be sharper in reality, when we bear in mind the low resolution of frequency here available. Near to $\lambda = 8$ XU, the value $\Delta\mu_e$ is too high; this may be due either to another excitation (or disintegration) potential or to experimental error. Although from the present result the occurrence of

---
* The lines in the figure of the preliminary report in 'Naturwiss.' were mostly too short, due to printing errors.

sudden jumps is not quite conclusive, as is seen from the error limit, there is, nevertheless, little doubt that a minimum value of $\Delta\mu_e$ exists around $\lambda = 6\text{-}7$ XU, and the rise of the value $\Delta\mu_e$ for small λ gives clear evidence of the existence of the nuclear absorption. This latter could, perhaps, be explained

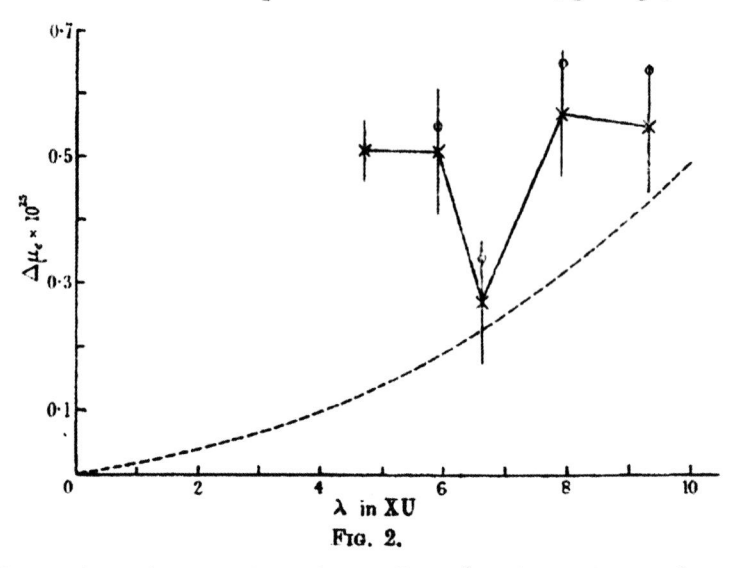

FIG. 2.

as largely resulting from nuclear photo-effect, for the ordinary photo-effect is greater for tightly bound electrons and it is not unreasonable that this should occur to an appreciable extent in the nucleus if the incoming γ-quanta possesses sufficient energy to detach a nuclear electron.

The variation of $\Delta\mu_e$ with respect to λ, here found, agrees also with several other investigations concerned with different aspects of the same problem, the absorption and scattering of hard rays. L. H. Gray and G. T. P. Tarrant have also detected a new scattered radiation from Pb by the use of RaC-γ-rays, but they found an intensity of about one-fifth of that they observed in the case of ThC''-γ-rays. Furthermore, by introducing an absorber over the source they found that the primary rays which are responsible for the nuclear scattering in the case of RaC-γ-rays, have a mean energy of the order of somewhat over 2×10^6 volts. This agrees very well with the fact that the nuclear absorption decreases rapidly between $\lambda = 5\cdot 9$ and $\lambda = 6\cdot 6$ XU. The intensity distribution of the prominent lines of RaC-γ-rays in the region of short λ is given as follows:—

$$\lambda = 5\cdot 6 \quad 6\cdot 9 \quad 8\cdot 9 \text{ XU}$$
$$I = 5 \quad 17 \quad 4$$

Of these only one line lies to the left of the minimum of fig. 2, and it possesses in fact an energy of $2\cdot 2 \times 10^6$ volts.

Meitner and Hupfeld have determined the absorption coefficients of Pb and Al of RaC-γ-rays after filtering through 4 cm. Pb. They found $\Delta\mu_e = 0.47 \times 10^{-25}$. If we attribute this extra absorption to the mean $\lambda = 6.7$ XU, it seems to be in contradiction with the present result. This, however, is not so when we consider the situation more closely. For, only the line with $\lambda = 6.9$ XU lies near to the minimum of our curve, and, if we estimate the extra-absorption separately for each line we should find a value for $\Delta\mu_e$ of about the same magnitude as found by Meitner and Hupfeld. We may here consider briefly a question which is related to the present problem. Meitner and Hupfeld have found that the γ-rays from ThC″ were apparently already exceedingly homogeneous after 1 cm. Pb-filtration, since no difference in the absorption coefficient could be observed with further filtration, while I found previously the value $\mu_{Pb} = 0.565$ after 1.36 cm. Pb-filtration and 0.477 after 6.8 cm. Pb-filtration.* They concluded subsequently that perhaps my source was contaminated with Ms–Th. In order to produce such divergence the impurity would, however, have to be as high as 20 to 30 per cent., which is out of the question. On the other hand, the measurement with a high pressure ionisation chamber might lead to somewhat different results from measurements made with a counter owing to a difference in the relative response of the chamber and the counter to radiations of different hardness.

In conclusion, I wish to express my thanks to Professor G. Hoffmann for his help and encouragement and for placing at my disposal the facilities of his laboratory in the University of Halle, and to Lord Rutherford also for the interest which he has taken in this work, and to Dr. L. H. Gray and Mr. G. T. P. Tarrant for some discussions. It is also a pleasure to thank the Notgemeinschaft der Deutschen Wissenschaft for providing a part of the apparatus.

Summary.

The change of wave-length accompanying scattering was utilised to obtain roughly homogeneous γ-ray beams of varying wave-length from a strongly filtered, and therefore approximately homogeneous ThC″ primary radiation. The extra-absorption of the scattered rays in lead was determined as the difference between the absorption per electron in lead and in a light element. In this way a rapid decrease of the extra-absorption of lead was found between $\lambda = 5.9$ and 6.6 XU. This may be connected with the excitation or disintegration of the lead nucleus.

* Chao, loc. cit. 1.

7.3 我的回忆[①]

中学和大学时期（1916—1925年）

我出生于二十世纪初叶。二十世纪是一个斗争激烈、变革迅速的世纪。我自幼身体孱弱，自感不能适应激烈斗争的行列，决心听从父亲教训，刻苦学习，打好基础，以备日后做一个有用于社会的人。

我出生时，母亲已46岁。父母亲老年得子，又加我身体弱小，对我管教格外严厉。上小学时，父母不许我上体操课，我的体操成绩因此总是零分。到了中学，也从不让我参加爬山、游泳等活动，我从小只是体育场边的观众。五十多岁时，我才迫切感到锻炼身体的需要，开始学游泳、滑冰，虽然晚了一些，但仍然受益匪浅。

父亲早年自学医道，行医为生。他看到社会上贫穷落后、贫富不均的现象，常想为国出力，又感知识不足，力不从心。因此，他只望我努力读书，将来为国为民出力。我依照父亲的教导，脑中无非是我国古代先哲名言，再加西方革新思想，可以总结为爱国主义。

十五岁那年我进入诸暨县立中学读书。在学校里，我的学习兴趣颇广，文理科并重。记得国文老师常给我额外布置读些古文，使我受益不少，可惜以后未能在这方面进一步深入。但数理化等科目中的科学道理，更能吸引我的求知欲望。

四年后中学毕业，按照父亲的意思和个人的兴趣，我选择报考了完全免费的南京高等师范。1920年秋进入数理化部就读时，南京高师正在扩建为东南大学，数、理、化三系均属于当时的文理科，此外还有农、工、商等科。为了获得较多动手做科学实验的机会，加之当时化学系有孙洪芬、张子高、王季梁等诸位教授，师资力量较强，我选择了文理科的化学系。但在学习中，我一直对数学、物理的课程也同样重视。这倒为我日后担任物理助教，并进而转入物理界打下了基础。

刚进大学时，由于在县立中学英文底子较薄，我确实花了一番力气。高师一年级的物理课程选用密立根（R. A. Millikan）和盖尔（Gale）两教授合编的英文物理课本"First Course in Physics"。一些从市立中学来的同学在中学里就已学过这个课本，而我边查字典边学习，很是吃力。但过了一个多月，我已能适应新环境，不再为英文的物理课本发愁了。由此可见，外语虽是入门必不可少的工具，但起主要作用的归根结底还是对于学科本身的掌握程度。1924年春，我便提前半年修完了高师的学分。当时因父亲去世，家境困难，我决定先就业，同时争取进修机会。东南大学物理系正好缺少助教，学校根据我在校的物理成绩，让我担任了物理系的助教。我一面教书，一面参加听课、考试，并进入暑期学校学习。次年便补足高师与大学本科的学分差额，取得了东南大学毕业资格。

1925年夏，北京清华学堂筹办大学本科，请叶企孙教授前往任教。由于我在东南大

[①] 摘自《赵忠尧论文选集》。

学曾担任他的助教，准备物理实验，两人相处很好，他便邀我和施汝为一同前往清华。叶企孙教授为人严肃庄重，教书极为认真，对我的教学、科研都有很深的影响。在清华，我第一年仍担任助教。第二年起任教员，负责实验课。并与其他教师一起，为大学的物理实验室制备仪器。当时国内大学理科的水平与西方相比尚有不少差距。在清华任教期间，得有机会自习，补充大学物理系的必修课程，达到国外较好大学的水平。还和学生们一起读了德文，听了法文。

看到国内水平与国外的差距，我决定争取出国留学。当时，清华的教师每六年有一次公费出国进修一年的机会。但我不想等这么久。靠自筹经费于 1927 年去美国留学。除过去三年教书的工资结余及师友借助外，尚申请到清华大学的国外生活半费补助金每月 40 美金。行前，与郑毓英女士成婚。她回到诸暨老家，陪伴我七十多岁的老母，代我尽了孝心。

在美国留学时期（1927—1931 年冬）

到美国后，我进入加州理工学院的研究生部，师从密立根（R.A.Millikan）教授。进行实验物理研究。第一年念基础课程，并顺利通过了预试。由于导师密立根教授根据预试成绩给中华教育文化基金会的有力推荐，以后三年，我都申请到每年一千美金的科研补助金。便把原来清华大学的半费补助金转给了别的同学。

密立根教授起初给我一个利用光学干涉仪的论文题目。直接指导这项工作的研究员人很和气，他善意地告诉我："这个题目需要的仪器业已大部准备好，只需测量光学干涉仪上花纹的周年变化，两年内得出结果，就可以取得学位。"我感到这样的研究过分顺利，恐怕不能学到很多东西。我所以远涉重洋，是想尽量多学些科学方法和技术，而学位是次要的。我准备把这个意思告诉密立根教授，问他能否换一个可以学到更多东西的题目。周围的人听说我要找导师换题目，都有些为我担心。其实，密立根教授尽管感到意外，但还是给予照顾。过了一些日子，他给我换了一个"硬 γ 射线通过物质时的吸收系数"的题目，并说："这个题目你考虑一下。"说是这么说，这次实际上是不容我多考虑的。偏偏我过分老实，觉得测量吸收系数还嫌简单，竟回答说："好，我考虑一下。"密立根教授一听，当场就发火了，说道："这个题目很有意思，相当重要。我们看了你的成绩，觉得你做还比较合适。你要是不做，告诉我就是了，不必再考虑。"我连忙表示愿意接受这个题目。回想起来，密立根教授为我选择的这个题目，不仅能学到实验技术，物理上也是极有意义的。这一点，我日后才逐渐有深刻体会。

到加州的第二年，我便开始作硬 γ 射线吸收系数的测量。当时，人们认为 γ 射线通过物质时的吸收主要是自由电子的康普顿（A.Compton）散射所引起的。用于计算吸收系数的克莱因-仁科（Klein-Nishina）公式则是当时刚刚问世。密立根教授让我通过实验测量，验证这一公式的正确性。我所用的 γ 射线是 ThC"所放出的能量为 2.65 MeV 的硬 γ 射线。实验室工作紧张时，我们这些做实验的人常常是上午上课，下午准备仪器，晚上乘夜深人静，通宵取数据。为保证半小时左右取一次数，不得不靠闹钟来提醒自己。

但是，当我将测量的结果与克莱因-仁科公式相比较时，发现硬γ射线只有在轻元素上的散射才符合公式的预言。而当硬γ射线通过重元素，譬如铅时，所测得的吸收系数比公式的结果大了约40%。1929年底，我将结果整理写成论文。但由于实验结果与密立根教授预期的不相符，他不甚相信。文章交给他之后两三个月仍无回音，我心中甚为焦急。幸而替密立根教授代管研究生工作的鲍文（I.S.Bowen）教授十分了解该实验从仪器设计到结果分析的全过程，他向密立根教授保证了实验结果的可靠性，文章才得以于1930年5月在《美国国家科学院院报》上发表。当我在加州作硬γ射线吸收系数测量时，英、德两国有几位物理学家也在进行这一测量。三处同时分别发现了硬γ射线在重元素上的这种反常吸收，并都认为可能是原子核的作用所引起的。

吸收系数的测量结束后，我想进一步研究硬γ射线与物质相互作用的机制，打算设计一个新的实验，观测重元素对硬γ射线的散射现象。与鲍文教授商量时，他说："测量吸收系数，作为你的学位论文已经够了，结果也已经有了。不过，如果你要进一步研究，当然很好。"当时虽然离毕业只有大半年时间了，但由于有了第一个实验的经验，我还是决心一试。我于1930年春天开始用高气压电离室和真空静电计进行测量。没想到，一开始就遇到了问题：那时，德国的霍夫曼（Hoffmann）教授发明了一种真空静电计。加州理工学院的工厂仿制了一批。这种静电计中有一根极细的白金丝，是用包银的白金丝拉制后，再将外面的银用酸腐蚀掉制成的。白金丝的上端通过一个焊接点和电离室的中心电极相连，下端连接指针。可是，接通电源后静电计的指针甚至十几分钟后还达不到稳定点。密立根教授对我和另外两个使用这种静电计的学生说："这种新产品我也没有用过，你们应设法解决这个问题。"起初，大家都以为是环境的振动引起指针的不稳定，想了各种办法防止振动，甚至把静电计的支架用弹簧挂住，放在四个网球支撑的平板上，但都是枉然。后来我想到，指针达不到稳定值，可能是因为导电不良。于是我在焊接处滴了一些导电的碳制黑墨水，指针立即变得很灵活，总算解决了这一难题，并开始测量电离电流。由于反常吸收只在重元素上被观测到，我决定选择Al与Pb为轻、重元素的代表，比较在这两种元素上的散射强度。这个实验一直忙到当年九月才算结束，准备好久的暑期旅行因此取消。可测得的结果如此有趣，足以补偿放弃休息的损失。

我的这个实验结果首次发现，伴随着硬γ射线在重元素中的反常吸收，还存在一种特殊辐射。由于电离电流很弱，要将特殊辐射与本底分开是很困难的。康普顿散射主要在朝前方向，朝后的部分不仅强度弱，并且能量也低，因而在朝后方向观测到的特殊辐射信号最清楚。我不仅测得了这种特殊辐射的能量大约等于一个电子的质量，而且还测出它的角分布大致为各向同性。我将这一结果写成第二篇论文《硬γ射线的散射》，于1930年10月发表于美国的《物理评论》杂志。

说来有趣，一直到我的论文结束时，密立根教授还记得我挑论文题目的事。在评议论文时，还在教授们面前讲我的笑话，说："这个人不知天高地厚，我那时给他这个题目，他还说要考虑考虑。"惹得同事们善意地哈哈大笑。不过，他们对我的论文是满意的。后来，密立根教授在他1946年出版的专著《电子、质子、光子、中子、介子和宇宙线》中还多处引述了我论文中的结果。

反常吸收和特殊辐射揭示了一种新的相互作用机制。但是，当时还不能认识到这些现象的具体机理。与我同时在加州理工学院攻读博士的还有安德森（C.D.Anderson），他对这些结果很感兴趣。我们也曾谈起，应当在云室中做一做这个实验，可惜后来这个想法未能实现。直到1932年，安德森在宇宙线的云雾室照片中发现了正电子径迹，人们才逐步认识到：三个实验组同时发现的反常吸收是由于部分硬γ射线经过原子核附近时转化为正负电子对；而我首先发现的特殊辐射则是一对正负电子湮灭并转化为一对光子的湮灭辐射。

关于人们对我这部分工作的评价，还有一段曲折的经历。比较起来，我所做的第二个实验的难度比第一个大。因为散射的强度很弱，测量时需要极大的耐心与细心。由于我选用了高压电离室和真空静电计进行测量，本底比较少，涨落也小，因而结果比较稳定和干净；但是在我的论文发表后的一两年内，其他人重复这一实验时，用盖革计数器进行测量，也没有用高压电离室，本底与涨落都比较大，得到相互矛盾与不确定的结果。这些矛盾，一度引起人们认识上的混乱。至于论文本身，可惜写得太简短，与它所包含的内容不甚相称；加上布莱克特（P.Blackett）与奥恰里尼（G.Occhialini）在他们的论述《电子对湮灭》的著名论文中引述我的工作时，发生了不应有的错误。由于这种种历史的原因，我的这些工作一直没有得到应有的重视。最近从1983年起，杨振宁教授花了不少精力，收集整理资料，写成文章发表，帮助澄清了这段历史，并且同意将他的这篇文章作为附录收入这本文集。我十分感激杨先生为此所做的这许多努力。

在美国的这段生活中，还有一件值得一提的事情。我从小身体瘦弱，缺少锻炼，所以体力不足，双手操作不灵。自己感到，无论为科学实验的需要，或为健康的需要，都必须加强体力活动。适值在美国市场上，见到破旧汽车非常便宜，即以25美元的代价购得一辆破旧汽车，在课余时间学习简单的汽车修理和驾驶。对于一辆破旧的汽车，自然说不上需要和消遣。凡休息日，我常常满身油污，仰卧于汽车下面，拆拆装装。我在修理汽车的过程中，不但锻炼了动手能力，还有在辛苦以后获得的欣慰。另一个意外的收获是，因此得到一个乐于助人的朋友霍伊特（A.Hoyt）。我们从谈汽车开始，谈到风俗人情、科学研究。说这是我在美国除了关于论文所受的指导以外最大的收获，一点也不夸大。可惜在我回国之后不久，他因病去世。这是我莫大的遗憾。

从清华大学到西南联大（1932—1945年）

九一八事变充分暴露了日本军国主义并吞整个中国的野心。当时我尚在国外，国难当头，心中焦虑，决心尽速回国。个人原打算专心于教学与科研，为国家做点贡献。可面对凶狂的敌人，科学救国、工业救国都不能应急，只能先回到清华大学任教，把大部分时间用在教学和科研上，并尽一切可能探索为国效劳的道路。

当时，清华大学正在成长过程中，师生全都非常积极。叶企孙教授从理学院调任校务委员会主任，由吴有训教授接任理学院院长，我曾一度接任物理系主任。系里还有萨本栋、周培源等多位教授。这个时期，在极为简陋的条件下，为努力办好物理系，大家齐心协力，进行教学和科研，实为难得。科研方面，各人结合自己专业开展研究，气氛很好。我在德国时，还联系聘请了一位技工来清华，协助制作像小型云雾室等科研设备。我们自己动手制作盖革计数器之类的简单设备，还与协和医院联系，将他们用过的氡管借来作为实验用的放射源。我们先后在 γ 射线、人工放射性、中子共振等课题上做了一些工作。之后，由于日寇的步步进逼，大部分国土沦陷，清华大学南迁，研究工作不得已而中断。

除科研教学外，我日夜苦思焦虑，想找出一条立即可以生效的救国道路。我曾尝试了多种途径：科学救国，平民教育，工业救国，等等。但由于个人出身及身体等条件的限制，所选择的多为改良的道路，始终未能投身于革命的洪流，与付出的努力相比，收效甚微。尽管碰了不少钉子，但毕竟身体力行，尽了努力，从各个方向试着去做一点于国家民族和老百姓有益的事。

那时有位搞社会教育的晏阳初先生，对平民教育很热心，在河北定县农村搞了一个平民教育的实验点。我利用暑假去定县参观，既了解到中国农村的贫穷困苦，又看到那里缺少文化，急待改造。虽然这种投入很局限，但对我触动很大。对我以后参加办铅笔厂，替国家采购仪器、部件，加工设计等都是有影响的。我去做这些事，都是经过考虑的，都是克服了困难，尽力去办好的。不久，华北沦陷，平民教育的路也没有了。

抱着工业救国的良好愿望，我又想结合出国数年积累的经验，在国内仅有的少数企业中寻觅伙伴，探索技术，创办小型的国产工业。经过反复酝酿，我联合叶企孙教授和施汝为、张大煜等少数友人，拿出自己的工资积余，决定集资创办一个小小的铅笔厂。建铅笔厂所需技术与投资都在力所能及的范围内。大家不以营利为目的，小则可以发展实用科学，大则创办国产工业，以此作为从事实际生产，为国出力的起点。我们力求在国内完成整个生产过程。除从国外购进必要的机器设备外。我还与郭子明等几位技工进行削木头、制铅芯等必需的工艺实验，先后经历了不少困难。由于当时国难当头，大家义愤填膺，这个厂得以在困难中办起来，全由大家的爱国热情所支持。厂址原定在北京，后由于日寇步步进逼，只得改建在上海。厂名定为"长城铅笔厂"，"长城牌"铅笔由此问世。由于资金薄弱，缺乏管理经验，加上政局动荡，我们又远在北京或西南内地，对于具体管理鞭长莫及，真是难上加难。工厂几经盛衰起落，能渡过抗战，一直坚持到胜利，实在不容易。新中国成立后，这个厂改建成"中国铅笔厂"。五十年代，"长城牌"铅笔改名为"中华牌"，工厂也得到很大发展。这样，三十年代开始生产的"长城牌"铅笔总算没有中途夭折。

1937年七七事变之后，北京无法安身，我们全家便辗转南下到昆明。第二年，清华、北大、南开三校共同在昆明成立了西南联大，我便在那里任教，前后呆了八年之久。这期间，除了教学之外。我还与张文裕教授用盖革-密勒计数器作了一些宇宙线方面的研究工作。可是，随着战局紧张，生活变得很不安定。由于物价飞涨，教授们不得不想办法挣钱贴补家用。我想办法自制些肥皂出售，方能勉强维持。加上日寇飞机狂轰滥炸，早上骑着自行车去上课，课程进行中，警报一响，大家立即把书夹在自行车后，骑车去找防空洞。家人则更是扶老携幼逃往城外。开始人们以为安全的城墙根很快被炸为废墟。华罗庚先生甚至被爆炸的土块埋住后逃生。尽管如此，西南联大聚集了各地的许多人才，教学工作在师生的共同努力下一直坚持进行，也的确培养出不少新生力量。

1945年冬，我应中央大学吴有训校长邀请，离开西南联大，赴重庆担任了中央大学物理系主任。

第二次去美国时期（1946—1950年）

1946年夏，美国在太平洋的比基尼岛进行原子弹试验。国民党政府派两个代表前去参观。我受中央研究院的推荐，作为科学家的代表。那时中央研究院的总干事萨本栋先生筹了五万美金，托我在参观完毕以后，买回一些研究核物理用的器材。因为钱数实在太少，完成这项任务是很难的事。不过，有总比没有好。而且，核物理在那时是一门新兴的基础学科，国家总是需要它的。所以我就答应在指定的财力范围以内，以最经济的办法，购买一些对于学习原子核物理最有用的器材。就当时情况，经济的限制是压倒一切的。全部的财力是准备用于购买核物理器材的五万美金和以后托管购买其他学科器材的经费七万美金。个人的生活费实报实销，谈不上薪给。由于经费紧张，我在吃住方面尽量节省，每年开支两千美金。这是很难与当时公派出国人员每年一万美金的生活水平相比的。此外，在个人控制下的还有回国的航空旅费和头三个月出差费的余数而已。开展核物理研究，至少需要一台加速器。而当时订购一台完整的200万电子伏的静电加速器要40万美金以上。很明显，在这样的条件下，不可能购买任何完整的设备。经与友人多次商讨，唯一可行的办法是，自行设计一台加速器，购买国内难于买到的部件和其他少量的核物理器材。当然，这是条极为费力费时的路。

照这个计划，我首先在麻省理工学院电机系静电加速器实验室学习静电加速器发电部分和加速管的制造。该实验室主任特朗普（Trump）热心而又和气，十分支持我的工作，为我想了好多办法。他让我利用他们的资料，还介绍给我另一位专家，帮我解决问题；又将实验室里准备拆去的一台旧的大气型静电加速器转给我做试验用。后来1986年我国原子能研究院从美国购买的串列式静电加速器就是特朗普教授他们的公司供应的。在麻省理工学院加速器实验室待了半年以后，为了进一步学习离子源的技术，我转去华盛顿卡内基地磁研究所访问半年。那里有两台质子静电加速器和一台回旋加速器在工作，学习的环境也很好。当时，毕德显先生正准备回国，我挽留他多待半年，一起继续静电加速器的设计，并采购电子学及其他零星器材。毕德显先生为人极为忠厚，工作踏实，又有电子技术方面的实践经验，对加速器的设计工作起了很大作用。半年以后，为了寻觅厂家定制加速器部件，我又重返麻省理工学院的宇宙线研究室。因为我对宇宙线研究有兴趣，该研究室主任罗西（B.Rossi）人又很和气，欢迎我在他那里工作。罗西教授是意大利人，他很了解我的工作。1952年他的第一本专著《高能粒子》中就引用了不少我拍的云雾室照片。我当时联系定做加速器的各种部件，需要打听情况，麻省理工学院附近有好多朋友可以帮忙。由于这些难得的有利因素,我就决定暂时留在麻省理工学院,直到结束采购器材的任务。加速器上的机械设备,都是特种型号,每种用量不大,加工精度要求又高,好的工厂很忙,不愿接受这种吃力不讨好的小交易。我为此奔走多日,有时一天要跑十几处地方,最后联系到一个开价较为合理的制造飞机零件的加工厂。这样,加速器运转部分,绝缘柱及电极的制造总算有了着落。与此同时,还替中央大学定制了一个多板云雾室,并且买好了与此配套的照相设备。加上核物理实验及电子学器材,都是用手头那点钱购置的。这段时间,我曾在几个加速器、宇宙线实验室义务工作,以换取学习与咨询的方便。我的义务劳动也换得了一批代制的电子学仪器和其他零星器材,节约了购置设备的开支。制造和购买器材的工作前后花了整整两年时间。

1948年冬季,我结束了中央研究院所委托的购买简单的核物理实验设备的任务,原来预计即可回国。但那时国内战局急剧变化。中国人民解放军节节胜利,战局的变化很大,感到不如待局势平息之后,回国参加和平建设。再则,那时核物理是战争中崛起的学科,个人对于加速器上的实验亦没有经验,因此决定在美国再留些时间,多学些必要的实验技术,以备随时回国。我在十余年前曾在加州理工学院做博士学位,有不少师友,因此与他们相商,在加州理工学院短期从事研究工作。这时,加州理工学院有两台中等大小的静电加速器,具备研究核反应所需要的重粒子和 β 谱仪,正适合于我们初学的借鉴。我在加州理工学院的开洛辐射实验室工作了近两年。

我第二次去美国期间,为了联系定制器材,曾先后访问了几个科学实验室,在那里短期做静电加速器实验,利用云雾室做了宇宙线实验。在这个过程中,与国外同行建立了学术上的友谊。可惜以后由于中美长期断交,一直不能得到进一步的发展。

在将主要精力用于定制设备的同时,我也抓紧时间在宇宙线及质子、α 核反应等方面开展了一些科研工作,终因精力有限,收效不大。有些人笑我是"傻瓜",放着出国后搞研究的大好机会不用,却把时间用在不出成果的事上。好心的人也劝我:"加速器不是你的本行,干什么白白地耗费自己的时间精力呢?"如今我回首往事,固然仍为那几年失去了搞科研的宝贵机会而惋惜,但更为自己的确把精力用在了对祖国科学发展有益的事情上而自慰!

1949年,我开始作回国的准备工作。对我来说,最重要的自然是那批花了几年心血定制的加速器部件与核物理实验器材。不巧的是,我起先联系的是一个国民党官僚资本经营的轮船公司,货已经存到了他们联系的仓库里。为了将器材运回新中国,必须设法转到别的运输公司。我利用1949—1950年初中美之间短暂的通航时期,设法将货取出来,重新联系了一个轮船公司,办理托运回新中国的手续。没想到,联邦调查局盯上了这批仪器设备。他们不但派人私自到运输公司开箱检查,还到加州理工学院去调查。幸好,加州理工学院回答问题的杜曼(Dumand)教授为人正直,告诉他们这些器材与原子武器毫无关系。虽然如此,他们仍然扣去了部分器材。我特别感到可惜的是,他们扣下了四套完整的供核物理实验用的电子学线路。不仅因为这些线路正是我们所急需,更重要的是因为这些线路是麻省理工学院宇宙线实验室罗西主任专门派人为我们焊接制造的。后来实在检查不出什么问题，联邦调查局又把这些扣下的器材运回了加州理工学院。中美间恢复通信后，美国的同行科学家们还来信表示，器材由他们暂时代为保管，中美建交后就寄来给我。回想定制器材的前前后后，若没有这些国外同行的帮助和支援，这件事是很难办成的。我对联邦调查局私自开箱检查一事极为恼火，偏偏运输公司还找上门来，要我交重新包装的手续费。我当时就发火了："谁叫你们打开的你们向谁收！我的东西你们随便给人看就不对！"运输公司的人回答说："那是什么机关，能不让看吗？"是啊，这种事情是没有道理可讲的。想想只要器材能运回来，再付一次费用也只好算了。这样，我在美国定制的这批器材装了大小三十多箱，总算装船起运了。

1950年春天，我也准备返回祖国。但是，这时中美之间的通航却已中止了，我不得不想别的办法。取道香港很难得到英国签证，绕道欧洲又颇费时日。这时，一家轮船公司愿意帮忙办理香港的过境签证。经过五个月的等待，我与一批急于回国的留美人员终于得到了香港的过境签证，于八月底在洛杉矶登上了开往中国的"威尔逊总统号"海轮。可一上船，联邦调查局的人又来找麻烦，把我的行李翻了一遍，偏偏扣留了我最宝贵的东西：一批公开出版的物理书籍和期刊，硬说这些是"不需要的东西"。轮船终于开动了。我尽管可惜那些书籍，倒还庆幸自己得以脱身。

没想到，旅途的磨难还远没有结束。船到日本横滨，我和另外两个从加州理工学院回来的人又被美军便衣人员叫去检查，硬说我们可能带有秘密资料，随身行李一件件查，连块肥皂也不放过，称之为"看起来像肥皂的一块东西"，扣下待查。可惜我的工作笔记本都被抄走了。大件行李压在货舱里拿不出来，还要等空船从香港返回时再查。我们三个人就这样被关进了日本的巢鸭监狱。无论我们怎样提出抗议，得到的回答只是："我们执行华盛顿的决定，没有权力处理你们的事。"同时，台湾当局则派各种代表威胁劝诱，说只要愿意回美国或去台湾，一切都好商量。如此纠缠了两个月之久。我那时回国的决心已定，反正除了中国大陆我哪儿也不去，一一回绝了这些纠缠。只是不知事情还要拖多久，便决定利用在监狱里的空闲，找到一位同住的懂日文的中国难友当老师，上起了日文课。直到这一年十一月中，在祖国人民和国际科学界同行的声援下，我们才获得释放，经香港回到祖国大陆。

在中国科学院工作的时期（1950年11月至今）

经历数月的磨难，我终于在1950年11月底回到解放了的新中国。回国时，感到祖国一切都是新的，又受到了热烈的欢迎。自己向来未曾经过大的场面，又惭愧没有为人民做过多少事，心情很是兴奋与不安，只想尽快投入到具体工作中去，为新中国的科学发展出力。

1951年，我开始到中国科学院近代物理所工作。由于我感到自己更愿意也更适合做具体的工作，便决定留在了实验室，着手核物理实验方面的建设。

1953年，近代物理所从城里搬到中关村。那时中关村刚开始建设，一共只有一两座办公楼，仅有的几幢住宅周围都是耕地。当时国内物资非常缺乏，工作甚难开展。为了争取时间，培养干部，大家决心先就力所能及的范围，建立一个核物理和放射化学的实验基地，边干边学，逐步掌握理论和技术。到1954年初步建立了中关村的近代物理所工作基地。

我在美国费尽辛苦购置的一点器材，大部分都安全运回了国内。1955年装配完成的我国第一台700 keV质子静电加速器，主要就利用了这些带回来的部件和器材。同时，我们还着手研制一台2.5 MeV的高气压型质子静电加速器。这段时期，虽然有时参加些国内外的社会活动，未能始终在实验室与大家共同工作，但回想起来，仍庆幸自己及时回到祖国，参加了新中国最早的加速器的建造及核物理实验室的建立。

那时，研究所里调集了一批业务基础好，又刻苦肯干的中青年科研人员，国家还从原南京中央研究院物理研究所等处调来了一批有经验的工人师傅，真是人才济济，朝气蓬勃。加速管的封接是建造加速器的关键步骤之一。我在美国期间，曾在麻省理工学院学习了这种技术。回国后，与大家一起边干边摸索经验，从磨玻璃环开始，到涂胶、加热封接，每一步都精益求精。这台2.5 MeV高气压型的质子静电加速器终于在1958年建成。由于加速管和真空部件做得好，所封接的加速管这么多年没有坏，一直用到现在，质量比苏联进口的还要好。这在当时国内一穷二白的条件下，既无资料可查，又不能出国考察，的确不是一件轻而易举的事。在建立实验室和研制加速器的过程中，我们不仅学习了真空技术、高电压技术、离子源技术、核物理实验方法，而且在工作中培养了踏实严谨、一丝不苟的科研态度，一批中青年科技骨干迅速成长起来。虽然现在这两台加速器几乎到了进博物馆的年龄，但在建国初期，它们的确起过示范作用。不少人形容中关村分部是下蛋的老母鸡，这话也许并不为过。

五十年代中期，我国向苏联订购一座原子反应堆，两台回旋加速器和若干测试仪器，并派遣一批中年骨干和青年学生前去学习。1956年在北京远郊坨里兴建的一堆一器与中关村的基地合并成为原子能研究所；中关村部分称为原子能所一部，坨里部分为二部。中关村分部除于1958年建成一台质子静电加速器外，还着手研制电子直线加速器和进行其他探索性的工作。二部的回旋加速器建成后，我一度参加在回旋加速器上进行的质子弹性散射、氘核削裂反应等方面的研究工作。

另一方面，为了迅速扩大科研队伍，并提高队伍的素质，中国科学院于1958年建立中国科学技术大学，我兼任中国科大近代物理系的主任。由于有中国科学院各研究所的支持，中国科大的师资和设备都是第一流的，这是最优越的条件。记得那时，我的确花力气请了所内外不少第一流的专家来系里任教，学生的反映也很好。由于与研究所的联系密切，近代物理系得以较快地建立起一个专业实验室，开设了β谱仪、气泡室、γ共振散射、穆斯堡尔效应、核反应等较先进的实验。我们很注意培养方法，尽可能使学生在理论和实验两方面都得到发展。为了防止实验队伍中缺少理论人才，我们努力使理论、实验专业均衡发展。我们的努力得到了相当的收获，培养出一批理论实验并重的人才。中国科大能在短短的时间内与国内一流大学获同等声誉，广大师生员工为此做出了艰巨的努力，回想起来绝非易事。

五六十年代，我感到要开展国内的核物理研究工作，至少应对国外的发展情况有所了解，因此我很注意阅读国外书刊，在调研工作上花了不少时间，以了解学科发展动态。同时，我也经常考虑，如何从我国的经济实力出发，尽快发展国内的科研、教育事业，如何促进国内新型低能加速器的建立。为此也作了不少调研和努力。在这期间先后曾就建造串列式加速器、中能加速器，建立中心实验室，缩短学制，成立研究生部等许多与我国科学发展有关的问题向各级领导提出建议。可惜由于各种原因，大部分未能及时得到实现。直到"文化大革命"开始，我还天真地将自己对搞好科研工作的一些看法写成大字报。没想到自己不久就成了革命的对象，因"特嫌"而被隔离审查，"文化大革命"使我失去了精力、时间，给我的工作与生活带来了无法弥补的巨大损失。

　　被隔离审查期间，我对自己走过的道路重新进行了回顾与思考。我想，一个人能做出多少事情，很大程度上是时代决定的。由于我才能微薄，加上条件的限制，工作没有做出多少成绩。唯一可以自慰的是，六十多年来，我一直在为祖国兢兢业业地工作，说老实话，做老实事，没有谋取私利，没有虚度光阴。

　　1973年，高能物理研究所成立，高能加速器的建造终于提到了议事日程。我尽管年龄大了，精力也不济了，但仍坚持尽量多参加些与高能所的建设有关的学术讨论、工作与会议。看着中国自己的高能加速器从破土动工，建成出束，到积累数据，看到一批中青年科技人员成长起来，队伍不断壮大，真是感慨万千！回想自己一生，经历过许多坎坷，唯一希望的就是祖国繁荣昌盛，科学发达。我们已经尽了自己的力量，但国家尚未摆脱贫穷与落后，尚需当今与后世无私的有为青年再接再厉，继续努力。

附录一 赵忠尧先生生平

赵忠尧先生（1902—1998）

赵忠尧，著名物理学家、我国核物理研究的开拓者。1902年6月27日出生于浙江省诸暨县，1925年从东南大学毕业后任清华大学助教。1927年赴美国加州理工学院，师从诺贝尔奖获得者密立根教授，1930年获得博士学位。

1929年他和英、德的几位物理学家同时独立地发现了硬γ射线的反常吸收（实际上是γ射线在物质中产生正负电子对的效应）。在进一步的实验中他首先观察到硬γ射线在铅中引起的一种特殊辐射（即正负电子对的湮灭辐射）。这些结果是正电子发现的前导，得到国际物理学界的高度评价。

1931年他回国后任清华大学物理系教授，在我国首次开设核物理课程，并主持建立我国第一个核物理实验室。1937年全民族抗日战争爆发，赵忠尧先生离开北平，先后到云南大学、西南联大和中央大学任教，培养了一批日后为我国原子能事业做出重要贡献的人才。1946年，他受当时政府的委派，赴比基尼岛参观美国的原子弹试验，之后又在美国麻省理工学院、加州理工学院等处进行核物理和宇宙线方面的研究。

中华人民共和国成立后，1950年他冲破重重封锁，取道香港，毅然回到祖国内地。

他回国后参与中国科学院近代物理研究所的创建，利用他回国时带回的当时国内尚无条件制备的静电加速器部件和实验设备，先后于1955年和1958年建成了我国最早的70万电子伏和250万电子伏高气压型的质子静电加速器，为我国核物理、加速器和真空技术、离子源技术的研究打下了基础；以静电加速器为基础，又主持建立了核物理实验室，具体领导和参加了核反应研究，为开创我国原子核科学事业做出重要贡献。1972年他参与高能物理研究所的筹建工作，还多次向有关部门提出了发展我国科学事业的许多具体建议。他历任中国科学院物理研究所副所长、原子能研究所副所长、高能物理研究所副所长。

赵忠尧先生在教育事业方面有很大贡献，三四十年代先后在国内很多知名大学担任教授，五十年代又为中国科学技术大学创办近代物理系并任系主任，在师资队伍、实验室建设、教学质量等方面都下了很大功夫。他主持建立了全校第一个专业实验室，亲自讲授"原子核反应"专业课，使近代物理系培养的学生不仅知识扎实，而且热爱实验科学，肯于动手，不怕艰苦。六十多年来，赵忠尧教授培养的学生很多已成为知名的物理学家及"四化"建设的骨干力量。

1995年，由于对我国物理研究的杰出贡献，他获得"何梁何利科学与技术进步奖"，并将奖金全部捐献，在几所大学设立了"赵忠尧奖学金"。

赵忠尧先生于1948年当选为中央研究院院士，1955年受聘为中国科学院数理化学部学部委员（后改称院士）。他曾担任中国物理学会副理事长、中国核学会名誉理事长。他是第一至第六届全国人民代表大会代表，是第三、四、五、六届全国人民代表大会常务委员会委员。

赵忠尧先生以毕生精力从事科学和教育事业，为发展我国核物理和高能物理研究事业、为培养我国原子能事业、核物理和高能物理的实验研究人才做出了重大贡献，是我国原子核物理、中子物理、加速器和宇宙线研究的先驱者和奠基人之一。

赵忠尧先生赤忱爱国，正直刚毅，艰苦朴素。他一贯坚持实事求是、刻苦钻研的科学精神，锐意进取，严谨治学。他学问精深，德高望重，平易近人，深受同事和学生们的爱戴。他为我国的物理研究和社会主义事业做出了杰出贡献。

1998年5月28日15时55分，赵忠尧先生因病逝世，享年96岁。

赵忠尧先生的科学业绩和优秀品格永存！

附录二 赵忠尧先生论文列表

1. The absorption coefficient of hard γ-rays（博士论文）.

2. The problem of the ionized hydrogen molecule, Proc. Nat. Acad. Sc. Amer. 15（1929）558.

3. The absorption coefficient of hard γ-rays, Proc. Nat. Acad. Sc. Amer. 16（1930）431.

4. Scattering of hard γ-rays, The Physical Review 36（1930）1519.

5. Kurze originalmitteilungen, Die Naturwissenschaften 19（1931）752.

6. The absorption and scattering of hard γ-rays, Sc. Report Tsing Hua Univ. 1（1932）159.

7. The abnormal absorption of heavy elements for hard γ-rays, Proc. Roy. Soc. A 135（1932）206.

8. Interaction of hard γ-rays with atomic nuclei, by C. Y. Chao and T. T. Kung, Nature 132（1933）709.

9. Interaction of hard γ-rays with atomic nuclei, by C. Y. Chao and T. T. Kung, Acta Physica Sinica 1（1934）56.

10. The resonance absorption of neutrons, by C. Y. Chao and C. Y. Fu, Sc. Report Tsing Hua Univ. 3（1936）451.

11. The resonance levels of neutrons in silver nuclei, by C. Y. Chao and C. Y. Fu, Acta Physica Sinica 2（1936）135.

12. Resonance levels of neutrons in silver nuclei, by C. Y. Chao and C. Y. Fu, Nature 139（1937）325.

13. Spacing of the resonance neutron levels of silver, rhodium and bromine nuclei, by C. Y. Chao and T. H. Wang, Nature 140（1937）768.

14. Nuclear level spacing deduced from the resonance absorption of neutrons, Sc. Report Tsing Hua Univ. 4（1941）257.

15. Mixed cosmic-ray showers at sea level, Phys.Rev. 75（1949）581.

16. High energy gamma-radiation from Be^9+D^2, by C. Y. Chao, T. Lauritsen, V. K. Rasmussen, Phys.Rev.76（1949）582.

17. Low energy alpha-particles from fluorine bombarded by protons, by C. Y. Chao, A. V. Tollestrup, W. A. Fowler, C.C. Lauritsen, Phys. Rev. 79（1950）108.

18. The angular distributions of the alpha-particles and of the gamma-rays from the disintegration of fluorine by protons, Phys. Rev. 80（1950）1035.

19. 6.8 MeV 质子对 Cr，Co，Ni，Cu，Zn 的弹性散射，周德邻、毛振麟、袁容芳、梁文学、赵忠尧，物理学报，16（1960）413.

20. 质子静电加速器，叶铭汉、孙良方、徐建铭、金建中、叶龙飞、陈志诚、陈鉴璞、夏广昌、余觉先、李整武、赵忠尧，物理学报，19（1963）60.

21. Na^{23}（p，α）反应的研究，叶铭汉、夏广昌、钟溟、张英平、赵忠尧，中国物理学会1963年年会论文摘要，1963年8月，北京.

22. C^{12}（d，p），Ca^{40}（d，p）反应质子角分布，毛振麟、梁文学、姜承烈、余泮水、程业浩、何泽然、周善铸、赵忠尧，中国物理学会1963年年会论文摘要，1963年8月，北京.

23. Na^{23}（p，α）反应的两个很靠近的共振能级，叶铭汉、夏广昌、钟溟、张英平、赵忠尧，物理学报，20（1964）728.

24. 低能原子核物理学的发展，赵忠尧、郑林生、张宗烨，科学通报，（1965）659.

25. C^{12}（d，p）C^{13} 和 Ca^{40}（d，p）Ca^{41} 基态反应质子的角分布，毛振麟、梁文学、姜承烈、余泮水、程业浩、何泽然、周善铸、赵忠尧，物理学报，22（1966）440.

26. C^{12}（d，p）C^{13} 和 Ca^{40}（d，p）Ca^{41} 基态反应质子极化的研究，姜承烈、余泮水、谢滋、毛振麟、程业浩、梁文学、王震遐、郑万辉、赵忠尧，物理学报，22（1966）554.

27. 原子能的原理和应用，赵忠尧、何泽慧、杨承宗，科学出版社，1966年6月.

28. 建立高能物理研究基地的一个设想的路子，1973年3月在高能物理和高能加速器预制研究工作会议上的讲话.

29. 对于在转变中关村分部为高能研究基地的同时，应该迅速加强低能核物理组成部分的意见.

附录三　赵忠尧先生年谱（1902—1998）

1902 年 6 月 27 日　出生于浙江省诸暨县城关镇赵家弄堂

1916 年　诸暨县立中学学习

1920 年秋　考入南京高等师范学校数理化部学习

1924 年春　提前修完高等师范学分，到东南大学物理系任助教，同时参加学习

1925 年夏　东南大学毕业，获理学学士学位，随叶企孙先生转往清华大学任助教

1927 年夏　赴美国加州理工学院留学，师从诺贝尔物理学奖获得者密立根（R. A. Millikan）教授

1929 年底　实验发现了硬 γ 射线的反常吸收（γ 射线在物质中产生电子对的效应）

1930 年 5 月　论文《硬 γ 射线的吸收系数》发表在《美国国家科学院院报》上

1930 年春　实验发现硬 γ 射线在铅中引起的一种特殊辐射（正负电子对的湮灭辐射），10 月论文《硬 γ 射线的散射》发表在美国《物理评论》上

1930 年　获美国加州理工学院哲学博士学位，赴德国 Halle 大学物理研究所工作

1931—1937 年　回国后任清华大学物理系教授

1937—1938 年　抗日战争爆发离开北平，任云南大学教授

1938—1945 年　任西南联合大学教授

1945—1946 年　应中央大学吴有训校长邀请任物理系主任

1946—1950 年　受政府委派，赴美国太平洋比基尼岛参观美国的原子弹试验，之后在美国麻省理工学院加速器实验室、华盛顿卡内基地磁研究所、加州理工学院核辐射实验室等处进行核物理和宇宙线方面的研究

1948 年　当选中央研究院院士

1950 年 11 月　冲破重重封锁，取道香港，毅然回到祖国内地

1951 年　创建中国科学院近代物理所，主持建立核物理研究室，任实验核物理组组长

1953 年　近代物理所搬到中关村，扩大为物理研究所，任副所长

1954 年起　当选为第一、二、三、四、五、六届全国人民代表大会代表

1955 年　受聘为中国科学院物理学数学化学部学部委员（现称院士）

1955 年 3 月　参加中国政府代表团赴苏联谈判

1955 年　成功研制了我国最早的 70 万电子伏质子静电加速器

1956 年 9 月　任中国科学院物理研究所副所长

1958—1973 年　任原子能研究所副所长

1958 年　成功研制了 250 万电子伏高气压型的质子静电加速器

1958 年　创办中国科学技术大学原子核物理和原子核工程系，即现在的近代物理系，

任系主任

1964年起 当选为第三、四、五、六届全国人民代表大会常务委员会委员

1972年 参与筹建中国科学院高能物理研究所

1973—1984年 任中国科学院高能物理研究所副所长

1998年5月28日 在北京逝世

附录四 纪念活动主要出席人员

1. 赵忠尧先生长女，赵维志女士。
2. 赵忠尧先生次女，中国科学院高能所赵维勤研究员，近代物理系 59 级校友。
3. 赵忠尧先生之子，中国科学院高能所赵维仁研究员，曾任高能所副所长。
4. 赵忠尧先生之孙，赵扬先生。
5. 赵启正，曾任上海市副市长兼浦东新区首任书记与主任、国务院新闻办公室主任、第十六届中共中央委员，中国科大近代物理系 58 级校友。
6. 张肇西，中国科学院理论物理所研究员，中国科学院院士，中国科大近代物理系 58 级校友。
7. 郑志鹏，中国科学院高能所研究员，曾任高能所所长，中国科大近代物理系 58 级校友。
8. 王垂林，中国高等科学技术中心研究员，中国科大近代物理系 62 级校友。
9. 李中清，香港科技大学教授，李政道先生之子。
10. 张杰院士，中国物理学会理事长。
11. 谢心澄院士，国家自然科学基金委员会副主任，中国科大近代物理系 77 级校友。
12. 杨国桢院士，曾任中国物理学会理事长、中国科大理学院院长、物理学院院长。
13. 欧阳钟灿院士，曾任中国科学院理论物理所所长、中国科大物理学院院长。
14. 沈文庆院士，曾任国家自然科学基金委员会副主任。
15. 赵光达院士，北京大学物理学院教授。
16. 沈保根院士，中国科大物理学院院长，中国科大物理系 73 级校友。
17. 向涛院士，中国科大近代物理系主任。
18. 景益鹏院士，上海交通大学物理与天文学院院长。
19. 林海青院士，浙江大学物理学院院长，中国科大近代物理系 77 级校友。
20. 李定教授，曾任中国科学院基础科学局局长、监察审计局局长，中国科大近代物理系 77 级校友。
21. 杨红义研究员，中国原子能科学研究院副院长。
22. 罗小安研究员，中国科学院高能物理研究所党委副书记。
23. 马新文研究员，中国科学院近代物理所学术委员会副主任，中国科大近代物理系 85 级校友。
24. 周磊教授，复旦大学物理学系主任。
25. 王伯根教授，南京大学物理学院院长。
26. 王亚愚教授，清华大学物理系主任，中国科大物理系 93 级校友。

27. 赵红卫院士，中国科学院近代物理研究所党委书记、副所长，兰州重离子加速器国家实验室副主任。

28. 马余刚院士，复旦大学核科学与技术系教授。

29. 常进院士，中国科学院国家天文台台长，中国科学院紫金山天文台研究员，中国科学技术大学物理学院天文学系教授，中国科大近代物理系 84 级校友。

30. 刘益春院士，东北师范大学校长。

31. 舒歌群教授，中国科学技术大学党委书记。

32. 包信和院士，中国科学技术大学校长。

33. 潘建伟院士，中国科学技术大学常务副校长，近代物理系 87 级。

34. 何多慧院士，中国科学技术大学教授，近代物理系 59 级。

35. 郭光灿院士，中国科学技术大学教授，无线电电子学系 60 级。

36. 赵政国院士，中国科学技术大学教授，近代物理系 77 级。

37. 封东来院士，中国科学技术大学教授，近代物理系 90 级。

38. 韩荣典教授，曾任中国科学技术大学副校长，近代物理系 58 级。

39. 鹿明，曾任中国科学技术大学党委副书记，近代物理系 77 级。

40. 周先意教授，曾任中国科学技术大学副校长，物理系 78 级。

41. 汪晓莲教授，曾任中国科学技术大学理学院党委书记，近代物理系 64 级。

42. 刘万东教授，曾任中国科学技术大学物理学院执行院长，近代物理系 77 级。

43. 叶邦角教授，曾任中国科学技术大学物理学院党委书记、副院长，近代物理系 93 年博士。

44. 陈宇翱教授，中国科学技术大学物理学院执行院长，近代物理系 98 级。

45. 陈向军教授，中国科学技术大学物理学院党委书记兼副院长，近代物理系 84 级。

46. 韩良教授，中国科学技术大学物理学院副院长，近代物理系 97 年博士。

47. 朱栋培教授，曾任中国科学技术大学教务处处长，近代物理系 60 级。

48. 奚富云教授，曾任中国科学技术大学秘书长，近代物理系 63 级。

49. 徐克尊教授，中国科学技术大学。

50. 安琪教授，中国科学技术大学，核探测与核电子学国家重点实验室主任，近代物理系 76 级。

51. 徐宁教授，中国科学技术大学物理学院副院长，近代物理系 91 级。

52. 周正威教授，中国科学技术大学物理学院副院长，物理系 92 级。

53. 张永生教授，中国科学技术大学物理学院党委副书记，物理系 93 级。

54. 凌锋副教授，中国科学技术大学物理学院党委副书记。

55. 彭新华教授，中国科学技术大学近代物理系执行主任。

56. 张一飞教授，中国科学技术大学近代物理系党总支书记，近代物理系 98 级。

57. 周小蓉教授，中国科学技术大学赵忠尧核与粒子物理科技攻关突击队队长，近代物理系 06 级。

58. 浦其荣副教授，中国科学技术大学物理实验教学中心，中国科学技术大学 93 年硕士。

59. 何海燕副教授，中国科学技术大学物理系。

60. 袁业飞教授，曾任中国科学技术大学天文系主任，天文与应用物理系 99 年博士。

61. 项国勇教授，中国科学技术大学，中国科学技术大学 05 年博士。

62. 袁军华教授，中国科学技术大学物理系执行主任，近代物理系 93 级。

63. 赵文教授，中国科学技术大学天文系执行主任，天文与应用物理系 98 级。

64. 张增明教授，中国科学技术大学物理实验教学中心主任，中国科学技术大学 97 年博士。

65. 荣星教授，中国科学技术大学，少年班学院 01 级。

……

附录五 新 闻 稿

中国科学技术大学隆重纪念赵忠尧先生诞辰 120 周年

2022 年 6 月 27 日是著名的物理学家、我国核物理研究的开拓者、中国科技大学教授赵忠尧先生诞辰 120 周年。上午 8 点 30 分，中国科学技术大学在物质科研楼三楼报告厅隆重举行"纪念赵忠尧先生诞辰 120 周年学术研讨会"。

上午的赵忠尧先生纪念大会在播放专题纪念片中隆重召开，会议由物理学院执行院长陈宇翱教授主持。首先，中国科学技术大学校长包信和院士致辞，他在致辞中回顾了赵忠尧先生伟大的人生历程和他对中国科学技术大学的成立和发展做出的突出贡献。赵忠尧先生是著名的物理学家，历史上第一次成功观测到反物质现象，是我国原子核物理、中子物理、加速器和宇宙线研究的先驱和奠基人，也是中国科大"原子核物理和原子核工程系"（后更名为"近代物理系"）的首任系主任。包信和强调，赵忠尧先生是科大人心中永远的丰碑，他的精神润物细无声地滋养着一代代科大人，希望大家以老一辈科学家为榜样，勇担使命、擎旗奋进，把红旗插上科学的高峰，努力将中国科大率先建成中国特色、科大风格的世界一流大学，为建设世界科技强国贡献科大力量。

中国科学技术大学常务副校长潘建伟院士是近代物理系校友和教师，他在发言中指出，红色是中国科大最鲜亮的底色。近代物理系首任总支书记李友林老师是飞夺泸定桥22名勇士之一。在首任系主任赵忠尧先生和李友林老师等老一辈科学家和革命家的带领下，中国科大近代物理系一直践行着"红专并进"的校训精神，不怕苦累、迎难而上，坚持以服务国家重大战略需求为己任。科教报国始终根植于他的灵魂和血液，他从奥地利学成后很快回到中国科大开始组建世界一流的量子物理实验室，至今已二十多个年头。他将赵忠尧先生在《我的回忆》中的名言放在实验室进门正面的墙上，激励新一代科大人将科教报国的使命薪火相传。

著名物理学家、诺贝尔奖获得者李政道先生曾受教于赵忠尧先生，他亲自来函表达对赵忠尧先生的纪念，并委托其子香港科技大学李中清教授代为宣读。李政道教授在电函中提到："1929年，他在美国加州理工学院从事研究工作，观察到硬γ射线在铅中引起的一种特殊辐射，实际上这正是由正负电子湮没产生的γ射线，所发现的γ的能量恰好是电子的静止质量（0.5 MeV）。赵老师的这一实验是对正电子质量最早的测量！从实验所测量的γ能量证明了这是正负电子对的湮灭辐射，也是正电子存在的强有力的证明。这是人类在历史上第一次观测到直接由反物质产生和湮灭所造成的现象的物理实验。"他指出，赵忠尧先生不但在核物理研究上有很大的成就，而且为祖国培养了一大批人才，"凡是从30年代到20世纪末在国内成长的物理学家，都是经过赵老师的培养，受过赵老师的教育和启发的，赵老师也是我的物理学的启蒙老师之一。所以三强先生等祖国老一辈物理学家到铭汉、光亚和我这一代物理学家都称呼他'赵老师'，可见，赵老师是名副其实的桃李满天下。"他坚信，"赵忠尧先生的科学功绩、科学精神和崇高品格永存"。

丁肇中先生通过视频做主题发言，他指出，"赵忠尧院士的发现——光可以变成正负电子对，启发我一系列的实验"，并以其亲身科研经历与成就为主线，详细介绍了现代粒子物理、正负电子对撞机以及粒子物理宇宙学的前沿发展，充分肯定和缅怀了赵先生在这些领域对科学进步以及中国物理事业的重大贡献。

中国科学院院士、中国物理学会理事长张杰教授作题为"思贤思齐再接再厉"的主题报告,他回顾了赵忠尧先生的人生历程,并指出"赵忠尧先生与其他我国物理学界一代大师,筚路蓝缕,创业维艰,怀抱着科学救国、科学报国、科学强国的坚定信念,将毕生精力投入到科学和教育事业中去。在中国物理学事业取得了长足进步的今天,我们感念先贤,并应牢记他们的嘱托。"

国家自然科学基金委员会副主任谢心澄院士代表基金委和北大物理学院发言,深切缅怀赵忠尧先生。"赵先生未曾离开,其崇高的品格永远照耀,今天我们深刻缅怀赵先生,缅怀其为我国核物理发展和教育事业做出的卓越贡献,借以此激励当代科学工作者传承伟大品格,涵养科学精神,永葆科学理想初心,瞄准科学前沿,投身科学事业,发扬拼搏精神,无愧于时代。"

中国科学技术大学物理学院院长沈保根院士代表中国科学技术大学物理学院致辞。他表示，这是物理学院乃至全国学术界、教育界的一件大事，并向赵忠尧先生的家人表示亲切问候。

赵忠尧先生的学生代表、中国科学院理论物理所张肇西院士致辞。张肇西院士是近代物理系第一批学生。他深情回忆了赵忠尧先生作为系主任时关心爱护学生，对学生的教学教育呕心沥血。他还向观众讲述了赵忠尧先生作为观测到反物质现象第一人，却因为种种原因错失诺奖，但历史不会忘记这一事实。关于这一点，诺贝尔物理奖评审委员会主席埃克斯彭来访中国时两次提到："诺奖疏漏赵先生的历史功绩，是一件令人不安的、无法弥补的事情。"

合肥国家同步辐射实验室何多慧院士回忆起赵忠尧先生感慨万千。在他的记忆里，赵先生不仅亲自授课，还通过言谈身教，把红专并进、不畏艰难的精神传递给学生。刚入学的何多慧来自革命老区，基础落后于其他同学，正是听从了赵先生的教导，才迎头赶上。何院士曾向赵先生承诺，一定努力建设同步辐射加速器，不辜负恩师的期望。后来，合肥同步辐射实验室作为我国第一个国家实验室，自从 1989 年发出第一束"神奇的光"，不但在能源、材料、生命科学等重要科学问题的解决上发挥了巨大的作用，还为我国乃至世界大装置界培养了大量高端人才。更加可以告慰赵先生的是，由中国科学技术大学负责规划建设的瞄准第四代低能区光源的合肥先进光源已经启动建设，我国将实现先进同步辐射光源的全能区覆盖。

赵忠尧先生曾担任物理研究所副所长、原子能研究所副所长、高能物理研究所副所长。中国原子能科学研究院副院长杨红义研究员、中国科学院高能物理研究所党委副书

记罗小安研究员、中国科学院近代物理研究所学术委员会副主任马新文研究员发表感言。他们总结了赵先生在各个科研院所的建立与发展中做出的重要贡献，并缅怀了赵先生的爱国情怀、学术风范、科学精神和高尚品德。

复旦大学物理学系系主任周磊教授、南京大学物理学院院长王伯根教授、清华大学物理系系主任王亚愚教授、浙江大学物理学院院长林海青院士等兄弟高校代表分别发表了感言，他们表达了对赵忠尧先生的深切缅怀和纪念，并表示赵忠尧先生刚毅坚卓、科教报国、敢为人先的精神品质对晚辈后学产生了深刻的影响。

赵忠尧先生的女儿、中国科学院高能物理研究所研究员赵维勤女士代表亲属发言。她向母校中国科学技术大学举办本次纪念会表示由衷的谢意。赵维勤研究员提到，"父亲为祖国科学事业奋斗的一生是坎坷的，甚至是传奇性的，他的信念始终执着而纯真"，她表示，赵忠尧先生在他在回忆文章《我的回忆》中对青年人寄予无限的希望，无私是德，有为是才，赵忠尧先生寄予希望的无私的有为青年，就是德才兼备的科学事业的接

班人。她鼓励大家一同沿着老一辈的足迹,像父亲说的那样,为祖国兢兢业业地工作,说老实话,做老实事,不谋取私利,不虚度光阴,以此告慰老一辈科学家的在天之灵。

青年教师代表近代物理系周小蓉教授和学生代表董靖宇同学发言。他们表示,"一代人有一代人的使命,一代人有一代人的担当",历史的接力棒传到了新一代科大人的手中,赵忠尧先生勇攀高峰的创新精神和严谨治学的求实态度激励着晚辈后学们不断奋斗,怀着极大的热忱和高度的责任心科研攻关、教书育人,"学成文武艺,报于祖国和人民,我们责无旁贷。"

中国科学技术大学党委书记舒歌群教授在做总结讲话中发言,他指出,赵忠尧先生矢志报国、服务人民的高尚情怀和优秀品质,值得一代代科大人传承赓续、发扬光大。他强调,中国科技事业取得的历史性成就是一代又一代矢志报国的科学家们前赴后继、接续奋斗的结果。我们新时代的科技工作者,要在党和国家最需要的时候挺身而出,在科学研究的道路上攻坚克难。目前以中国科大作为依托单位的下一代高亮度正负电子对撞机项目——超级陶粲装置正在有序推进当中,预期将在国际粒子物理研究领域发挥不可替代的作用。他希望物理学院,尤其是高能粒子物理团队,能在先生开拓和指引的道路上砥砺奋进、开拓进取,以实际行动和优异成绩迎接党的"二十大"胜利召开。

随后，赵忠尧先生的学生——中国科学院高能物理研究所郑志鹏做题为"中国核科学的奠基人和教育家——赵忠尧先生"的学术报告。郑志鹏研究员是近代物理系招收的第一届学生，他以亲身经历讲述了赵忠尧先生传奇的一生。郑志鹏研究员总结道，我们缅怀赵忠尧先生为我国科学和教育事业所做的卓越贡献，更要学习和传承他热爱祖国，献身科学、开拓创新的精神和崇高品质，为祖国科教事业的兴旺发达而努力奋斗。

中国科学技术大学"赵忠尧讲席"教授赵政国院士作题为"正电子与正负电子对撞机"的主题报告。他回顾了赵忠尧教授对中国科学技术大学，尤其是近代物理系的建设和发展做出的重要贡献，详细解读了赵忠尧先生通过观察硬 γ 射线的反常吸收和特殊辐射，观察到反物质现象的实验，介绍了高能物理团队和以中国科大作为依托单位的下一代高亮度正负电子对撞机项目——超级陶粲装置。他最后总结道："我们所处的银河系

仅是2000亿个星系中的一个，我们所掌握的知识远不能描述整个宇宙，探讨自然之谜，宇宙之奥，寻找未知的答案永无止境。我们要学习先生品德，继承优良传统，刻苦学习，努力工作，勇攀科技高峰。"

叶铭汉院士、唐孝威院士、张焕乔院士、詹文龙院士、高鸿钧院士、王贻芳院士、王建宇院士、高原宁院士、徐瑚珊研究员、郑阳恒教授也来电来函表达了对赵忠尧先生的敬意与怀念。

在下午的专题学术报告会上，中国科学技术大学物理学院近代物理系叶邦角教授、中国科学院近代物理系研究所赵红卫院士、复旦大学现代物理研究所马余刚院士、中国科学院国家天文台常进院士分别以"正电子与反物质""强流高功率离子加速器大科学装置及其发展""高能重离子碰撞中反物质研究与CP问题""空间探测暗物质粒子"为题作专题学术报告。

赵忠尧先生在回顾自己的人生时曾说："回想自己一生，经历过许多坎坷，唯一希望的就是祖国繁荣昌盛，科学发达。我们已经尽了自己的力量，但国家尚未摆脱贫穷与落后，尚需当今与后世无私的有为青年再接再厉，继续努力。"我们欣喜地看到，从"墨子号"飞向太空到量子计算机研制成功；从"天问"探火到"奋斗者号"遨游万里深海，面向国家的重大需求，中国科大主导、参与了多项大国重器的研究，原创性的科技成果不断涌现。而服务于国家重大战略、把红旗插上科学的高峰，既是老一辈科学家的毕生实践，又是一代代科大人不会忘却的初心和使命。

作为我国原子核物理、中子物理、加速器和宇宙线研究的先驱和奠基人，赵忠尧先生虽已魂归天国，但他的精神薪火相传，后辈踏着赵忠尧先生等老一辈科学家的足迹，在他们奠定的坚实基础上，正从科教大国向科教强国坚实迈进。

本次学术研讨会线上、线下同步进行。赵忠尧先生的亲属代表，原上海市副市长、国务院新闻办公室主任、第十六届中共中央委员赵启正先生，理论物理所研究员张肇西院士，原高能所所长郑志鹏研究员，中国高等科学技术中心王垂林研究员等曾师从赵忠尧先生的学子，诺贝尔奖获得者李政道先生之子、香港科技大学李中清教授，中国物理学会理事长张杰院士，国家自然科学基金委员会副主任谢心澄院士，原中国物理学会理事长、中国科大物理学院院长杨国桢院士，原理论物理所所长、中国科大物理学院院长欧阳钟灿院士，原国家基金委副主任沈文庆院士，北京大学物理学院教授赵光达院士，中国科学院物理研究所研究员、中国科大物理学院院长沈保根院士，中国科学院物理研究所研究员、中国科大近代物理系主任向涛院士，上海交通大学物理与天文学院院长景益鹏院士，浙江大学物理学院院长林海青院士，原中国科学院基础局局长、监察审计局局长李定教授，相关科研院所领导和兄弟高校物理学院或物理系的领导线上参加纪念大会。中国科学技术大学党委书记舒歌群教授、中国科学技术大学校长包信和院士、东北师范大学校长刘益春院士、中国科学技术大学常务副校长潘建伟院士、何多慧院士、郭光灿院士、赵政国院士、封东来院士以及近代物理系历任领导、物理学院党政领导班子和师生代表现场参加了活动。本次会议由中国科学技术大学主办，物理学院承办。

纪念赵忠尧先生诞辰120周年学术研讨会受到了各方的广泛关注，蔻享平台、墨子沙龙、中科院高能所、现代物理知识、知识分子等全程对活动进行了直播，约二十万人观看了直播。

（中国科学技术大学物理学院 党委宣传部）

后 记

2020年9月11日，习近平总书记在北京主持召开科学家座谈会并发表重要讲话，他指出："科学成就离不开精神支撑。科学家精神是科技工作者在长期科学实践中积累的宝贵精神财富。"9月15日《中国青年报》刊登了《青年人要学习什么样的科学家精神》一文，对科学家精神做出了概括：科学家精神是胸怀祖国、服务人民的爱国精神，勇攀高峰、敢为人先的创新精神，追求真理、严谨治学的求实精神，淡泊名利、潜心研究的奉献精神，集智攻关、团结协作的协同精神，甘为人梯、奖掖后学的育人精神。

2022年6月27日是著名的物理学家、我国核物理研究的开拓者、中国科学技术大学教授赵忠尧先生诞辰120周年。为纪念这位伟大的爱国主义科学家，大力弘扬科学家精神，上午8点30分，中国科学技术大学在物质科研楼三楼报告厅隆重举行"纪念赵忠尧先生诞辰120周年学术研讨会"。研讨会高朋满座，线上参加研讨会的嘉宾有赵忠尧先生的亲属和学生代表、诺贝尔奖获得者丁肇中先生、诺贝尔奖获得者李政道先生之子香港科技大学李中清教授、中国物理学会理事长张杰院士、国家自然科学基金委员会副主任谢心澄院士，以及各兄弟院校、研究所代表，中国科学技术大学党委书记舒歌群教授、中国科学技术大学校长包信和院士、中国科学技术大学常务副校长潘建伟院士及师生代表线下参加了会议。

"纪念赵忠尧先生诞辰120周年学术研讨会"受到了各方的广泛关注，蔻享平台、墨子沙龙、中科院高能所、现代物理知识、知识分子等全程对活动进行了直播，约二十万人观看了直播。

会后物理学院陈向军书记、粒子物理与原子核物理学科带头人赵政国院士等讨论决定将研讨会上的专家学者的讲话致辞和主题报告整理成文，并收集赵忠尧先生的生平、珍贵照片、代表作等重要史料，汇集成书。赵忠尧先生是祖国科学技术发展的开拓者之一、伟大的先驱者、国之栋梁，此书凝聚了他对祖国科学事业发展、人才培养所做的卓越贡献和宝贵精神财富。希望此书能扩大科学家精神的辐射作用，尤其对于肩负时代重任的青年人，要学习科学家这种爱国精神，胸怀祖国和人民，勇于拼搏，踔厉奋进，将自己的光和热报效给祖国，将个人的成长成才融入中华民族伟大复兴的征途中去。

（中国科学技术大学物理学院党委书记兼副院长）